融媒体
报道实务研究

Research on the Practice of
Convergence Media Reports

杨慧霞 著

WUHAN UNIVERSITY PRESS
武汉大学出版社

图书在版编目(CIP)数据

融媒体报道实务研究/杨慧霞著.—武汉:武汉大学出版社,2023.6
(2025.3 重印)
ISBN 978-7-307-23758-2

Ⅰ.融… Ⅱ.杨… Ⅲ.新闻报道—研究 Ⅳ.G212

中国国家版本馆 CIP 数据核字(2023)第 085064 号

责任编辑:程牧原 责任校对:汪欣怡 版式设计:马 佳

出版发行:**武汉大学出版社** (430072 武昌 珞珈山)
(电子邮箱:cbs22@ whu.edu.cn 网址:www.wdp.com.cn)
印刷:湖北云景数字印刷有限公司
开本:720×1000 1/16 印张:13 字数:231 千字 插页:1
版次:2023 年 6 月第 1 版 2025 年 3 月第 2 次印刷
ISBN 978-7-307-23758-2 定价:42.00 元

前　　言

2022 年 8 月 31 日，中国互联网络信息中心（CNNIC）发布第 50 次《中国互联网络发展状况统计报告》。该《报告》显示，截至 2022 年 6 月，中国网民规模达 10.51 亿，互联网普及率达 74.4%，我国网民使用手机上网的比例达 99.6%。手机成为压倒一切的媒介接触终端，大众的信息来源主要是手机社交媒体（如微博、微信）、自媒体和新闻客户端（如今日头条、腾讯、网易、人民网等）。大众的娱乐需求在手机视频平台（如抖音、快手、爱奇艺、腾讯、优酷等）上得到更多的满足。该《报告》显示，截至 2022 年 6 月，我国短视频的用户规模增长最为明显，达 9.62 亿，较 2021 年 12 月增长 2805 万，占网民整体的 91.5%。

我国网民向移动端转移的趋势进一步强化，手机作为第一大上网终端的地位更加巩固。以"移动互联"为主要特征的新媒体如雨后春笋般发展起来，渐成规模。新媒体的发展日新月异，影响渐大，正在以一种新传播方式、新生活方式的"身份"迅速改变着这个世界。

用户获取和传播信息渠道的多元化及新媒体发展的多样化，使得媒体间的竞争更加激烈。传统媒体的弱化及新媒体快速发展促使传统媒体积极转型，同新媒体一道协同融合发展。不同媒介的融合，必然打破过去单一媒体对于媒介生产的限制，而要求在跨媒介介质的平台上整合不同媒介的信息，也必然催生出不同于传统意义的媒介生产流程和模式。在数字信息技术的帮助下，融媒体充分利用各种媒介载体的形式，将网络、电视、广播、报纸等媒体在人力资源、形式内容和宣传推广等方面进行整合，制作包含文字、图形、视频、音频和其他传播手段的新闻产品。[1]融媒体时代，新闻产品具有更强的时效性，报道方式更丰富，信息的交互性增强，报道的创意性更突出。

---

[1]　熊铮铮. 融媒体时代时政新闻的视觉化趋向研究［J］. 现代传播，2019（7）.

党的十八大以来，习近平总书记深刻分析信息社会全媒体时代发展趋势，敏锐洞察媒体融合发展历史机遇，在全国宣传思想工作会议、中央全面深化改革领导小组第四次会议、党的十九届中央政治局第十二次集体学习等多个重要场合发表一系列重要讲话，深刻阐释了全媒体时代推进媒体融合发展的重大理论和实践问题，为新时代加强全媒体建设、实现媒体融合发展作出了科学的顶层设计，绘就了清晰的路线图。

2013 年 8 月 19 日，习近平总书记在全国宣传思想工作会议上指出："手段创新就是要积极探索有利于破解工作难题的新举措新办法，特别是要适应信息化持续推进的新情况，加快传统媒体和新兴媒体融合发展，充分运用新技术新应用创新媒体传播方式，占领信息传播制高点。"① 2014 年 8 月 18 日，习近平总书记在中央全面深化改革领导小组第四次会议上强调："推动传统媒体和新兴媒体融合发展，要遵循新闻传播规律和新兴媒体发展规律，强化互联网思维，坚持传统媒体和新兴媒体优势互补、一体发展，坚持先进技术为支撑、内容建设为根本，推动传统媒体和新兴媒体在内容、渠道、平台、经营、管理等方面的深度融合，着力打造一批形态多样、手段先进、具有竞争力的新型主流媒体，建成几家拥有强大实力和传播力、公信力、影响力的新型媒体集团，形成立体多样、融合发展的现代传播体系。要一手抓融合，一手抓管理，确保融合发展沿着正确的方向推进。"② 2019 年 1 月 25 日，中共中央政治局第十二次集体学习中，习近平总书记指出，"推动媒体融合发展、建设全媒体就成为我们面临的一项紧迫课题"③，要运用信息革命成果，推动媒体融合向纵深发展，做大做强主流舆论，巩固全党全国人民团结奋斗的共同的思想基础，为实现两个"一百年"的奋斗目标、实现中华民族伟大复兴的中国梦提供强大的精神力量和舆论支持。

---

① 中共中央文献研究室. 习近平关于社会主义文化建设论述摘编 [M]. 中央文献出版社，2017：31.

② 中共中央文献研究室. 习近平关于网络强国论述摘编 [M]. 中央文献出版社，2021：63.

③ 中共中央文献研究室. 习近平关于网络强国论述摘编 [M]. 中央文献出版社，2021：81.

目　录

第一章
媒介融合背景下的新闻报道

传统新闻报道在经历曾经的辉煌后，虽在形式和内容上偶有创新，但创新力度不大，整体而言陷入了模式化的沉疴，报道写作的内容、方式、结构、语言已经固化。随着新闻报道的载体从纸端转为 PC 端，再转到移动端，新闻报道的革新有了广阔的舞台和无限的机会，例如数据新闻、地图新闻、图片集新闻、长图新闻、动画新闻、短视频新闻、HTML5 新闻、VR 沉浸式新闻等，这些都是在媒介融合背景下产生的新的报道方式。这些创新完全突破了传统新闻报道的条条框框，给人新鲜感和活泼感。随着融媒体平台的纷纷建立，新闻表达方式还会有新的变化，更加短小、轻松和令人愉悦。媒介融合还在发展过程中，在这个过程中，新闻的表达会有很大的变化，可能会涌现出更多的新闻报道品种。媒介融合给新闻报道带来了机遇和变化，新闻报道呈现出新的特征，但无论融媒体报道的形式如何变化，仍需遵循一些基本原则，并按照新的生产流程进行制作。

第一节　媒介融合为新闻报道带来的机遇和变化

"媒介融合"概念最早由美国学者伊契尔·索勒·普尔提出，美国新闻学会媒介研究中心主任 Andrew Nachison 将"融合媒介"定义为"印刷的、音频的、视频的、互动性数字媒体组织之间的战略的、操作的、文化的联盟"。中国人民大学教授王菲认为："媒介融合必然是出现在电子技术迅速发展的时代背景之下，而不同媒介之所以发生融合互动是因为新闻信息消费者的终端需求。"[1]国内学者徐沁认为："应该从广义的范围来考察和研究媒介融合，它的演进是递进式、立体式的。媒介融合包括媒介形态、媒介功能、传播手段、资本所有权、组织结构等要素的融合。它既指各种融合的结

---

①　王菲. 媒介大融合[M]. 广州：南方日报出版社，2007：32.

果，又涵盖了各方融合的过程。"①关于"媒介融合"的概念，至今也没有定论，不同学者有不同的观点。媒介融合，通俗点说指的是各种介质媒体之间打破壁垒、互通有无、逐渐交融的过程和状态。

一、媒介融合为新闻报道带来的机遇

数字化的新闻作品具有容量大、文图声画合一、终端阅读器分辨率高且画面清晰等优势，能将报道做出"质感"，增加报道的感染力，从而为新闻报道带来新机遇。由美国学者杰弗瑞·S. 威尔克森等著的《融合新闻学原理》一书列举了媒介融合为新闻报道带来的四种机遇：(1)它扩张了现有新闻报道的数量，使其远远超过了报纸和广播电视新闻领域的限制。(2)它有机会发布几乎所有符号类型的内容，包括文字、图片、图形、音频和视频。(3)它允许交互性的存在，使用户能根据自己不同的体验，重构或更改信息内容。(4)它可以比其他任何媒体都更快、更频繁地更新信息内容。②媒介融合为新闻报道的形式和内容的变革提供了空间，媒介融合让新闻报道可以无限接近受众，也就是用户。

媒介融合背景下，新闻报道的传输载体已由纸端过渡到 PC 端，又正在从 PC 端过渡到移动端。移动端让新闻报道时时刻刻接近用户。很多人晚上睡觉最后一眼看的是手机，清晨醒来第一眼看的也是手机。等人、聚会、上厕所、吃饭，甚至开车等红绿灯的时候，大家都可以打开手机看新闻。所以移动端下的融合新闻让新闻报道更接近用户，无论是空间还是时间上。传统媒体下的新闻报道传播都有接收机会的障碍，移动端让这种障碍降到最低，新闻信息无孔不入地进入大家的生活，这为新闻报道的传播提供了无限机会。

同时，媒介融合让新闻报道实现了实时全面互动传播，能让媒介更了解用户对新闻的看法，更精准地知道用户的兴趣点所在，从而能让新闻报道在内容上更接近用户，甚至实现个性化定制信息供给。媒介融合时代，新闻报道的表达方式更多元，有更多创意空间，同时新闻报道者比以往任何时候都更了解用户，新闻报道有更多传播渠道，也更容易接近用户。一个爆款的新

---

① 徐沁. 泛媒体时代的生存法则——论媒介融合[D]. 杭州：浙江大学，2008.
② [美]杰弗瑞·S. 威尔克森，[美]奥古斯特·E. 格兰特，[美]道格拉斯·J. 费舍尔. 融合新闻学原理[M]. 郭媛媛，贺心颖，主译. 北京：中国时代经济出版社，2011：52.

闻作品通过用户不断转发，在较短时间内可达数亿次的传播量，这在传统媒体时代是很难想象的。

二、媒介融合为新闻报道带来的变化

(一)新闻写作不再是纯文字

一提起新闻写作，想到的就是提笔写字，而在媒介融合背景下，新闻写作的内涵和外延都发生了改变。媒介融合下的新闻写作利用文字、图片、音频、视频等不同媒介形态，对同一件新闻事件进行描述，还包括制作动画和图表、设置超链接等。由此，新闻写作不再是单纯码字，而是包含文字在内的多种文本样式的融合写作。

(二)表达方式更加轻松愉悦

随着新媒体和媒介融合的发展，媒体 App、官方微信、官方微博、官方抖音账号等成为用户接收新闻的主要渠道，而用户浏览新媒体新闻和阅读纸媒等传统媒体的新闻是不同的。融媒体时代的用户处于随时随地无准备阅读状态，而且是间歇式碎片式阅读，如果用户一打开报道看到的就是黑压压的严肃文字，那他只会皱起眉头。相关的事实也证明，新媒体平台经过轻悦化改造的报道比照搬纸媒内容的报道更受欢迎。传统的传媒人一定要打破思维定式，不要以为严肃的公众话题只能用严肃的语言来讨论。

现在很多传统媒体记者就同一个新闻报道会写两个版本的稿件，一个供给传统媒体，另一个供给各种新媒体平台，二者在语言风格、表达方式等方面都有区别。这就是媒介融合给新闻写作带来的变化。

(三)非线性叙事

媒介融合下的新闻报道突破了传统报道的线性叙事结构，呈现出微内容组合式结构的特征。报纸、广播、电视一般是线性叙事结构，读者、听众或观众在接收报道内容时处于相对被动的状态，主要依据媒体提供的接收顺序接触内容。而媒介融合时代，用户接收新闻是非线性和跳跃式的，阅读新闻的时间则是碎片化的，传统新闻写作中的线性叙事不适合媒介融合时代的用户。媒介融合背景下，新闻报道叙事的结构是微内容组合式，媒体将报道内容拆分出多个微内容单元，赋予关键词，组合编排，用户可以更为自主地选择自己感兴趣的内容进行阅读。

(四)使用超链接增加报道的深度和广度

媒体对新闻事件的处理不再是单面性的呈现，而是多侧面、多角度的展示。新闻写作不再单纯追求独家新闻，而是更加重视原创性的信息加工。新闻写作的素材不仅仅是事件本身的信息，要广泛搜集各种背景资料，然后设置超链接，将这些背景吸纳进新闻报道中。传统媒体新闻写作也强调新闻背景，但一般只放在文中，其新闻背景的数量远远不能与媒介融合下的新闻报道相比。

（五）实时新闻写作

从新闻的发布周期来看，传统报纸若超过截稿时间，便只能等到第二天发稿，媒介融合时代则要求媒体处于全天候的待命状态。融合式的新闻报道以滚动性和实时性为主要特点，通过门户网站、新闻 App 等没有发行时间限制的信息平台实时地、不间断地为受众提供新闻事件的即时报道。

传统媒体新闻写作一般都有截稿时间，在截稿时间之前完成写作即可。媒介融合下的新闻写作是实时新闻写作，没有截稿时间，当然这并不意味着记者可以想什么时候交稿就什么时候交稿，"最快报道"就是对时间的要求。

随着新媒体技术的发展，例如可穿戴设备的问世，媒介融合和融合新闻报道还在不断变革，这个过程必然会继续带来各种新闻报道的变化，作为传媒人，应该时刻了解并紧随这些变化而改变。

第二节　融媒体报道的内涵与特征

何谓融媒体报道？按照美国南加利福尼亚大学安妮伯格传播学院教授 Larry Pryor 的观点，融合是在编辑室发生的，所有编辑人员在一起工作，为复合平台制作复合产品，从而把交互的内容传递给受众，来满足大多数受众对于交互式内容的需求。融合报道就是"声音、图像和文本的结合和交互"。融媒体报道给媒体从业者一种报道新闻的新方式，利用每一种媒体的优势制作出更引人注目的新闻包。[①]

清华大学新闻与传播学院教授王君超认为："'融媒体报道'（Convergent News），是指融合了文字、图片、音频、视频、超链接以及 GPS 位置信息等多媒体产品形式的新闻形态。它是媒介融合的终端新闻产品。"[②]

还有学者认为，对"融媒体报道"有广义和狭义两种理解：广义的"融媒体报道"即 Convergence Journalism，指由于数字技术发展，媒介之间的界限

---

① ［澳］Quinn S，［美］Filak V F. 媒介融合——跨媒体的写作与制作［M］. 任锦鸾，译. 北京：人民邮电出版社，2009：127.

② 王君超. 融合新闻的定义、实践与改进途径［J］. 中国报业，2014(5).

逐步消解，新闻传播业务走向融合的状态；从狭义上看，"融媒体报道"指在媒介融合背景下新产生的一类新闻报道方式。①

笔者认为，"融媒体报道"确实有广义和狭义之分，广义的"融媒体报道"包括技术的融合、组织的融合、平台的融合、报道的融合等，而狭义的融合就是指报道的融合。本书所述的融媒体报道仅指狭义的融合，即融合的新闻报道。"融合报道是基于互联网为核心报道平台，根据新闻内容的时间和空间特点，以最适宜的媒介手段融合使用多种技术形态的报道形式。"②

融媒体报道的核心理念就是打破传统新闻报道文本之间的壁垒，将各种文本融合起来报道新闻，制作出更多样化的新闻产品。融媒体报道可以利用各种多媒体技术，对新闻事件进行多角度、多侧面的展示，受众也可以参与传播及反馈信息。融媒体报道注重对原始信息的加工拓展，能够挖掘出更大的新闻价值，是一种全新的互动化、个性化、立体化的新闻报道方式。融媒体报道主要有以下特征：

一、文本多样化

在多媒体技术的基础上，融媒体报道把文字、图片、声音、动画和图像交织在一起，不再是单一特质的文本，可以让受众从多个维度了解新闻事件，例如多媒体报，不但保留了纸质报纸上的新闻内容，还添加了信息检索、动态链接、视频插入等功能。通过新闻文字，用户可以获取对该新闻事件的研究分析；通过新闻图像，用户可以了解到新闻动态；通过新闻链接，用户可以获知更多相关信息。例如浙江日报与北大方正合作开发的新型电子报，就添加了朗读功能，使读者能够轻松"听"新闻。所以说，多媒体技术支持下的融合新闻文本是多样化的。

2014 年 3 月，人民日报在两会报道中开发了"两会 e 客厅"融合新闻栏目，综合运用文字、图片与视频报道两会热点话题，有效地增强了传播效果。从新闻生产者的角度来说，实现了报纸记者和视频主持人角色的自由转换；从读者的角度来说，通过扫描报纸版面上的二维码或登录数字报平台，就可以有不同的"阅读"体验。

---

① 方洁. 美国融合新闻的内容与形态特征研究[J]. 国际新闻界，2011(5).
② 《新闻采访与写作》编写组. 新闻采访与写作[M]. 北京：高等教育出版社，2019：366.

二、终端数字化

融媒体报道的接收终端不是传统的报纸、广播和电视。通信技术及计算机技术的发展，开发出多种可移动的数字终端来承载新闻内容，例如电脑、iPad、手机等设备。

融媒体报道包含了文字、图片、声音、动画和图像等多种文本，只有数字终端才有可能将它们整合在一起。可以说，没有数字终端的发展，也就不可能有融媒体报道的产生。同时数字终端不仅仅可以承载融合新闻，还可以海量承载和存储融合新闻报道，并通过搜索引擎让人们快速锁定想要了解的新闻。

三、报道立体化

融媒体报道在报道内容上追求的不是将眼前的新闻本身的信息告诉大家，而是新闻信息整合加工水平的全面提升，使新闻事件立体化地呈现在大众面前。通过超链接，融媒体报道展现给用户的信息不仅包含新闻本身的信息，还有新闻现场、新闻细节、相关历史信息、相关政策法规的信息、不同观点的信息等。

《纽约时报》获2013年普利策特稿写作奖的特别报道《雪崩：特纳尔溪灾难》堪称融媒体报道的典范。这组报道以多媒体的报道手法和"后平板电脑"的叙事方法，多角度地展示了一次雪崩事故，带给读者多重的视觉体验。2013年，新华社利用融媒体平台"新华通"，对9月25日推出的长篇通讯《三北造林记》进行了"二次呈现"，可谓一次较为深入的融媒体报道体验。该报道以传统的新华社通稿为依托，运用多媒体的表现手段，集纳了文字、图片、视觉化图表、视频、互动交流、对话框等多种表现方式，不仅增加了报道的信息量，丰富了媒体表现手段，而且拓展了用户的阅读体验，可以称为"数字新华体"融媒体报道的探索。

融媒体报道对于新闻的展现不是扁平式的，不同层次的信息通过不同的文本样式展现在用户面前，主要通过超链接方式供用户选择阅读，也不会因为信息量太大给用户带来浏览新闻的压力。

四、报道个性化

个性化特征是指新闻作品所具有的独特风格和独特视角。这种独特性的形成是借鉴多种艺术表现手法，融合多种文体表达方式的结果。融媒体报道要借助多媒体手段寻求独特的报道视角与风格。例如图片集报道，就是一种融媒体报道中的个性化的报道视角。利用网络空间数字化的超容量，将关于某一主题的若干张图片集合在一起，配以简单的图片说明，用户只需把鼠标放在图片上轻轻点击，就可依次观看图片。而报纸碍于有限的版面，每次只能刊登一到两张图片，即使偶尔推出有关事件的图片策划报道，也不过是十来张图片集合在一起，数量上赶不上图片集的融媒体报道。例如还有一种地图报道，新浪网做过一个有关两会的特别报道，呈现在用户面前的是包含全国所有省份和自治区的中国地图，用户只需点开任何一个省份，例如"山东省"，有关山东省的国民生产总值等相关经济指标信息就会呈现出来。这种个性化的报道视角只有在融合报道中才能做到。

五、报道动态化

融媒体报道的动态化体现在三个方面：一是作品呈现的动态化。传播内容由静态展示转变为动态呈现，例如图片，可以通过用户点击或滑动去呈现，而且可以是动态的。以往的数据新闻是静止图表，融媒体报道的数据图表可以通过点击相应的图标显示数据，最典型的莫过于动态地图新闻，点击地图上的不同部分或者图标，显示数据或相应情况的介绍。MG 动画作品让静止的数据展示变成了动态图形数据展示。这些都是融媒体报道呈现动态化的体现。二是报道完成过程的动态化。在传统媒体时代，报道是一次性完成的，在融媒体时代，信息的首发者可能是用户，专业媒体报道接着跟进，提供更权威、更全面的信息，专业媒体信息发布后，用户会及时对报道进行相关的反馈，报道者会根据反馈进行信息补充、调整，通过回帖方式解释一些信息，报道的完成过程呈现为信息流动的状态。"一方面，新闻事件的直接目击者，可以第一时间将现场图片、消息，通过社交媒体、直播等平台传播出去；另一方面，专业记者抵达现场后，也可以随时随地用手机发布信息，一条新闻可以在极短的时间内传播给广大用户，再经过众多追随者的转发、更新、补充，事件的真相、意义、影响等更深层次的内容由此得到阐发。"[①] 三是传播过程的动态化。融媒体报道的传播不像传统媒体报道那样是一次完成刊发和传播的，融媒体报道发布后，会被其他媒体以及用户转发，传播的过程是一个动态点状复制分发的过程。

---

① 《新闻采访与写作》编写组. 新闻采访与写作 [M]. 北京：高等教育出版社，2019：372.

六、用户互动化

融媒体报道的终端是数字化的新媒体，传媒与用户之间可以实现实时、广泛、直接、有效和形式多样的互动，用户甚至可以直接参与报道，或者及时反馈对新闻的看法。

融媒体报道强调与用户的融合，新闻不仅仅是独白，更是一种交流；媒体和用户互动，才能完成完整的新闻报道。融媒体报道的互动性克服了传统媒体的单一性和平面性等缺点。

融媒体报道的用户可以通过以下几种形式参与互动：（1）提供兴趣指向信息，决定报道的选题，为报道选题提供非常有价值的参考；（2）通过网络论坛、博客、微博等多种形式提供新闻线索；（3）发表评论影响公众舆论，媒体也可以根据反馈的评论进行新一轮的新闻采集和生产。（4）通过参与报道中的游戏和小活动介入报道，例如在报道结尾献花、发表弹幕信息等。融媒体报道使用户不再只是新闻信息的接收者，而逐渐成为新闻的生产者、传播者和参与者，自由地表达观点。①

第三节　融媒体报道的基本原则

融媒体报道与传统媒体报道相比，在报道样式、平台和传播方式上都发生了很大的变化，但在传统报道领域需要遵守的报道原则，一样适用于融媒体报道，例如真实性原则、时效性原则、客观性原则、社会效益原则等。如何在融媒体背景下坚守并重塑这些基本原则，考验着媒体人的责任意识、业务能力和技术水平。

一、真实性原则

融媒体时代，人人手中有话筒，公民记者进入公共传播领域，各种虚实难辨的信息充斥着我们的生活，同时新媒体技术突飞猛进，提升了信息传播的速度，一旦出现不实信息，其传播速度快，影响面广，造成的危害也比较大。所以，在融媒体时代，遵守新闻真实性原则显得尤为重要。

（一）真实是新闻的生命

融媒体时代，真实性依然是新闻报道的生命线，是融媒体报道的底线原

---

① 陈敏婷，金冠军. 融合新闻趋势下的新闻报道[J]. 今传媒，2011(12).

则。融媒体报道必须真实地反映客观实际，必须真实反映客观环境的动态变化。

真实是满足受众新闻信息需求的基本前提。新闻的最重要功能之一，是满足人们获取信息的需要，能帮助人们借助媒体传播的真实信息正确认识周围环境，进而能动地改造世界，使自己更好地生存和发展。新闻若不真实，就会误导受众，导致错误的认识和行动。在这个意义上说，真实是受众对新闻信息的基本要求，是受众之所以需要新闻信息的基本前提。新闻与文学、艺术、科学等，同为人类认识和反映现实生活的形式，新闻认识和反映现实生活的最主要特征是反映事实本身。马克思主义新闻本源理论告诉我们，新闻的本源乃是事实，新闻是对事实的报道，是对客观事物本身的活的写真。先有事实，后有新闻，事实是新闻的本源，是决定新闻存在的基础，新闻是对事实的如实报道。从这个意义上说，真实是新闻产生和存在的基本要求，是新闻之所以成为新闻的基本特性，是体现新闻存在价值的基本要素。不真实的"新闻"，根本就不是新闻。真实是新闻媒体赢得受众的基本条件。新闻媒体有多种社会功能，其中最核心的功能是提供新闻信息。新闻媒体要想充分发挥这种功能，有效吸引受众，最基本的条件是向受众提供真实的新闻信息。新闻媒体对于受众的根本意义就在于，能够为受众提供外部世界变动情况的真实信息，新闻若不能真实反映社会运行和发展中的最新变动情况，就失去了吸引和赢得受众的基本条件，也就失去了存在的价值。①

（二）新闻真实性的内涵

融媒体报道的真实性原则包含三个层面：一是报道的事实信息必须确有其事；二是对新闻的描述、概括、解释和评述必须实事求是；三是力求揭示事实真相。

1. 报道的事实信息必须确有其事

新闻必须根据事实来报道事实，所反映的必须是在时间和空间中确实发生过或正在发生的事实，人要确有其人，事要确有其事。若新闻所报道的人和事在现实中不存在，那就是虚构新闻，新闻真实就无从谈起。2017 年 9 月 7 日，重庆晨报上游新闻等媒体转载"楚天金报微信公众号"的报道《老人独自养孙子 14 年考上复旦 发现去世儿子"复活"》。报道称，王秀德是湖北襄阳市双沟镇的一个普通农民，有三个儿子。14 年前小儿子王志文不幸病

---

① 《马克思主义新闻观十二讲》编写组. 马克思主义新闻观十二讲[M]. 北京：高等教育出版社，2019：115.

故，小儿媳也意外失踪，自此他开始抚养5岁的小孙子瞳瞳。瞳瞳学习成绩一直名列前茅，2016年更是以优异成绩考取了复旦大学。2017年暑假，王秀德无意中看到瞳瞳手机，发现儿子、儿媳和孙子的合影，他才知道儿子没死，儿媳失踪也是假的。但事后调查，这则报道纯系子虚乌有的假新闻。① 如此缺失"实有其事"的新闻不仅贻害大众，也伤害了新闻媒体的公信力。

2. 对新闻的描述、概括、解释和评述必须实事求是

在确有其事的基础上，对事实信息的描述和呈现必须准确无误，完全符合实际情况。具体包括：构成新闻的基本要素，包括时间、地点、人物、事件等均须准确无误，对与事实相关的细节描述要有根据，不能搞"妙笔生花"或"合理想象"；新闻中所使用的背景材料要核实无误，不能道听途说；新闻报道在解释事实发生原因，揭示不同事实信息间的内在关联，评价事实的意义和影响的过程中，必须做到全面客观、符合实际，不能以偏概全、以点代面，不能用孤立、静止的眼光看待和评价事实，应力求将事实放在其发展变化的脉络中、与其他事实的关联中认识和评述。一位媒体记者接到爆料，一位顾客在一家电脑城买的新电脑出现故障，发现电脑主机内的连接线存在破损。后经记者介入，店家承认该批电脑部分配件为德国进口，上面附着了德国小蟑螂的虫卵，虫卵孵化成幼虫后咬断了连接线。可记者在报道时对事实进行了不当描述和概括，在标题中使用了"德国小蟑螂大闹电脑城"的说法，但存在此问题的仅是该电脑城的一家商铺，记者对事实进行了夸大描述，给整个电脑城的经营带来极大的困扰。

3. 力求揭示事实真相

力求揭示事实真相，做到从总体、本质和发展趋势上反映和报道事实。如果离开对客观事物总体面貌的把握，不是从事实的全部总和及其相互联系中反映和报道事实，即使每则新闻所报道的事实都是真实的，所有相关报道合起来所反映的整体情况也不一定就是真实的。从本质上反映事实，就是要能抓住事实与事实之间的内在联系，反映事物的内在本质和规律，对一些带有全局性、倾向性的问题，对一些重大事件、敏感问题，不能仅仅停留在就事论事、现象描述的水平上，而应力求做到对所报道事实的整体、宏观和本质性的把握。从发展趋势上反映事实，就是要求用发展的眼光审视新闻事实，把新闻事实放在一定的历史条件下，放在变动发展的历史过程中，考察其发生、发展和演变的过程，分析其发生、发展的内外部原因，明确其在社

---

① 2017年十大假新闻[J]. 新闻记者，2018(1).

会变革与时代演进过程中的位置和作用，要善于在事物的运动和发展过程中确定其现时状态和未来趋势，使新闻报道与事物的发展趋势和发展规律相吻合，防止用孤立、静止的眼光看待和描述事实。①

(三)融媒体时代的新闻真实性原则面临的挑战

传统媒体时代，也存在不遵守真实性原则导致的新闻失实，但传统媒体新闻稿件审查有严格的程序，较少发生新闻失实的情况，新闻失实的影响面也较小。但在融媒体时代，新媒体信息传播的去中心化，社交网络传播速度快、传播范围广等特点，导致更容易发生新闻失实，新闻失实表现形式更加多样，造成的社会影响较大，新闻真实性原则面临更大挑战。

与传统的媒介环境相比，融媒体时代的新闻失实呈现出不一样的特征和发展趋势。除了一般的虚假新闻外，新闻反转、新闻"后真相"等都给新闻真实性原则带来了极大的挑战。

1. 新闻反转的挑战

新闻反转，一般指在新闻报道的动态进行中，对同一事件的报道出现一次或多次显著变化甚至出现反向变化的现象。比如一些社会热点新闻，在后续跟进、跟踪报道中，随着事件细节和真相的不断发掘，剧情突然发生多次变化，导致舆论的态度也随新闻"剧情"的变化而出现区别较大的转向。新闻反转大致有两种情况：一种是随着对新闻事件调查的深入，出现了新的内容，影响了事件的走向；第二种是在重要事实要素不能得到验证、核实的情况下，便做出了主观描述或论断，当事实得到验证后，发现当时的主观描述和论断是错误的。②虽然在某种程度上，"反转新闻实际上是一种新闻纠错机制，是新闻发挥出自净功能的反应，表明了新闻真实的实现是一个复杂的过程"，③但总体来说，新闻反转仍属于媒体在报道新闻过程中出现失实和偏差的表现。

发生在 2018 年 10 月 28 日的重庆公交车坠江事件便属于第二种新闻反转现象。当天 10 时，重庆万州一辆 22 路公交车在万州长江二桥突然失控，与一辆轿车相撞后坠入江中，事发之后此事迅速发酵成重大舆情。在事件调查结果出来之前，很多媒体把怀疑的目光锁定在与坠江公交车相撞的一辆小

① 《马克思主义新闻观十二讲》编写组. 马克思主义新闻观十二讲[M]. 北京：高等教育出版社，2019：117-118.

② 王倩. 融媒体新闻报道[M]. 济南：山东大学出版社，2022：27.

③ 雷跃捷，司丽. "反转新闻"视角下新闻真实性再探[J]. 青年记者，2019(15).

轿车上，认为是该车女司机导致了公交车坠江，仅从一些报道的新闻标题就可见一斑，例如《重庆万州22路公交车坠江，疑因一女司机驾驶私家车导致》《重庆公交车坠江已致2死，事发前轿车女车主逆行》《轿车女司机被控制！重庆一公交车与逆行轿车相撞坠江，水上搜救正在进行中》等。正当人们愤愤不平而强烈谴责女司机时，重庆万州区公安局交巡警支队的通报给事件的走向带来反转。通报称"经初步事故现场调查，系公交车在行驶过程中突然越过中心实线，撞击对向正常行驶的小轿车后冲上路沿，撞断护栏，坠入江中"。后又有事发目击者发布现场视频，证实了警方的说法，女司机驾驶小轿车是处在正常行驶状态，并未逆行，女司机不是害人者，而是受害者。此后官方公布公交车失控原因，系乘客与司机激烈争执互殴致车辆失控。

为什么媒体一开始会作出不正确的、有倾向性的报道？究其原因，在于一些媒体在追热点、追时效的时候忽略了信息核实程序。媒体应该向主管或权威部门询问和核实相关信息，再作出报道，不能仅凭网络上的一些传言进行报道，哪怕这些报道只是存疑性信息，也会误导公众。在新闻反转的过程中，公众无法准确把握事实信息，媒体发布前后不一致的报道，也会损害媒体的公信力。

2. 新闻"后真相"的挑战

英国《牛津词典》中对于"后真相"（Post-truth）是这样解释的："相比于客观事实，情绪和个人信仰更能够影响舆论。"新闻"后真相"一般指的是一些信息在社交平台流出后形成热点，引起网民情绪化的判断、观点和态度，一些媒体为了追逐热点，迎合受众，推出相应的报道，最后发现事实并非如此，导致新闻报道的偏差与失真。

在"后真相"时代，当一些信息通过自媒体传播渠道进行传播之后，受众会情绪化地看待这些信息，这种情绪占据了舆论的主流，新闻事件被附上各种主观认知，被重新阐述。随着这种情绪性信息的不断传播，事实真相被扭曲，受众的主观情感被逐渐放大，从而对新闻报道产生一定的影响。很多媒体为了迎合受众而出现了违背事实真相的报道，导致失实新闻。"回农村过年，上海女子逃离江西男友家"事件，就是典型的新闻"后真相"现象。2016年2月，一位自称上海女孩的网友发帖《有点想分手了……》，称春节前去男朋友家乡江西农村过年，被第一顿饭的粗糙、简陋吓得逃离，并附上了饭菜的照片，从而掀起网友关于城乡贫富差别、婚嫁观念等话题的争议。紧接着很多主流媒体也相继跟进，展开相关话题的讨论。但最后证实该发帖者不是上海人，而是某省一位已婚女士，发帖内容纯属虚构。

"后真相"时代的失实新闻最开始出现在一些社交平台上，例如一些网络论坛的帖子、朋友圈、微博等。通常，某一条信息成为热点后，大家开始围观，发表着各种情绪化的观点，这时候媒体跟进报道会收获较高的点击率。但专业新闻报道必须遵循调查第一、核实第一的原则，仔细核查事实，确定信息准确无误后再予以报道，不能为了跟风、追热点而放弃了核实，违背了新闻报道的真实性原则。

（四）融媒体时代如何践行新闻真实性原则

徐宝璜在为"新闻"下定义时说："新闻须为事实，此理极明，无待解释，故凡凭空杜撰闭门捏造之消息，均非新闻。"[1]无论是传统媒体时代还是融媒体时代，新闻报道都是以事实的存在为前提的，事实是新闻的本源，是新闻存在的理由，也是新闻报道的根本价值所在。

融媒体时代，每个人都能利用社交媒体平台主动发声。在这样的背景下，新闻媒体和新闻报道者要善于对信息的来源进行多方求证，不被表象甚至假象迷惑，要善于透过现象看本质，通过选择事实以及选择报道事实的角度，准确恰当地描述事实，要善于对获取的每个事实要素进行真实度核验，从而真正做到"用事实说话"[2]。

1. 提供准确的信息

新闻报道传播的是事实信息，公众浏览新闻的目的是获取信息，获得对于周围环境的了解，如果报道不准确，传递的信息就会存在纰漏，直接影响公众对于周围环境的了解，所以提供准确的信息对于遵守新闻报道真实性原则非常重要。

新闻工作者在完成融媒体报道的过程中如何做到准确报道呢？首先，尽可能抵达新闻现场，通过直接观察获得第一手资料；其次，尽量从权威部门获得新闻信息；再次，对于经他人获取的信息要反复核实，使用可靠的物证证实信息；最后，在输出报道时，要使用准确的语言，不要因为表述不当而传递出不准确的信息。

2. 交代信息来源

在融媒体报道实践中，交代信息来源是应遵循的写作规则。记者在完成新闻报道的过程中，除非属于常识，否则必须交代没有亲眼看到的信息的出处，即信息来源，例如某官员称、一位邻居说等。只有指明了信息的来源，

① 徐宝璜. 新闻学［M］. 北京：中国传媒大学出版社，2016：8.
② 王倩. 融媒体新闻报道［M］. 济南：山东大学出版社，2022：29.

才能使受众根据信息来源的权威性去自行判断新闻的可信和真实程度，才能较为客观地评价新闻事实。

在交代信息来源时，应优先选用权威的信息来源，信息来源越权威，信息的质量越高。同时应使用多信息来源进行互证。新闻报道者在面对信息来源时，要冷静客观，不能偏听偏信，采用多信息源的互相印证是避免虚假新闻、保证新闻真实性的重要手段。例如有人爆料一位保姆通过自己的努力考上研究生，那么信息源不能只有保姆本人，还应有保姆的雇主和录取的学校等，只有多方核实，才能保证事实的准确和真实。

要谨慎使用匿名消息来源。我们常常可以看到一些报道中出现"据知情人士透露""据权威人士透露""一位不愿透露姓名的市民说"等模糊的消息来源表述，这些表述中，有一些确实是涉及隐私或采访对象不愿透露而采用合理性匿名化处理，但匿名信息源往往有不确定性，需有限使用。过多使用匿名消息来源会弱化新闻要素的真实性，例如一些记者模糊使用"有市民表示"这样的字眼，就很难判断是否真有市民这样表示了。

尽量不使用匿名消息来源对确定的人物和机构进行批评和指责，这样做不仅可能导致新闻不真实，还会引发被批评者的投诉甚至起诉，最好有其他来源证实匿名消息源的说法，并提供证据。但有一些情况，记者可以不注明信息来源，例如消息来源是公报、众所周知的消息、已被多方来源证实的消息、不具有争议性的消息，记者就是事件目击者等。

3. 谨慎验证

为了确保真实，记者对于获取的信息要谨慎验证，特别是对于一些关键信息，要找到与新闻事件无关的两个以上的权威消息来源，对获得的最初消息来源的说法进行核实。融媒体时代，新媒体技术的发展让新闻"时新性"的属性得到了前所未有的强化。然而，为了抢发新闻、争夺眼球，有很多媒体未对新闻事实进行认真核实验证，就刊发相关报道，极易导致新闻失实的发生。记者需要仔细验证来自网络、官方、目击者、现场人员还有当事人的信息，没有经过核验的信息，只能称为"传闻"。2018年10月的重庆公交车坠江事件中，针对部分媒体未经对事实的核实验证就将责任推向女司机的现象，人民日报就在官方微博中发表"人民微评"，指出"当探讨舆论场中的变形乃至变异传播是如何形成的，更当深记：越是众声喧嚣，越需善于求证"①。对于

---

① 人民日报. 人民微评：欠涉事司机一个道歉 [EB/OL]. 人民日报官方微博，2018-10-29.

获取的信息进行核实验证是新闻报道环节应有且非常重要的一环，尤其在如今人人手中有话筒、人人都可以成为信息发布者的融媒体时代，记者的核实验证显得尤为重要，只有仔细核验，才能更好地践行新闻真实性原则。

二、时效性原则

新闻有两个基本特征：真实性和时效性。在传统媒体时代，媒体也致力于更快地把刚刚发生的信息传递给大众。滚动报道、直播报道、今日新闻今日报，都是传统媒体时代对于新闻时效性追求的表现。例如，新华社在全球媒体中最早报道伊拉克战争爆发，只比其他通讯社快了 10 秒，但作为首发，却是难能可贵的。

（一）融媒体报道对于时效性要求更高

融媒体时代，报道电子化和网络化，没有了固定播出时间和刊发时间的限制。一方面，报道可以 24 小时随时推出；另一方面，受众可以"随时随地"获取新闻信息。新闻报道也就没有了截稿时间的概念，最快速度报道就是对新闻报道的时间要求。融媒体时代，对时效性的要求更高了。

融媒体时代，融合新闻的出现打破了传统新闻报道的采编流程，新闻采制平台一体化大大提升了传统媒体和新媒体生产新闻的效率和信息传播速度。在技术的加持下，记者对于新闻信息获取、采访、写作等环节都可以达到"第一时间"进行。而数字技术的发展也可使受众随时随地点开直播链接，受众不再"坐等"，而能在第一时间参与新闻并对新闻内容较快地认知和反应。

（二）融媒体报道丰富了时效性原则的内涵

以往的时效性原则即在事件发生后第一时间报道，融媒体报道可以做到完全同步报道，并随着事件发展的进程，陆续推出相关报道，而不是等事件结束后再推出报道。例如每年全国两会，对总理政府工作报告的报道都是重头戏，传统纸媒是等报告结束后写作相关稿件，第二天刊登在报纸上，但融媒体报道可以做到直播报道，记者一边听报告，一边写作稿件，一边推报道，报告还没结束，有关报告的相关稿件已经推送。

2020 年年初，新冠病毒疫情肆虐武汉。2020 年 1 月 23 日，武汉市政府决定参照 2003 年"非典"疫情时期北京小汤山医院模式，建立火神山、雷神山两家医院。随着两家医院相继开建，对医院建设的即时性、全时性报道也随即开始。1 月 25 日，火神山医院建设现场 5G 网络正式开通。1 月 26 日，火神山医院施工现场的首个直播信号上线，施工现场网络直播在中央广播电视总台"央视频"平台开通。3 天后，该页面的累计访问量已经超过 2 亿人次。2 月 2 日，央视频又增加 2 个机位，其中包括一个 VR 全景直播机位，更加直观全面地展现施工现场。工地上，工人们争分夺秒，工地外，众多网友通过观看网络直播密切关注医院建设进度。事件的进行与报道做到全过程同步，引发围观，取得了良好的传播效果。①

(三)融媒体报道应防止过度追求时效性

融媒体时代，新闻的报道可以做到随时报道，与事件发生同步。事件发生后，哪家媒体先报道，就占了先机。在这种激烈的竞争中，一些媒体把时效性放第一位，看到别家媒体刊发相关新闻，迫不及待跟进，生怕晚一步，甚至不核实信息来源，导致了失实新闻的产生。这种过度追求时效性、时效性第一的观念是融媒体报道必须避免的。

在追求时效性的同时，新闻媒体应该对自己肩负的责任有清醒的认识，应该严格遵守报道核实流程。如果新闻媒体过分追求时效性而丧失了新闻真实性，其结果必然是权威性的降低，从而失去受众的信任。融媒体时代的新闻媒体在追求新闻报道时效性的过程中依然要把真实性放在首位，在保证新闻事件真实的前提下提升其时效性。近年来，网络上各类"反转"新闻、失实报道都是媒体为了追赶热点，一味追求"快"，没有经过核实就推出相关报道导致的。融媒体时代的报道一定要找到"真"和"快"之间的平衡点，在保证新闻真实性的前提下，尽量做到快速传播。

三、客观性原则

客观性原则是新闻报道的核心理念，也是新闻实践的基本准则。客观性原则要求新闻报道必须尽其所能地提供客观事实，尽量摒弃主观性的论断。例如新闻报道一般多用名词和动词，少用形容词，因为形容词往往带有感情色彩。

客观性原则的具体内涵体现在两个方面：一是采访过程中，注意全面收集信息，特别是冲突双方的信息和观点都要收集和呈现。例如报道保姆的工作，不仅要有保姆方的陈述，也要有雇主方的介绍；再如采访对象在接受采访的时候对其他人有批评和指责，记者应该找到被批评者，让被批评者陈述自己的情况和观点。二是制作报道时，要尽量呈现具体的新闻事实，用事实说话，剥离记者的主观认知，报道中尽量不直接发表记者的观点和看法。

---

① 王倩. 融媒体新闻报道[M]. 济南：山东大学出版社，2022：41.

融媒体时代，用户对新闻价值"新鲜性"的追求进一步提升，趋向话题性、情绪性的信息。在对一些热点新闻进行"跟风"报道中，部分媒体将这些特性放大，渴望生产出吸引流量和关注度的"爆款产品"，在报道中使用了一些不完整的或是带有情绪化的视频、图片和文字，对新闻热点事件进行片面、主观性的解读，甚至发展为偏颇性的热点炒作。新闻报道应该是冷静、客观、公正的，这样的报道显然没有遵守客观性原则。融媒体时代，作为社会公器的媒体，不能滥用公众信任，在追求"速度"与"爆点"的时候忽视坚守客观公正的专业素养。

新闻报道的客观公正原则，要求记者在新闻采访过程中克服偏见、保持独立，做到利益规避，平衡呈现各方观点。在报道过程中，语言要平实，叙述要客观公正，不能偏听偏信，要避免主观倾向。媒体和新闻工作者应时刻意识到自身的社会责任，保持清醒的认知，对于靠制造不安、贩卖焦虑打造"爆款"的不正之风要坚决抵制。要在新闻报道的过程中，始终保持客观公正，做到不片面解读、不炒作、不渲染、不煽动，让新闻报道"回归事实"，让新闻报道靠其自身客观、真实的价值来影响和引导受众，这才是维护新闻媒体和新闻报道公信力、影响力的有力武器。[1]

四、社会效益原则

新闻媒体在选择事实进行报道时，不能以新闻价值作为唯一衡量的标准，只注重市场效益，还要遵循社会效益原则。因为新闻媒体不仅是市场主体，更是社会公器，有传递和普及知识，维护社会公序良俗，促进社会健康发展的职责和功能。

维护社会公序良俗，助推社会健康发展，是我国新闻媒体的重要功能。这一功能的彰显，依赖于新闻报道的正确实施。采集、处理、呈现的新闻信息，是否有利于弘扬国家主流价值观，是否有利于维护社会的公平正义，是否有利于推进民主法治建设，关系到新闻媒体是否能维护社会公序良俗，助推社会健康发展。

在新闻采写实践中，新闻媒体维护社会公序良俗、助推社会健康发展这一功能的发挥，取决于对新闻信息的社会价值判断，即对新闻信息所产生的社会影响与效果的评估，主要指向四个层面：

一是利益判断，即新闻信息给社会各阶层、组织、人群带来的利害关系

---

① 王倩. 融媒体新闻报道［M］. 济南：山东大学出版社，2022：33-35.

评估。利或弊、得或失是利益判断的核心。

二是性质判断，即新闻信息的本质评估。是或非、对或错、罪或非罪、正面或负面、积极或消极、先进或落后、精华或糟粕、文明或愚昧等，都是性质判断的重点。

三是态势判断，即新闻信息的走向评估。大到国际国内形势，小到各种商品的价格变化，都需要态势判断。顺或逆、进或退、高或低、升或降，都是态势判断要回答的关键问题。

四是意义判断，即新闻信息给社会方方面面带来的影响评估。有或无、大或小、强或弱、长期或短期、全局或局部等，是意义判断的关节点。意义判断通常涉及新闻信息可能影响的不同领域。[①]

融媒体时代，人人都可以成为信息发布者，爆炸的网络信息一方面让媒体有更多的报道资源，另一方也增加了媒体鉴别信息的难度。面对五花八门的信息，媒体要慎重选择报道的对象，不能一味追求热度，还要考虑这些信息的传播对于社会的影响。对新闻信息的价值判断必须要有参照系，这个参照系便是当前国家的主流价值观。只有自觉坚持用国家主流价值观作为新闻信息价值判断的依据，在新闻报道中不失时机地积累和倡导社会的"正能量"，选择的事实和写出的报道才能更好地推进社会健康发展，如报道"正能量"事件去感染用户，传递知识增加用户的见闻，传递重要时政信息让用户了解国家发展，指出问题所在推动社会进步，等等。

第四节　融媒体报道的生产流程

传统媒体时代的新闻采编流程大致步骤为：申报选题—采访准备—组织采访—新闻撰写—稿件编辑—审核校对—新闻作品出版或播出—接收受众反馈。这个过程是单向的，是从记者到受众的一个线性过程，生产的作品只有单一的图文、音频或视频，分别在报纸、广播、电视等不同媒体刊播。受众主要通过热线电话、短信、邮件等传统方式进行反馈。媒体往往无法和受众进行即时互动，传者和受者之间互动效率低，互动范围不广、程度不深，互动方式也比较简单。总的来说，传统媒体时代的新闻生产流程没有实现多媒体、多平台之间的资源共享，也不能与受众开展及时、广泛深入的互动，受

---

① 《新闻采访与写作》编写组. 新闻采访与写作[M]. 北京：高等教育出版社，2019：5-6.

众对于报道的参与度不高。

随着技术的完善，传媒环境的改变，新闻生产流程也发生了变化。在快速发展的媒介环境下，传统媒体的生产平台向融合平台方向发展，新闻生产逐步走向采编一体化协同配合和资源整合运用。媒体通过融媒体生产平台，将各个新闻端口连接起来，对记者采集的新闻素材针对不同的端口进行加工，以适应不同的用户与传播载体。

融媒体报道生产不再是过去单向、线性的过程，而形成了一个循环过程，既包含融媒体报道生产流程，也包含融媒体报道传播流程，生产与传播有机地结合在一起，变成一种连续状态，循环往复。基于互联网平台，用户自始至终参与新闻的生产与传播，融媒体报道成品加工制作完成后，用户在新闻收受的过程中可以随时发表自己的见解，继续参与新闻生产。融媒体报道生产流程也不会因为新闻产品制作完成、用户收受后便宣告终结，用户互动会延续新闻的生命，使得新闻生产与传播变成一个持久循环的过程。而且，新媒体也进一步促使传媒市场由卖方市场向买方市场转变，用户对信息的需求更加多样化、个性化。媒体原先的新闻生产流程无法做到资源整合和共享，因而也无法充分发挥融媒体优势，实现融媒体联动效应。因此，融媒体时代新闻媒体必须建立新的新闻生产流程，最大限度地整合媒体资源，释放新闻生产与传播的力量。[①]

融媒体报道的发展要求媒体对信息的采集、制作、发布都必须具有较高的速度与效率。融媒体报道与传统报道的最大区别就是打破了原有新闻生产的"孤岛"模式。以往的新闻生产，不管是信息采集还是新闻发布，都处于相互隔离的状态，新闻生产效率低、传播速度慢。融媒体报道生产流程实现了新闻素材采集一体化、新闻信息处理一体化、信息发布平台一体化和新闻生产运营一体化。

一、新闻素材采集一体化

融媒体时代，信息与资源的整合和共享性，使得新闻的生产、编辑和发布得以融合，形成了全流程打通的媒体融合生产体系。一般由信息采集人员采集信息，接着信息处理人员对采集人员发送的材料进行整理和加工，加工好的信息材料由技术人员处理和发布。融媒体报道生产流程表现为互相配合且集中式生产。

---

① 王倩. 融媒体新闻报道[M]. 济南：山东大学出版社，2022：279-280.

人民日报的"中央厨房"就是一个集群化的全媒体生产平台，它由 6 个功能模块组成：报纸版面智能化设计系统提供集即时版面规划、内容编排、审核批阅、信息查阅等功能于一体的智能化设计工具；新媒体内容发布管理系统实现内容一站式管理、一键式发布；可视化产品制作平台支持在线制作与发布可视化产品，如 HTML5；传播效果评估系统监测传播效果，进行统计分析与定向监测、跟踪反馈等；此外，还有内部用户管理系统、互联网用户管理系统为全媒体平台的业务运行提供技术支撑。①

为了适应融媒体报道生产流程素材采集一体化趋势，记者除了撰写成品稿件外，还要提供丰富的新闻素材给平台，生产平台的制作人员收到记者传来的素材后，对内容进行多样化加工，生成各种样式的新闻作品，最后实现多平台推送。

二、新闻信息处理一体化

融媒体报道生产流程中，新闻相关信息由线上传递到各个部门，由"云平台"对信息进行集中处理。同时，融媒体报道信息处理平台还可以从多个渠道采集用户的反馈信息，统一收集处理新闻线索信息等。例如北京电视台建成了统一新闻线索汇聚平台，对新闻线索信息进行处理。该平台集合了互联网抓取信息、记者上传信息、用户爆料信息等功能，还可以根据多渠道信息按照内容进行分类、集中审查。基于"云架构"构建的融媒体新闻报道生产平台的信息处理中心的生产运作，较之以往更加集群化。集群化的信息分析处理能力使融媒体报道的内容生产变得集中与高效。2021 年全国"两会"期间，人民日报通过整合加工多样新闻素材，推出一系列集创新性、趣味性、互动性与新闻性于一体的融合新闻产品，如基于图解、音视频、海报的《习近平的两会时间》专题，VR 新闻《两会夜话 II》，5G+云技术新闻《两会云客厅》栏目，短视频新闻《财米油盐》，HTML5 新闻《"十四五"碰碰词》《2021，向着目标出发》等，为用户提供了大量优质新闻内容。

三、信息发布平台一体化

融媒体报道新闻生产最后的步骤是信息发布，信息经过采集、编辑、制作后进行发布。在采集、编辑、制作的过程中，各个部门相互配合，通过"云平台"的线上交流，共同完成新闻报道的制作。最后，制作成型的新闻

---

① 人民日报全媒体平台正式上线[J]. 新闻战线，2016(5).

报道在多平台上进行发布。

一体化的信息发布平台连接着多个媒体端口，实现报道内容一站式管理、一键式发布。将不同类型的新闻作品发布到不同的媒体平台，实现"一套人马、多个出口"的发布模式。一体化的信息发布平台需要整合多种渠道与资源，针对不同的发布平台，快速编排适合该平台的报道并进行统一发布。信息发布平台的一体化大大提升了融媒体报道生产和传播的速度与效率。

四、一体化的融媒体生产平台的搭建

2014 年以来，作为媒体融合发展的一项举措，国内传统媒体纷纷兴建一体化的融媒体生产平台，集中调度传统媒体及其门户网站、微博、微信公众号、新闻 App、抖音号等平台的内容生产。

新闻生产平台的搭建包括两个方面：一是物质层面的生产平台，如"一报、一网、一端、两微"；二是适应全媒体新闻生产的组织架构的重组。建设新型主流媒体，推动传统媒体与新兴媒体融合发展，就是实现传统媒体的互联网化，主要趋势就是要建设生态级媒体平台。这个平台要拥有强大的用户吸附能力和用户黏性，能够建立与外界的全面连接，可以使公众在这个平台上进行充分的信息交流。①现在很多媒体积极搭建融媒体生产平台，融媒体生产平台成为融合新闻采编运营的一体化中心。从中央到地方的各级各类媒体都积极提出了自己的全媒体战略，并在媒体融合的新闻实践中开展了诸多尝试，打造符合自身发展特点和需求的"中央厨房"，比如人民日报"中央厨房"、新华社全媒体报道平台、光明日报融媒体中心、中国青年报"融媒小厨"、湖北广电集团"长江云"、浙江日报"中央厨房"等。虽然不同媒体的"中央厨房"各有特点，实践路径也不尽相同，但基本上都遵循了"新旧融合、一次采集、多种生成、多元发布、全天滚动、多元覆盖"的基本思路。②2017 年 1 月，时任中宣部部长刘奇葆出席推进媒体深度融合工作座谈会时指出，重构采编网络、再造采编发流程是媒体深度融合最需要突破的难点，是建设新型主流媒体必须攻克的"腊子口"，"中央厨房"就是融媒体中心，

---

① 宋建武. 未来媒体将是平台型媒体[N]. 光明日报，2016-11-5.

② 我国媒体融合步入深水区 各媒体"中央厨房"建设一览[EB/OL]. 人民网，2017-8-11.

推进媒体深度融合，"中央厨房"是标配，是龙头工程，一定要建好、用好。①

　　人民日报融媒体生产平台"中央厨房"的建设就比较成功，前文已对其6个功能模块进行了介绍。近年来，人民日报"中央厨房"围绕全国两会、建党90周年、改革开放40周年、新中国成立70周年、新冠病毒疫情等一系列重大事件，推出了一系列优质的融合新闻产品，在社会上取得了良好的传播效果。不仅如此，人民日报"中央厨房"的海外传播做得比较成功。2015年习近平总书记访美期间，人民日报"中央厨房"共向海外推送57篇原创作品。人民日报脸书、推特账号中的相关报道阅读量也超过了5400万。人民日报通过"中央厨房"进行信息的多维整合，完成了一次较好的对外传播，达到了非常理想的传播效果。

　　融媒体报道的生产流程与传统媒体相比发生了很大的改变，对于记者的信息采集、作品制作提出了更多的要求。在传统媒体时代，新闻报道者只需采集单一文字信息或音频信息、视频信息，根据所在媒体不同，要么完成文字作品，要么完成音频作品，要么完成视频作品。但在融媒体时代，作为前方采集信息的记者，需要围绕同一报道对象采集文字、图片、音频、视频等不同形式的素材，并且需要了解和熟悉图文、音频、视频、新媒体作品制作要求，才能采制符合多媒体平台报道要求的素材。同时在后期作品制作过程中，也需要为不同平台提供不同的文字稿件，制作不同类型的作品。融媒体时代的记者必须会写、会拍、会剪辑、会制作微信图文、掌握简单的HTML5技术等，同时还需要与策划、技术、视觉设计等人员进行良好合作，共同完成高质量的融媒体报道作品。

---

① 刘奇葆. 推进媒体深度融合 打造新型主流媒体［N］. 人民日报，2017-1-11.

第二章
融媒体报道对记者的要求

　　记者一般指直接从事新闻采写编和制作的专职人员，他们的主要工作是从事新闻采集和报道活动，并将报道在报纸、电台、电视台、新闻网站、"两微一端"、短视频平台进行播发，为公众提供社会即时变动信息。传统媒体时代对记者的相关要求一样适用于融媒体时代，例如知识修养、职业道德修养、一般采写技能要求等。同时由于融媒体时代新闻报道生态的更迭，新闻生产流程和样式发生改变，融媒体报道对记者提出了更多新的要求，例如记者需要重新认识新闻报道，需要有用户意识，需要掌握综合的图文、音视频、长图、动画、HTML5 素材搜集与制作能力等。

第一节　职业素养的要求

　　一名合格的记者必须具备政治、道德、知识等方面的基本素养，不管是对传统媒体时代的记者还是融媒体时代的记者而言，这些都是必备的素养。一个优秀的记者一定是关心国情民生，知晓国家发展主流，拥有一定的政治素养的。记者要有意识地储备相关知识，并在工作过程中不断积累各方面的知识，这样才能更好地把握各种题材的报道。记者还要遵循相关职业道德修养，拥有健康的体魄，具备共情的能力以及一定的公关修养等。

一、政治修养

　　政治修养要求记者具有科学的世界观和较高的政治理论水平及政策水平。任何记者在采写、报道新闻事实的时候，都是有所选择、有倾向的。这种选择以及其中的倾向性，是受记者的世界观和政治理论及政策水平所左右的。记者的世界观和政治理论及政策水平，影响并指导着记者的整个新闻采写活动，并体现在他的新闻作品之中。我国记者要担当起时代哨兵的使命，要当好党和人民的喉舌，首先需要有"眼力"。而一般的眼力不够，还要借助"望远镜"和"显微镜"，这就是马克思列宁主义、毛泽东思想、中国特色社会主义理论体系和习近平新时代中国特色社会主义思想，也就是科学的世界观和较高的政治理论及政策水平。只有具备这些，记者才能实事求是、高瞻远瞩、见微知著地思考问题，透过纷繁复杂的现象看到事物的本质，看到主流，看到正确的方向，从沙砾中识真金，从平凡中见真理，敏锐地判断出什么样的事实应该采写，应该怎样去采写。①

1992 年邓小平视察深圳，是一件对深圳、对中国乃至对世界都意义深远的大事件，时任《深圳特区报》副总编辑的陈锡添有幸成为这一事件的见证者和记录者。从 1992 年 1 月 19 日到 23 日，他全程跟随了邓小平同志在深圳 5 天的活动，并于当年 3 月 26 日在《深圳特区报》发表了著名新闻通讯《东方风来满眼春——邓小平同志在深圳纪实》。当时这篇通讯在国内外引起很大反响，对我国改革开放起了很大的推动作用。一个记者如果没有较高的政治理论修养，没有对于国家发展大局的关注，是无法完成这一新闻领域的名篇的。在 2022 年《深圳特区报》创刊 40 周年大会上，陈锡添谈到这篇报道的启示时说道："怎样才能做一个好记者？我想一是胸怀大局，要有政治家的头脑，关注'国之大者'；二是要有历史责任感，努力记录伟大时代，讲好深圳故事，讲好中国故事；三是要夯实业务基础，精通新闻业务。"

记者应当站在代表历史发展方向的人民立场上，从最广大人民群众的利益出发去考虑问题，才能从根本上做好新闻报道工作。记者应当立场坚定，爱憎分明，热爱祖国，热爱党，热爱人民，热爱生活，对自己所从事的新闻工作怀有崇高的使命感和强烈的事业心。记者的政治修养是建立在实事求是的基础之上的。作为记者，务必要坚持"实践是检验真理的唯一标准"，一切从实际出发，唯物地、辩证地看问题，使思想符合实际，主观符合客观。

为了提高政治修养，记者应该有计划地学习马克思主义基本原理、毛泽东思想、邓小平理论以及习近平新时代中国特色社会主义思想等，注重理论联系自己的工作实际和思想实际。学习理论的同时，还要了解和学习国家有关方针和政策。学政策能帮助记者更好地坚持正确的意识形态导向，认清当前实际工作的重点或中心，从而完成高质量的新闻报道。

二、道德修养

2019 年新修订的《中国新闻工作者职业道德准则》对我国新闻工作者的

---

① 《新闻采访与写作》编写组. 新闻采访与写作 [M]. 北京：高等教育出版社，2019：35.

职业道德提出了七条要求：一是全心全意为人民服务，二是坚持正确舆论导向，三是坚持新闻真实性原则，四是发扬优良作风，五是坚持改进创新，六是遵守法律纪律，七是对外展示良好形象。

笔者每次给新生上课时，都会强调一定要做一个有道德的新闻工作者，道德排在新闻业务的前面。一个有道德的记者应该有社会责任感，对民众有热情，愿意帮扶弱小，也敢于批评社会不正之风，希望这个社会越来越好，不仅把记者这份工作当作谋生的手段，更愿意通过这份工作推动社会进步和健康发展，实现个人理想。具体而言，记者的职业道德修养主要体现在以下几个方面：

（一）注重报道的社会效益

一则报道做不做，怎么做，不能仅仅看它是否吸引眼球，有没有流量，更要看这则报道是否坚持了正确的意识形态导向，是否能正确地引导公众，是否有利于社会的健康发展。应该摒弃猎奇、低级庸俗，一味追求流量、蹭热点的报道。例如北京一对夫妇生产五胞胎，因为五胞胎不常见，对受众有吸引力，一些媒体为了蹭热度，跟踪报道一个多月，输出大量报道，甚至包含很多商家带有广告性质的资助报道。而羊城晚报《揭开五胞胎生育之谜》的报道给这个高热度事件浇了一盆凉水。该报道从对社会认知负责任的角度出发，揭示了五胞胎是因为自然不孕而通过一些特殊方式受孕产生的，这五胞胎出生后也出现了一些问题，等等，让大众冷静理智地对待这样一件事，引导大众正确看待多胞胎生育，更不要因为喜欢多胞胎而放弃正常受孕的方式，这种冷静报道的后面是对社会认知正确引导的默默温情。

融媒体时代，一些媒体过分追求流量，将流量摆在第一位，喜欢蹭热点、打"擦边球"。追求流量没有错，但不能肆无忌惮地追求流量。记者在进行融媒体报道时，应时刻把社会效益摆在第一位，在保证社会效益的前提下追求经济效益。

（二）不弄虚作假

有一些记者为了追求报道的"轰动效应"或者流量，夸大事实的一些因素，或者掩盖事实的其他因素，甚至是杜撰一些细节，只是为了故事好看或者能吸引眼球。向公众传递准确的信息、呈现事物的原貌是做记者的基本责任和义务，不仅不能主观去杜撰一些事实，还要对采集到的信息反复核实，仔细验证，防止因自己的疏忽造成失实新闻报道。融媒体时代，新闻报道过分追求时效，在"快"上竞争，就会忽略信息核实和验证环节。任何时候，新闻报道都应该是在"准"的前提下追求"快"。在上一章中，已经论述了报道真实性原则的重要性，维护新闻真实性，是作为一个记者的本分。

在具体的新闻报道实践中，记者要做到忠于事实，维护新闻的真实性，就必须注意尊重客观，尊重事实，讲究"实事"，按照认知对象的本来面目作出如实的、直观的感性判断，规定并赋予其特定的时空形式；同时，又必须注意以正确的立场观点对待所认识的事实对象，讲究"求是"，即在认识过程中，用科学的态度对感知对象加工整合，让事实从"具象"走向科学的"抽象"。只有这样坚持实事求是，记者才能更深刻、更准确、更完整地认识并反映事实的真相，而不是肤浅地、片面地乃至荒唐地去"描绘"事实。①

（三）践行人文关怀

记者在报道中的人文关怀，主要体现在平等地对待公众，关爱公众，尤其是社会基层群众和弱势群体，不要高人一等地对公众的痛苦和忧患麻木不仁，要真实反映基层群众的愿望和诉求。记者的人文关怀还体现在尊重被采访者，不要用自己的提问和报道去伤害被访者。例如在 2008 年汶川地震的采访中，记者向一位刚刚在地震中失去亲人、却仍然奔赴在抢险一线的女民警提问：你在救助这些人的时候会不会想到自己的亲人？怎么能在痛失亲人的情况下，还拼命工作？这些问题无疑会让这位女民警无比痛苦。如果一则报道有一定新闻价值，能够引起公众的关注，但对于被报道者可能造成很大的伤害，作为记者则需要认真思考是否必须做这个报道，是否可以放弃这个报道。当年歌星王菲和影视明星李亚鹏的女儿刚出生时，有记者是知晓孩子有一些缺陷的，但他们都选择了沉默，没有做报道，因为一个孩子刚刚出生就要被人议论纷纷，对这个孩子还有她的家庭来说都是一种很大的伤害。这些选择沉默的记者践行了人文关怀。

（四）遵纪守法，廉洁奉公

作为记者，在工作过程中，要严格遵守国家的各项法律法规，遵守党的新闻工作纪律，同时做到廉洁奉公，不利用记者职务去谋取私利。

记者采写的报道不得违背党和政府的方针政策及有关规定，不得传播危害国家利益和安全的错误言论，不得泄露党和国家的机密。记者采写的报道务必要注意事实的确实、可靠，绝不无中生有或添油加醋，绝不捏造事实，侮辱、诽谤他人。要尊重和维护公民和法人的人格尊严和权利，既注意保护新闻信息源提供者的利益，也要保护新闻事件当事人及其相关者的正当利

---

① 《新闻采访与写作》编写组. 新闻采访与写作 [M]. 北京：高等教育出版社，2019：44.

益，同时还要注意绝不揭人隐私、伤害他人的名誉。记者还要洁身自好，绝不为名利所动，绝不利用采写权利为个人利益寻租。记者要自觉抵制拜金主义、享乐主义、个人主义思想的侵蚀，坚决反对和杜绝"拿回扣""收红包"，搞"有偿新闻"或"有偿不闻"的不良行为以及利用掌握的情况进行敲诈勒索的行为。[①]

三、知识修养

由于工作的特点，记者需要采访的对象极其广泛，采写报道涉及社会生活的各个领域、各个角落，需要拥有广博的知识，做"杂家"，为采写工作打下知识基础；同时又要在广博知识的基础上对某一领域、某一行业的知识有比较精深的了解，做一个"专家"，这样才能写出有深度的报道。所以，记者既是"杂家"，也是"专家"。

（一）杂家

记者首先应该是一个"杂家"，三教九流、古今中外、天文地理、风土人情，什么样的知识都要懂得一点才行。新华社原社长郭超人说："教授、博士可以就某一专业、某一方面的问题深入研究，成为专家。记者工作接触社会面广，自己也料想不到明天会遇到什么问题，所以要求记者对各方面的知识都积累，才能适应工作。"[②]因为记者在和各个领域的人士进行访谈的过程中，遇到一些专业性较强的领域，如果存在知识欠缺，就难免说外行话，或者无法流畅交流，并且对于报道的角度或者报道中的重要信息的判断也会不准确。所以记者平时需要广泛涉猎知识，知识面要宽。记者知识丰富，思想驰骋的天地就广阔，联想能力就强，同采访对象接触时共同语言就多，采写新闻时也就能左右逢源、得心应手。否则，知识贫乏、孤陋寡闻，采写的报道势必闹出笑话。

（二）专家

记者还应该是个"专家"，要在广博知识的基础上，对某一领域、某一行业有比较精深的知识，当然这种"专"并不是要求达到某个领域的专家学者的水平，但至少应是比较精通，有一定研究的。"新闻记者是无法不分工的。所以每一个人在广泛的常识基础上，更应有自己的专长，如外交、经

---

① 《新闻采访与写作》编写组. 新闻采访与写作［M］. 北京：高等教育出版社，2019：45-46.

② 郭超人. 培养新闻人才要跟上时代的需要［J］. 新闻学会通讯，1983（16）.

济、军事、政治等。在这些专门部门中，记者必须比常人精通，能有独到的见解。这样的记者的意见，才是权威的意见。"①记者一般都有大体的分工，有相对稳定的采写活动范围，专门负责某一领域或某一行业的报道，例如专门负责跑时政、政法、教育、医疗、财经等。记者在平时跑战线的过程中，一方面通过采写工作不断积累相关领域的知识，另一方面需要在工作之外进行专门的学习，做到对自己所跑战线的情况和知识有一定的积累和研究，对这一领域的问题拥有自己的判断和见识。这将帮助记者更好把握这些领域的新闻，采写出高人一筹的报道。

新闻采写史上有过这样一件典型事例：一次，世界著名物理学家爱因斯坦在普林斯顿大学讲学，《纽约时报》一位记者前去采访，他把爱因斯坦在黑板上写的数学公式原原本本抄了下来，回报馆写了篇消息拿给总编辑看，总编辑觉得抄的公式不对，就让记者打电话问普林斯顿大学数学系主任。这位主任核对了一下，认为记者抄下的公式与爱因斯坦写在黑板上的是一致的。但总编辑还是要求爱因斯坦本人核对，这样才发现原来是爱因斯坦写错了。这位数学水平极高的总编辑不仅发现了科学巨人的错误，而且避免了一次报道失误。②我国新闻采写史上也有一件令人赞叹不已的事例：1974年春天，陕西临潼县(现改为临潼区)农民在秦始皇陵地旁挖井抗旱，当挖到三四米深时，挖出了几个陶俑。人们对此并没有感到稀奇，因为临潼人见"老古董"见得太多了。当时，中新社记者蔺安稳正在临潼老家探亲。闻此情况，他立即赶去，仔细地察看了这些刚刚出土的"泥娃娃"，并以其丰富的历史知识当即断言"这很可能是稀世珍宝"。一回到北京，蔺安稳便连夜赶写了《秦始皇陵出土一批秦代武士陶俑》的报道。这篇报道印发后，立即受到毛泽东、周恩来等中央领导同志的高度重视。于是，国家文物局组建秦俑考古队，展开了挖掘清理工作，从而揭开了国际考古史上壮丽的一页。凡是新闻界卓有成就的记者，无不既有丰富的知识，又有某一方面的专门学问。比如，我国一些驻外记者，往往就是国际问题的专家；一些长期从事经济报道的记者，则成为研究经济问题的行家；而一些体育报道的老手，则常常在体育界有着"权威"的发言权。③

———————

① 范长江. 通讯与论文[M]. 北京：新华出版社，1981：292.

② 王晨. 新闻写作漫谈[M]. 太原：山西人民出版社，1982：23.

③ 《新闻采访与写作》编写组. 新闻采访与写作[M]. 北京：高等教育出版社，2019：37-38.

四、身体素质

记者工作经常在外奔波，有时还要携带诸多采拍设备，无法保证准点下班，这些都决定了记者必须要拥有强健的体魄。

首先记者工作并非"朝九晚五"，而是随时都要投入工作的状态，遇到紧急报道时，可能需要通宵达旦地工作，如果身体素质不好，很难承担这么高强度的工作。同时，记者外出采访，有时候需要处于一些特殊的环境，例如地震、泥石流、洪灾等，需要在背负采拍设备的情况下，步行很长距离，等等。新京报首席摄影记者陈杰是最早报道四川凉山彝族自治州"悬崖村"的记者之一，在采写报道的过程中，陈杰需要带着拍摄设备跟随孩子们一起行走在悬崖峭壁上，一个来回五六个小时，如果没有超强的体能，是很难完成报道的。陈杰是退伍军人，平时坚持长跑，才能在面对这样高难度的采访环境时，顺利完成报道任务。

在传统媒体时代，记者的工作相对单一，例如文字记者只负责文字，摄像记者只负责拍摄。但在融媒体时代，由于需要向多个平台提供素材，记者需要承担多种工作，在用文字记录的同时，可能还需要承担拍摄工作，后期还要处理图片和音视频等。时间紧，工作量大，节奏也快，需要良好的体力作为支撑。

拥有健康的身体，除了要保持健康的饮食，尽量规律地生活，再就是要加强体育锻炼。这似乎与记者的工作相矛盾，记者工作本身就是不规律的，平时工作也比较忙，但记者还是会有休息时间，要利用一些空闲时间进行体育锻炼，能早睡的时候尽量早睡，这样才能保证旺盛的精力、充沛的体能，投入采访报道。

五、情感和公关修养

情感修养，指的是"共情"的能力，即感同身受的能力。记者有时候会去采写一些情感故事、人生经历的题材，写好这样的报道，细节是非常重要的，只有心细、情感比较丰富的人，才会抓住这样的细节。故事必须首先感动记者，记者才能完成感动别人的故事报道。湖南卫视拍摄的系列纪录片《绝对忠诚》里面有一集讲到草原生态科学家辛晓平的故事。在拍摄辛晓平和母亲在一起的画面时，记者注意到辛晓平的母亲一直拉着她的手，摄影记者觉得这个细节好，马上给了一个特写镜头。通过这个镜头，我们能深刻感受到辛晓平长年在草原工作，极少回家，母亲是多么珍惜和女儿在一起的机会，这个细节更能表现科学家对祖国的奉献。

公关修养指的是与人交往的礼貌礼节的修养。记者工作就是与人打交道的工作，与各种身份、各种性格的人打交道，采访的对象往往是首次见面的人。作为记者，要遵守与人交往的基本礼节，给采访对象留下好的第一印象，有利于采访工作的顺利进行。例如有时间观念，不迟到；遵守诺言，不要轻易失信；待人真诚，不要有隐瞒；采访过程中注意照顾对方的情绪，等等。

第二节　全媒体技能的要求

21 世纪以来，新闻的生产方式已经从单一媒体的新闻采写向多媒体、多平台制作转变，为适应包含纸媒、广播、电视、PC 端、移动端在内的多媒体传播趋势，一家媒体除了在传统媒体平台传播信息外，还有相应的网页、App、微信、微博、短视频平台等众多新媒体平台，实现新闻信息的多渠道整合传播。为了减少新闻重复采编的资源浪费，"中央厨房"式的新闻采编流程重组在业界悄然拉开帷幕，而与此相适应的"全能记者"概念也逐渐进入人们的视野。融媒体新闻报道对记者提出全媒体技能的要求，包括采访、文案写作、拍摄、剪辑、图片处理、微信推文制作、HTML5 制作和 MG 动画制作等，不再像传统媒体那样，简单分成文字记者、摄影记者、摄像记者，只负责单一素材的采集和制作。

一、技能要求的前提：重新认识新闻报道

传统的新闻报道要么是图文报道，要么是纯音频和视频报道，这些报道都有严格的制作范式，例如报纸的消息、通讯类报道，有严格的格式、语言规范要求。但随着新媒体的发展，技术为创意提供了支撑，新闻报道的呈现样式出现了很大的改变。例如微信推文的文字排版样式，为了适应手机用户浏览习惯，并不会像报纸那样排密密麻麻的文字，而是采用诗歌体的排版。再如现在一种新闻体叫海报体新闻，就是把宣传海报用于新闻报道，一个报道包含多张海报，每一张海报主图为相关新闻图片，再配少量文字。更有甚至，小游戏被置入新闻报道，增加互动性，很多 HTML5 新闻作品都会采用小游戏的形式。

随着新媒体技术的发展，以后还会出现更多样式新颖的新闻报道，只要可以承载信息并能更好地传递信息的作品样式，都可能被用到新闻报道中，

不再局限于传统的图文、音频和视频。作为记者，要认识到这种变化，适应这种变化，拥抱这种变化，在具体的新闻实践中大胆创新，制作更多有新意的报道作品。

二、技能要求的关键：树立强烈的用户意识

传统新闻报道是以传者为中心的，在新闻生产上也会考虑受众的需求。但由于传统媒体时代传受双方互动不深入，传者无法精准了解受众的需求。同时由于技术的限制，传统媒体也无法更好地为受众提供各种贴心的服务，包括个性化的信息接收方式等。随着数字传播技术的发展与新媒体的兴起，受众即用户在新闻生产中的作用越来越明显。融媒体时代，用户获取新闻信息的渠道增多，用户对于信息获取有更大的主动权。因此，新闻工作者在新闻报道中要树立强烈的用户意识，准确把握用户的信息需求和信息获取习惯。

在融媒体时代，大多数媒体拥有自己的网页、App、官方微信、官方微博、短视频号等，在传统媒体时代存在的媒体的发行区域和覆盖区域概念不复存在，任何一家媒体都可以通过互联网成为覆盖全国的媒体，同时还有数不清的自媒体的存在，这意味着用户获取信息的渠道是多元化的，或者说相对固定的用户群体会被更多媒体平台瓜分，媒体间的竞争无比激烈。媒体要在竞争中取胜，除了要有高质量的报道，还需要通过大数据技术精分用户，满足用户个性化的信息需求，为用户提供更多互动的机会，调动用户参与的积极性，增加用户黏性。融媒体时代，记者在进行信息供给和作品制作时，还要有服务意识，考虑到用户信息浏览的习惯和心理，不要增加其阅读的负担。

融媒体时代，传者再也不能高高在上，以自我为中心，而需要去研究用户，精准满足用户的信息需求，同时尊重用户的阅读习惯和心理。

三、融媒体信息采集能力

采访，即记者为完成报道而进行的信息搜集活动，主要通过提问、查阅资料、观察等手段完成，传统记者采集的信息基本是单一的文字、音频或视频信息。采访中最关键的能力是记者的提问能力，记者要善于通过一定的提问技巧，让对方愿意讲，讲出有价值的信息。不管是传统媒体时代，还是融媒体时代，记者的采访能力都是基本能力，是记者必须掌握的。

而随着新媒体的发展和媒介传播环境的改变，对记者的采访能力提出了

新的要求，记者必须具备融媒体信息采集能力，能够收集多样化的新闻素材。记者面对的是"多媒体"平台，如网站、新闻 App、微博、微信公众号、短视频号等，需要满足的是用户多样化的需求。因此，在融媒体传播时代，记者根据不同媒体平台的特点，不但要收集文字和图片素材，还要采集视频、音频等其他多媒体素材，这就对记者收集多样化素材的能力提出了新的要求。融媒体新闻报道要求记者在新闻素材采集方面，具备能随时采制"文字+图片+视频"新闻素材的能力。前文讲到的新京报记者陈杰在完成关于悬崖村的报道时，也是一个人同时完成了文字、图片和视频素材的采集。

要胜任融媒体信息采集工作，还必须熟悉数字化的采访设备。在传统媒体时代，对报纸的新闻采集，记者只需要一支笔和一个笔记本，而在融媒体时代，笔和笔记本已经远远不能满足记者采访报道的需求。在近年的全国两会报道上，记者们身上携带了各种高科技采访设备，例如自拍杆、拍摄稳定器、谷歌眼镜、360 度全景相机、虚拟现实设备等，还有智能创作机器人、5G 沉浸式跨屏访谈、全息影像媒体技术、5G 即拍即传、航拍器等高科技设备和技术的使用。为了更好地完成信息采集，融媒体时代的记者必须熟悉和会使用这些高科技信息采集设备和技术，通过这些高科技信息采集设备完成最基本的摄影、摄像、上镜、剪辑、压缩、美图、上传、分享、互动等工作。

四、多文本写作能力

新闻稿件的写作能力也是记者的基本业务能力之一。在传统媒体时代，记者写作的新闻稿件是单一文本，例如报纸记者，只需要写作相关的消息或通讯等，广播台或者电视台记者只需要配合音视频写作相关的脚本即可。但在融媒体时代，记者必须就同一新闻事件完成多文本的稿件的写作。同样是报纸记者，首先要完成报纸新闻稿件的写作，同时要为网站、App、微信公众号、官方微博提供稿件，虽然都是针对同一事件的报道，但平台不一样，稿件长短、样式都会有区别。

记者要非常熟悉各种平台的文本特点和传播要求，在通晓各类媒体的新闻写作特点和技巧的基础上，融媒体时代的记者还需要掌握将不同载体、不同体裁的新闻报道相互转换的能力。比如将报纸消息转化为音视频脚本时，要注意音视频消息写作不同于报纸消息的一些特点，采取相应的写法，如不用倒序手法，基本按正常的时间与逻辑顺序遣词造句，多用单句，少用或不用复句，语言追求简洁明快，根据需要可以省略某些新闻要素等。

融媒体新闻报道要求记者提升多媒体新闻报道写作能力，要同时掌握报纸、网站、App、微信、微博等平台的稿件写作方式，能在各个文本之间自如转换。

五、出镜报道能力

出镜报道一般是电视记者要掌握的一项技能，但在融媒体时代，不管是什么平台的记者，都需要具备出镜报道的能力。传统媒体大多建有网站、新闻 App、微信、微博等多媒体输出平台，对一些重大事件的直播报道，记者经常需要出镜，即使是纸媒的记者，也需要完成含出镜的视频报道，在纸媒的网站、新闻 App、微信等平台播出。同时，新闻短视频是很多媒体会采用的报道形式，往往也需要记者出镜。还有现在比较流行的"Vlog+新闻"的报道，记者通过拍摄自己的采访活动来介绍相关的新闻信息，任何媒体的记者都可以采用"Vlog+新闻"的形式报道新闻。2019 年全国"两会"报道期间，中国日报推出《Vlog：小姐姐的两会初体验》系列短视频报道，获得第 30 届中国新闻奖媒体融合奖项短视频专题报道三等奖。该系列 Vlog 视频自 2019 年 3 月 4 日全网播发，受到了年轻网友群体的热烈欢迎，传播量超过 3000 万次，海外传播量超过 600 万次，收到超过 30 万次的互动评论，形成较大传播力和影响力。该报道创新性地使用"时政新闻+Vlog"的报道形式，在业界及学界受到广泛讨论，学术网站中国知网中关于"两会 Vlog""中国日报 Vlog""小姐姐的两会初体验 Vlog"等相关文章有 400 多篇。

所以，出镜能力对于融媒体报道记者而言是非常重要的能力，不管你是纸媒记者，还是广播台记者，抑或是网站记者，这是媒体发展对记者的一项新的技能要求。

六、视频制作能力

传统媒体时代，报纸记者和电台记者都不用拍摄视频和制作视频。融媒体时代，尤其是目前的短时频时代，不管什么平台的记者都要学会用画面语言叙事。这就要求记者掌握简单的视频拍摄和剪辑的技术。新兴技术的发展也降低了视频拍摄和剪辑的难度，智能手机即可以完成简单画面的拍摄，一些实用的剪辑软件也让记者可以比较快速地完成一些短视频的剪辑。

视频拍摄是一门学问，通俗地说就是研究如何运用镜头语言，包括如何构图，如何抓镜头，如何设定镜头起点和落点，两个镜头之间的过渡怎样既符合视觉习惯、又符合新闻因果逻辑关系，镜头景别使用，如何把握画面与解说词之间的关系等。现在的智能手机功能齐全，操作非常简单，记者可以运用智能手机完成一些简单画面的拍摄。

拍摄时还要注意现场收音问题，尽量消除周围环境杂音，需要时可以使用一些特殊的收音设备，如果拍摄的视频存在比较大的干扰音，后期制作也是无法完全消除的。遇到突发事件或拍摄条件差的环境，为了获得第一现场的珍贵影像资料，完成画面的拍摄是最紧要的，可以降低对画面质量以及收音的要求。

记者还要学会视频剪辑技术，如果是新闻相关专业的学生，在学校一般会学习 PR 等剪辑软件的使用，但光掌握操作技术是不够的，要剪好视频，还需要熟悉新闻类视频剪辑的逻辑、转场要求以及新闻脚本和画面的配合艺术等。如果之前没有学过剪辑相关课程，也可以通过软件教程自学，而且现在还有一些简单方便的快捷剪辑软件，可以用于简短小视频的剪辑。

七、融媒体作品制作能力

融媒体作品表现形式非常丰富，包括微信推文、交互式 HTML5、短视频、MG 动画、长图、海报等，同时融媒体作品可以做到各种素材的融合，一篇报道里面可以包含文字、图片、音频、视频、动画等，还可以设置在传统媒体报道作品中无法实现的各种交互。在制作融媒体作品时，除了要具备基本的文字写作能力、视频剪辑能力，记者还必须掌握一定的技术，例如对于各种作品制作平台的操作能力、编程能力，一些有创意的作品方案，需要通过编写代码才能完成。记者的视觉设计能力也非常重要，这是融媒体时代对记者的一项非常前沿的要求。因为大多数融媒体作品存在界面，而界面的视觉效果非常重要，包括配色、布局、视觉元素的使用等。一个设计粗陋的融媒体作品，用户第一印象不好，可能会放弃浏览。

八、团队合作沟通能力

融媒体时代，对同一事件的报道需要在多平台输出，单个记者一般很难完成全部的报道，传统媒体时代的"单兵作战"向"团队协作"转变，因此记者的团队合作沟通能力非常重要。前方记者采集的文字、图片、视频等素材传回后方编辑平台，编辑团队根据各平台特点制作完成相应的融媒体产品，在这个过程中，记者不仅需要与记者团队沟通，还需要从文字、图片、音频、视频等多方面，多角度地及时发现问题、作出反应，与后方多平台交流协调。

比如当重大事件发生时，搜狐全媒体采访部会迅速派出记者前往现场，后方直播平台同步开启，且在搜狐记者未能发出独家报道前，先转载使用新华社、人民网等合作媒体消息作为信息源。搜狐记者抵达现场或拿到素材之后，与后方直播统筹主编、直播图文编辑进行沟通，实时发回现场文字、图片、短视频，尤其是短视频，备受网友喜爱。在直播进行中，收集优质素材，形成消息稿，同时寻找最有价值的新闻点进行纵深分析，形成深度报道，收集优质视频素材，制作新闻视频专题片；按照各种新闻资料制作成形的先后顺序，依次播报，务实高效，立体传播。①在这个过程中，记者需要与采写团队沟通，还需要与后方各编发平台沟通。在融媒体时代，记者的团队合作和沟通更广泛和深入。

第三节　工作模式的改变

随着融媒体新闻报道的兴起，新闻报道方式和传播平台发生了很大改变，新闻生产流程得到重构。传统媒体中"单兵种"工作的记者如今必须身兼多职，既是文字记者，也是摄像记者，还是图文编辑、视频剪辑记者，需要有全方位的技能，向全能记者转变。全能记者逐渐成为传统记者转型的方向，而在转型过程中，记者的工作模式也在发生改变。提升工作效率、改善传播效果，成为各种媒体必须直面的问题。对于记者来说，如何提升工作技能，适应新的工作模式，至关重要。

一、全能记者的转变

澳大利亚迪肯大学新闻学院副教授史蒂芬·奎恩博士认为："全能记者应该分为三个层次：第一个层次是能够用手机对突发事件进行报道；第二个层次是一个记者能够在一天内为网站写稿，又能提供视频和博客新闻，还能为报纸写稿；第三个层次是能够为报纸写深度报道，又能够为电台、电视台做纪录片。"②这是对全能记者较为全面深入的阐述。融媒体时代，记者必须实现从传统媒体记者向全能记者的转变，既能熟练使用各种现代化采编设备，又能采集编辑出适合不同传播平台的新闻作品，同时还能进行多样化素

---

① 吴晨光. 超越门户：搜狐新媒体操作手册[M]. 北京：中国人民大学出版社，2015：89.

② 国际媒体专家谈"媒体融合"——"2009 媒体融合战略战术高级研讨班"观点概述[J]. 中国记者，2009(9).

材采集、差异化新闻制作和立体化信息发布。全能记者要具备独自完成寻找选题、策划、采访、摄影、摄像、写稿、融媒体作品制作等一整套融媒体报道流程的能力。

国内较早建成"全媒体数字采编发布系统"的烟台日报传媒集团，组建了相当于集团内部通讯社的全媒体新闻中心，集团所有记者全部归属于全媒体新闻中心，原来的烟台日报记者、晚报记者、晨报记者等名称也不再使用，统称 YMG 记者。集团为所有记者配备了较为齐全的采访"武器"：每人一台笔记本电脑，配无线上网卡，一台照相机，一台摄像机，一部智能手机，可以同时满足手机报、网站、纸媒的文字图片需求以及网站、户外视屏的视频需求。①

"中央厨房"式的新闻生产模式下，一个媒体集团拥有多个信息输出平台，但共用一支记者团队，统一指挥，统一管理。融媒体新闻生产流程中，记者的采访活动不仅仅是为了满足传统媒体的稿件需求，其采访回来的素材还要提供给集团旗下的新闻网站、手机报、视频媒体、微博、微信等其他信息发布平台。原来记者的信息采集只对一个媒体平台的受众负责，但现在记者要面向多个媒体终端的分众用户，采集多样化的素材，提供差异化的新闻报道。

针对同一新闻事件，全能记者必须尽可能地去收集全面的、多种形式的新闻素材，以便满足不同媒体平台的刊发要求。不但要收集文字和图片素材，还要采集视频、音频等其他多媒体素材。以报纸记者为例，针对实时现场新闻，以前只需要采集文字和图片即可，而现在还要录制视频、进行现场解说等，以方便后期在微博、微信和新闻 App 等多媒体平台上发布使用。

全能记者不是一次性完成信息采集，而是根据不同类型媒体平台的内容生产规律和内容需求特点，从不同角度动态采集新闻素材，这对记者的综合素质、新闻业务能力等都提出了挑战。全能记者还需要根据各媒体终端的特点进行差异化新闻制作，既是满足不同平台用户的需要，也是进行融媒体立体传播的内在要求。例如微信推文的文风相较于传统纸媒更诙谐幽默，HTML5 新闻特别注重交互环节的设置，微博、微信平台的视频时长一般比较短小等。

二、做到随时随地发布新闻

在传统媒体时代，报纸、电台、电视台新闻的播报都有固定的时间，记

---

① 马二伟. 全媒体新闻报道［M］. 成都：西南师范大学出版社，2018：44.

者在截稿时间前完成新闻稿件的制作。在融媒体时代，新媒体平台信息是滚动刊播，任何时候都可以更新报道，新闻的时效性得到提升，这也要求记者改变过去在固定的时间写稿、制作新闻作品的工作模式，处于随时随地采集新闻和发布新闻的工作状态。尤其是对于现场报道，基本上要做到实时报道，新闻报道方式已由过去的静态采写、单次报道转变成动态采写、实时更新、融媒体呈现。在重大新闻的报道中，记者的工作节奏堪称以秒计算，能够以最快的速度提交丰富的、有阅读价值的新闻信息，是融媒体时代对记者的全新要求。记者在新闻现场、在公交车上、在地铁里、在回家的路上、在吃饭的间隙都可能会马上切换到写稿工作状态。

随时随地写作和发布新闻的工作模式，对记者是比较大的挑战，似乎永远没有休息时间。其实不然，这里不是指记者从白天到夜晚时时刻刻都在工作，而是指一种随时待命的工作状态，就是一旦新闻事件发生，就必须马上采访、写稿和发布，而不是像纸媒时代那样，上午采访一个事件，先不完成新闻稿，下午再去采访其他事件，等到晚上再一起完成新闻稿件。随时随地发布新闻是融媒体时代记者的工作模式，作为融媒体记者，必须尽快适应这种工作模式。

三、报道工作追求创意

报道追求真实、客观、全面、深刻，这是传统媒体对记者工作的要求。融媒体时代，记者报道工作仍然要做到真实、客观、全面、深刻，但提出了新的要求——创意与创新。新媒体技术的发展，为记者的创意和创新提供了前提条件和空间。HTML5 技术、人工智能技术、"VR+AR"技术都为新闻报道的创新带来了无限可能。报道作品中大量地使用漫画、图表、图说、图解、三维图形、动画、虚拟现实技术等，记者可以在这些作品的呈现方式和浏览方式上大胆创意，尝试新的做法。

如 2015 年，美国纽约时报率先将虚拟现实技术运用到新闻报道中，使受众可以通过谷歌眼镜观看到效果逼真、现实感极强的新闻事件影像。2016 年全国两会期间，从新华社客户端《现场》栏目对新闻发布会的直播页面中可以发现，多名记者滚动发布现场文字、图片、录音与视频，并启动了 VR 全程直播模式。光明日报微信、微博和光明网同步推出的《两会新闻中心 360 度全景》，可以让网友看到两会新闻中心的建筑结构和各个会场。全景呈现技术打破了一般图像视角的局限性，立体感很强，通过挪动鼠标或缩放移动终端屏幕，体验者能够有身临其境之感，打破了以往两会现场的神秘感。①

2019 年，中国日报创意性地将记录个人日常生活的 Vlog 运用于新闻报道，产生了"Vlog+新闻"的报道形式，吸引了网民的极大关注。还有近年流行的海报体新闻、交互游戏类 HTML5 新闻，都是记者工作创意的表现。

未来媒体技术还会进一步发展，更多新闻呈现方式还有待开发。融媒体时代，记者必须具有创新思维，在选题、报道内容、呈现方式上大胆创新，尤其是呈现方式上，视觉设计、呈现效果、交互形式都可以而且需要做到别出新意。

四、工作沟通的范围更加广泛

传统媒体时代，记者拿到选题后，一般就是与部门主任汇报选题，在完成稿件后与对应的版面编辑沟通即可，沟通人数少，范围单一。在融媒体时代，记者在素材采集前要加强与媒体多输出平台编辑沟通。在找到合适的选题后，除了要给上级领导汇报确认，制定出初步的报道方案和相关预案，还需要与各平台新媒体编辑沟通，了解他们各自对这一选题的差异化需求和不同的侧重点，以便采集与之相匹配的素材。

在素材采集阶段，重大新闻事件采访，一般由新闻中心统一调配记者，组成采访团队，奔赴事件现场，发回文字、图片、音频、视频等多媒体新闻素材。在采访过程中每个人既要做好自己的分内工作，又要协助同组同事完成整体新闻报道工作，需要与团队成员有效沟通协作。记者的全面能力只是基础，每个成员要在此基础上发挥各自的长项，有的擅长文字采写，有的擅长视频采集，有的擅长网络通信技术，有的擅长主持出镜，要在不断沟通和磨合中，让每一个记者发挥最佳项，并且互相完美配合，形成团队"作战"的最强战斗力。同时，前方记者采写与后方编辑之间的沟通也至关重要，记者在前方采写时，后方编辑根据记者采写情况不断调整报道方案。

在作品制作阶段，记者仍然要与技术人员、视觉设计等人员进行亲密沟通，探讨作品内容、形式的最佳方案，制作出内容与形式俱佳的融媒体报道作品，在多媒体平台进行推送。

五、与用户展开广泛、有深度的互动

融媒体相较于传统媒体，最突出的特征是改变了过去信息单向传播模

---

① 马二伟. 全媒体新闻报道[M]. 成都：西南师范大学出版社，2018：46.

式，创造了传播者和接收者之间随时随地的双向传播模式。在传统媒体时代，受众可以通过写信或拨打热线电话的方式进行反馈。但这种互动程度不深，互动量较少，也不是及时互动，受众对于报道的参与不够或没有参与，对于信息接收方式的选择权不大。在融媒体时代，记者与用户互动的形式、效率、内容都有了很大的提升。首先对于报道的反馈，用户可以通过跟评等方式非常直接迅速地展开，有时候新媒体报道上有错误，用户可以直接在报道下面给编辑留言，编辑也可以迅速修改。

在融媒体时代，报道可以借助技术，实现双屏互动、照片识别、语音识别、个性化定制等，给用户带来不同的体验。例如用户可以通过自主选择按钮，接收不同的信息；可以在报道里献花、献唱、玩游戏；可以通过报道的一些装置，进行自我检测；可以通过特定方式直接参与事件，与报道里面的人物对话，等等。QQ、微信、微博、抖音短视频、快手等新媒体形式层出不穷，且均带有互动评论功能，受众可以通过这些平台或媒介主动参与政经时事，发表自己的看法。①

新闻产品的互动性有助于建立受众与媒体之间的亲密关系，提升媒体自身的品牌影响力，也有助于新闻产品的传播推广。2017 年全国两会开幕前夕，微信朋友圈里就出现了许多有趣的状态。他们有的收到了来自李克强总理的红包，有的在微信群里与人大代表甚至部委领导们共商国是。这些状态都来自人民日报客户端推出的名为《两会喊你加入群聊》的 HTML5 作品。据统计，在该作品发布不到 24 小时的时间里，点击量就已经超过 600 万。②海外网曾推出的 HTML5 作品《我来北京看两会》，送给网友开往两会的"车票"，从自己的家乡出发，换装变脸，来到北京聆听习近平总书记原声讲话，选择以天安门、人民大会堂、两会现场为背景合影留念，生成自己的专属照片，成为融媒体爆款作品。

融媒体时代的记者，一是要学会通过各种方式积极与用户互动，例如实时关注融媒体平台上用户对新闻的点评和回复，及时回答一些疑问，对于用户指出的报道瑕疵及时更正等。二是在制作报道的过程中要有互动思维，让报道具有交互性，在报道作品里实现与用户的充分交流。

---

① 杨俭君. 融媒体时代下时政类新闻的改革与突破[J]. 新闻研究导刊，2017(7).

② 魏晓. "喊你加入群聊"H5 点击超 600 万，人民日报为何总是两会爆款产品专业户[EB/OL]. 蓝媒汇，2017-03-07.

第三章

融媒体报道的选题

　　媒体一般分为全国性媒体和地方性媒体，在传统媒体时代，受众接触到的媒体信息主要来自全国性媒体和本地媒体，同时报纸、广播、电视有着各自相对固定的受众群和传播区间。所以，一家地方媒体的竞争对手基本是本地的同类型媒体。例如，一家地方都市类纸媒，它的竞争对手主要为本地的其他都市类纸媒。但进入了新媒体的时代，媒体生态发生了翻天覆地的变化。首先，借助于互联网的延伸，任何区域性媒体信息都可以在全国范围内传播，区域媒体变成全国性的媒体，它传递的信息可以抵达全国任何地方的网民。其次，报纸、广播、电视之间的内容界线被打破，报纸可以制作视频作品，而电视台也可以制作图文和融媒体作品，例如央视新闻 App 就推出了很多很好的融媒体报道作品。同时，在大众媒体之外，诞生了数不清的自媒体平台，也参与"瓜分"受众的行列。在这样的生态中，受众的注意力成为稀缺资源，媒体之间的竞争可谓"硝烟四起"。一家媒体的竞争对手包括任何一家大众媒体，还有数不清的自媒体。面对传播渠道的纷争，新闻报道最好的应对法则是"内容为王"。好的内容总是能够吸引人们的眼球，越来越多的媒体已经认识到了新闻选题的重要性。新闻选题已成为新闻"大战"的不二选择。

　　新闻选题过程是新闻工作者对接触到的信息进行甄别、选择处理的活动，即对信息作出有没有新闻价值的判断，厘清什么是一般社会信息，什么是有新闻价值的社会信息，还要确认该信息是否符合党和国家的相关政策，是否符合媒体定位，最后确定是否应该报道。

　　随着数字时代的到来，互联网尤其是移动互联网媒体异军突起，传统媒体纷纷向融媒体转型，信息的生产模式也从过去的一次生产、一次利用、单一发布的传统模式，向一次采集、多次发布、多层次生成、多媒体传播的融媒体生产模式转变。新的生产方式需要媒体在思想观念、管理方式、技术平台以及采编人员的业务能力等方面进行转变。同时，在选题方面也要进行规范和转变。融媒体时代新闻报道的选题不同于传统媒体时代，它的要求更高、更严格、更规范。一个融媒体新闻报道的选题，要有统一的筹划、统一的信息采集机制，并形成融合性的采集行为，要有统一的编辑，并形成多层的分发机制。只有这样，才能让自己的新闻报道在铺天盖地的媒体报道中脱颖而出，并在合法的、公平竞争的环境中达到相应的传播效果。①

第一节　融媒体报道选题的来源

新闻报道选题来源于新闻线索，但不能等同于新闻线索，新闻线索只是外界提供的信息，这些信息有真假之分，是否有报道价值也有待考证。新闻报道选题是新闻专业人员对新闻线索进行核实和价值判断之后的结果。

新闻报道的选题来源渠道非常丰富，与传统媒体相比，融媒体时代新闻选题的来源渠道更加多样化。结合当下媒体传播环境，融媒体新闻报道选题的来源主要有以下几个渠道：

一、政府机关发布的信息

政府机关会定期通过一些渠道发布一些信息，例如政府网站，还有公开新闻发布会等。公开的新闻发布会，一般会提前通知记者，记者只要准时参加，并从新闻发布会的信息中挑选合适的选题进行报道。但政府网站信息，是政府常规的信息公开行为，一般不会通知记者，记者需要经常主动去浏览相关政府部门网站，从中发现一些有价值的选题。

二、基层通讯员

基层通讯员是各单位负责对外宣传的人员。记者进入工作后，一般会被分配一定的报道领域，也就是报道战线，例如时政、教育、经济、政法、卫生、文化、体育等。记者在接到战线后，需要去与各个单位的通讯员进行沟通并建立固定的联系。单位有相关信息需要报道，通讯员会与跑线的记者主动联系，记者可以从基层通讯员提供的信息中找到新闻选题。

但要想从基层通讯员这个渠道获得好的选题，不能简单地等待通讯员的通知，通讯员通知的信息也不一定会作为报道的选题，这里面有一些经验和技巧需要掌握。一方面做好规定动作，认真对待通讯员提供的信息，从中挑选有新闻价值的选题进行报道。但通讯员囿于身份，提供的信息更多是有利

① 马二伟. 全媒体新闻报道[M]. 成都：西南师范大学出版社，2018：54.

于宣传其单位的，所以不是通讯员提供的所有信息都能作为报道选题，一定要有所判断和选择，要看该信息是否有新闻价值，是不是大众关注的。另一方面，要主动从通讯员那里寻找新闻选题。通讯员因为自己身份的关系，更倾向于提供能够宣传其单位的信息，不太关注此信息是否有新闻价值，是不是大众需要了解的。因此，对于不能有效宣传其单位工作但有新闻价值的信息，通讯员不一定会关注和告知记者。还有一种情况是，通讯员由于个人能力局限，未能发现那些虽不显著但有新闻价值、又能宣传其工作的信息。这两种情况的存在意味着记者需要发挥主观能动性，主动从通讯员那里寻找有价值的信息作为选题。记者可以在工作空闲时间和通讯员约一下，去拜访一下通讯员，和通讯员聊聊最近相关工作，也许从这种闲聊中能发现有价值的新闻选题。例如第十一届中国新闻奖消息类一等奖作品《法警背起生病被告》的选题，就来自与法院通讯员的聊天。当时北京青年报一位负责跑法院战线的记者与通讯员闲聊过程中，通讯员随口说到最近的一次开庭，由于被告身体不适，法警把被告从一楼背上了三楼法庭。记者马上意识到这是一个有新闻价值的选题，是中国法治文明进步的一个缩影，于是进行了深入的采访，最后完成了消息稿《法警背起生病被告》。通讯员自身没有意识到这个信息的价值，没有主动告知媒体。所以记者不能被动等待通讯员提供信息，要多主动出击，通过闲聊等方式从通讯员那里获得有价值的选题，这种选题由于是记者主动出击而获取，往往是独家新闻。

三、自媒体和社交平台

网络上存在各种自媒体，例如各种论坛、微信群、微博账号、微信公众号，甚至记者个人的微信朋友圈等，这里经常可以看到一些大众关注的热点。自媒体和社交平台是融媒体时代重要的新闻选题来源渠道，记者需要时刻关注来自这些渠道的信息，从中发现有价值的选题。

例如一位都市类报刊的记者一天浏览本地市民论坛，发现大家在讨论一对新婚夫妇在免费开放的公园举办草坪婚礼，大家对于园方把属于全体市民的公园有偿供他人使用的行为颇有微词。这位记者发现这是一个有价值的选题，遂采访了公园管理处、网民、法律人士，完成了一篇独家观察报道。另一位记者刷微博，看到湖北鄂州一位博主发布了一条信息，一位17岁少女割腕自杀未遂，再跳长江，竟然漂流了十几个小时，在鄂州幸存下来，立刻意识到该事件不同寻常，有新闻价值，遂进行了采访报道。一位普通出租车司机碰到盲人乘车，没有收钱，说了句"我不伟大，只是挣钱比你容易"。

后面的乘客知晓了这一幕，在下车的时候代付了前面盲人的钱，并且也说了句"我也不伟大，我挣钱也比您容易点"。出租车司机把这件事告诉了女儿，女儿发到微博，中国青年报记者看到这则微博，于是采写了报道。以上几个例子都说明自媒体平台和一些热门论坛上时时会出现一些有价值的新闻选题，这些选题一般比较鲜活，来自普通老百姓的生活，抓住这些选题采写的报道有可能会是独家新闻。融媒体时代，自媒体发达，人们也习惯在网络上去发布一些自己的所见所闻，这里面可能蕴藏着大量新闻资源，记者一定不要忽视。有时候，记者在自己的微信朋友圈里也可能会发现有价值的选题。

四、各种会议

开会、报道会议，是记者日常报道工作中经常遇到的情况。会议是一个信息汇总的地方，会上有各种各样的信息，记者可以从中确定报道选题。会议中的选题有三种类型：第一种是会议本身的选题，就是报道会议本身的内容。第二种是会议引发的选题，例如会议的新做法《会议太长先检讨　书记只讲8分钟》，会议的好风尚《省长行长吃盒饭》，会议中感人的细节《市长说：过年少串门，在家多表现》，会议中的反常现象《安全会上睡着了》。这些报道选题都与会议本身的内容没有关系，是会议举行引发的一些会议之外的选题。第三种类型是会议中发现的新的新闻线索，可以作为后续采访报道的选题，例如报道《不恋"银窝"恋"草窝"》的选题就来自一次全市牛奶生产工作会议，相关领导在讲话时插了一句话，说某牛奶厂厂长以前可是银行的行长。一位记者马上意识到这位厂长身上肯定有故事，于是记下这个选题，等后续有时间专门约访这位厂长，完成了《不恋"银窝"恋"草窝"》的报道。

会议采访工作看似简单，但要做好会议报道，充分利用好会议资源却并不容易。因此记者一定要在开会时眼观六路、耳听八方，利用好会议的各种信息，从中发掘有价值的选题。

五、其他媒体

从其他媒体获取选题，就是从别人已经报道的新闻里面找选题。这句话看似矛盾——别人已经报道过了，已经没有时效性了，怎么可以作为再次报道的选题呢？——其实并不矛盾，一个记者经常可以从其他媒体的报道里面找到有价值的选题。从其他媒体报道的新闻里面找选题，不是把别人报道的新闻再原封不动地报道一遍，而是进行一些变化再报道。

从其他媒体获取新的报道选题的情况，主要有以下四种：一是全国新闻的本地化，即将全国性的新闻关联到本地进行报道。例如你是民政领域"跑口记者"，看到新华社发了一条关于全国民政系统准备开展某项工作的报道，你可以去咨询一下所在地的民政部门准备如何具体落实这项工作，然后你就找到了一个报道选题。二是异地新闻本地化，即将外地的新闻关联到本地进行报道。例如你看到某款食品在外地出现了质量问题，你可以马上寻访一下所在地的该类食品有没有问题，是怎么处理的。三是同城不同类型媒体间转换，就是同一个选题，一种介质的媒体报道后，另一种介质的媒体可以再进行报道，因为报道的展现形式是完全不同的。例如某电视台记者看到报纸发布了一则文字新闻，觉得选题不错，可以以视频的方式再进行报道。四是转换报道角度，这样的情况比较多，即同一个报道对象，一家媒体从一个角度报道，另一家媒体记者看到后发现还可以从另一个角度进行报道，于是再做一篇报道，仍然是这个报道对象，但展示的信息是完全不同的。例如中央电视台记者看到科技日报发了一篇报道，讲到中国的厄尔尼诺现象将于本年7月结束，中央电视台记者发现有一个很重要的信息该报道没有提及，即科学家是依据什么进行判断的，于是以此报道角度又进行了采访，发现了一个更重要的信息——中国科学家在世界上率先发现厄尔尼诺现象与太阳黑子活动有关，于是完成报道《中国科学家率先发现厄尔尼诺与太阳黑子活动有关》。该报道换了一个角度，把一个气候预测的新闻换成了一个纯科技新闻。这样的例子还有很多，笔者在报社做记者的时候，采写过一篇关于一个盲人女孩的报道，当时由于版面原因，只发了动态消息稿，很多细节都没有写到。过了一段时间，同城另一家纸媒也报道了这个盲人女孩，但写的是专题报道，包含很多细节和情节，角度换了，把人物动态换成了人物故事。笔者曾看到过同一家纸媒，将同一个事件报道了两遍，当然报道角度完全不同。一个小男孩不小心从楼上掉落，但幸运生还，第一次是作为消息报道，简单介绍了事情的起因和结果，报道重点是事件结果。该报另一位记者在看到这篇报道后，发现这里面存在感人的接力救人的情节，但消息稿里面并没有详细介绍，于是这位记者又围绕救人的过程进行了详细采访，发现很多感人的情节：这个孩子的幸运是建立在各种人都没有袖手旁观之上的，发现的邻居第一时间抱起孩子赶往医院，遇到的司机没有片刻犹豫，路上遇到交通堵塞，交通电台及时疏导，路上车辆及时让道，医院也提前做好了一切抢救准备。最后这位记者将这个事件又报道了一次，做的是特写报道，报道的角度变了，报道的重点从事件结果变成了整个救人的过程。同城同一性质的媒体之间尤其需要转换角度进行二次报道。同城同一性质的媒体，无法采用全国新闻本地化、异地新闻本地化以及不同类型媒体之间的转换，如果要再次报道本地同质媒体报道过的事件，就必须转换角度，提供不一样的信息。当然，全国媒体和地方媒体之间，不同区域的媒体之间，不同性质的媒体之间，也是可以通过转换报道角度进行二次报道的。例如前面讲到的《中国科学家率先发现厄尔尼诺与太阳黑子活动有关》的报道，就是从纸媒到电视媒体，但报道角度也转换了。

综上所述，一个记者是完全可以从其他媒体的报道里面找到有价值的选题的，而且其他媒体的报道还是一个丰富的选题宝库。融媒体报道可以从传统媒体报道里面去找选题，将传统媒体的一些报道用融媒体方式进行二次呈现。

六、记者个人的观察和体验

记者要有一双会发现的眼睛，通过观察和体验从自己生活周围去发现新闻报道的选题。记者要做生活的有心人，在逛街、买菜、乘坐交通工具、出门办事的过程中都可能发现好的新闻选题。江苏卫视的主持人孟非之前做记者时，就喜欢逛菜场、坐公汽，也总能从这些地方发现新闻。落叶知秋，但一位记者在春天看到阵阵落叶后，写出了一篇科普新闻《春天也有落叶》，另一位记者带小孩去商场游乐场游玩后，发现孩子全身起红疙瘩，询问周围家长发现这不是个案，于是完成了一篇关于游乐场游玩设施消毒问题的观察报道。20 世纪 90 年代初，一位记者参加一次经济工作会议，发现坐第一排的都是民营企业家，他敏锐地发现了这一变化背后所代表的中国经济发展的变化，完成了报道《经济工作会议 民营企业家坐第一排》，获得了中国新闻奖一等奖。这些选题都是记者观察或体验所得，记者通过个人观察和体验所得的选题一般也是独家新闻。

七、新闻线人

除了从固定的通讯员那里获得信息，记者还可以培养和充实自己的新闻线人团队。所谓的新闻线人，就是各种消息灵通的人，但他的本职工作并不是给媒体提供新闻线索。例如，记者在跑战线的过程中，除了和通讯员打交道，还会接触该单位的其他工作人员，不妨也建立某种联系，这些工作人员虽然不直接给媒体提供新闻线索，但是直接从事某项工作，掌握第一手的信息，也是宝贵的新闻选题来源。还有记者在采访过程中认识的一些活动和团队的组织者，他们往往是某一领域的活跃分子，也掌握着很重要的信息。例如有个网上民间公益组织，你有一次采访了他们的活动，认识了他们的组织者，不妨和组织者建立联系，可以挖掘到很多有价值的选题，以后这个公益组织有其他活动也会通知你。所以，随着进入工作的时间越来越长，一个记者除了要和自己的通讯员建立和谐的关系，还需要通过平时的报道工作，去结交其他消息灵通人士，拓展自己的新闻线人团队。

八、热心受众

读者、观众或者网民有时候会通过一定的途径向记者反映一些事情，很可能成为新闻报道的选题。在传统媒体时代，读者或观众会给记者写信，希望记者报道一些事件。现在这种方式比较少见了，一般媒体有对社会公开的热线电话，受众可以通过拨打热线电话进行爆料。同时受众还可以通过媒体邮箱、微信微博或报道后台留言等方式提供一些新闻线索。

热心受众提供新闻线索，很多情况下是为了解决一些个人问题，他们不了解新闻报道选题的标准，因此很多线索并不具有报道的价值，一些记者可能就会不重视。但也有很多时候，受众提供的新闻线索极具新闻价值，有些好的报道选题就是来自其中。对待热心受众提供的新闻线索，记者必须重视，有时候受众提供的信息不完整，记者需要去核实，不要看到不完整就放过，这样也许就漏掉了一个好的选题。如果在弄清楚事情具体情节后，发现仍然无法报道，需尽量给予解释和答复，这是对于受众信任的基本尊重。

九、衍生新闻线索

这个选题来源比较简单，就是之前采写的新闻引发的后续报道。记者要记住之前采写的新闻在后续可能有新的进展，时间到了后，要主动询问事件进展。例如，笔者曾报道一位好心人资助一位高位截肢的高中女生安装假肢的故事，好心人承诺，如果女孩考上大学，他还会资助她大学期间的费用。女孩高考过后，记者主动询问得知女孩顺利考上大学，好心人也兑现了承诺，于是又采写了一篇报道。如果记者忘记了这件事，大概也就没有后面的报道了。

十、新闻报道策划

新闻报道策划是记者围绕一定的选题对报道进行规划和设计，新闻报道策划的选题一般是采编人员自己确定的，不是外界提供的现成的选题。例如国庆节来了，外界会告知记者很多新闻线索，记者可以从中挑选一些选题进行报道。记者也可以通过策划，自己拟定一些报道选题。例如 2021 年国庆，澎湃新闻推出了一组《中国县城漫游记》的报道，报道中国有特色的县域经济发展；2022 年国庆，人民日报客户端推出《1000000 座桥，这样改变中国》的短视频报道。这些选题都是媒体新闻报道策划自设的选题。对一些重大节假日、重要纪念日、重要会议、重要活动、重要社会问题，媒体往往会通过新闻报道策划自设选题进行一定规模的报道。

做过记者的人都知道，记者平时最担心的不是如何采访和写作，而是去报道什么。虽然记者有固定的通讯员，但不能保证通讯员每天都会提供信息，即使通讯员有信息，也不能保证一定可以报道，但记者一般每天都要提供新闻稿件。其实只要用心，这个问题也好解决。一个记者平时找寻新闻选题的状态应该是这样的：认真对待政府机关公布和通讯员提供的信息，同时浏览相关媒体报道，再去一些热门自媒体和论坛看一下，还有空余时间，可以去通讯员的办公室坐一下，同时多留心身边的事，多结交一些领域的消息灵通人士。记者要学会从多种渠道获取新闻选题，东方不亮西方亮，总会有所收获。

第二节　融媒体报道选题的标准

一个记者发现和获取了很多新闻线索，如何判断是否应该报道？融媒体报道选题的判断标准有哪些？一般谈到新闻选题的判断标准，首先想到的是新闻价值标准。新闻价值标准确实是非常重要的，但融媒体报道选题不能仅考虑新闻价值标准，还要考虑政策和宣传的标准、媒体定位的标准等。

一、新闻价值标准

何为新闻价值？新闻价值是选择和衡量新闻事实的客观标准，即事实本身所具有的足以构成新闻的特殊素质的总和。那一个事实具备哪些特殊素质，才有可能成为新闻呢？

（一）重要性

重要性要素指的是事实包含的信息与国家发展或人们生活有比较重要的关联，这是新闻价值的核心要素。重要性要素有两个核心关键词——范围和程度。就是影响国家发展或人们生活的范围和程度，一个信息对国家和社会生活影响的范围越广，程度越深，受众的关注度会越高，新闻价值就越大，就越有可能成为新闻报道的选题。包含重要性要素的事实多为时政类信息，例如医疗改革信息、国家调整购房政策的信息等，这类信息一般具有重要性的要素。

（二）显著性

显著性要素指事实包含不同寻常的信息，受众往往会关注这样的新闻，因而这样的信息具有新闻价值。显著性要素有一个公式：平常人+平常事＝0；不平常人+平常事＝新闻；平常人+不平常事＝新闻。这里的显著体现在两个方面：一是做事的人不平常，例如某位著名学者的一堂讲座，因为学者身份显著，极有可能成为新闻；二是做的事不平常，例如一个普通人不顾个人安危抢救落水者的报道，或者一个拾荒老人几十年资助贫困学生的报道，都是属于平常人做了不平常的事。后者显著性更强，新闻价值更大。

（三）接近性

接近性指的是发生的事实与媒体所在区域或特定目标受众存在某种接近性。一种情况是地理的接近，就是事实包含的信息与媒体所在地有关联。例如2015年尼泊尔发生8.1级地震，南方都市报特地做了一篇关于尼泊尔广州游客情况的报道，这个选题和南方都市报所在地广州有关联，南方都市报因为地理接近性原因，就把该信息作为报道的选题，广州游客在尼泊尔的情况这个选题其他地区的媒体大概率是不会报道的。另一种情况是心理上的接近，就是事实包含的信息跟媒体所定位的受众群存在职业、年龄等方面的接近性，会受到媒体目标受众的特别关注。例如中国青年报，是一个定位于青年群体的报纸媒体，有关大学校园的新闻，中国青年报会尤其关注，因为它的受众很多是大学生。

（四）新鲜性

一个事实如果极少出现或者之前从来没有出现过，那么它就具有新鲜性，可与"空前""绝后""罕见""唯一""第一"这样的词语联系在一起。人在本能上会对新奇事物比较感兴趣，一旦出现这样的事实，极有可能成为新闻。例如非洲一女子拥有世界最大唇盘，直径近20厘米；我国国产万吨级执法船现身，或成世界第一。

（五）趣味性和人情味

生活中有意思的事或者能打动人的故事，往往具有趣味性或者人情味，例如动物的智慧、勇敢、忠诚，生活中的小趣闻等。生活和工作之余，人们对于这样的新闻总是愿意看一看，小趣闻可以作为生活的作料，而动人的故事永远都有魅力。人们对于真善美总是向往的，从这些故事里面可以获得情感共鸣。

（六）实用性

实用性的信息指可以直接影响人们生活行为的信息，多为通知性信息或公告类信息，例如残联要免费给贫困家庭听障儿童安装助听器，研究生考试开始报名了，某一条交通线路有调整，最典型的是天气预报信息。这些信息可以直接影响人们的生活，因此具有实用性。实用性的信息一般都可以作为新闻报道的选题，也许报道规模不是很大，但一般媒体都会刊发，有通知和公告的作用。

以上要素的前五个要素点通常被称为新闻价值的五要素，笔者以为实用性要素也非常重要，可以并称为新闻价值的六要素。一个事实具备一个要素，就拥有了新闻价值，有被报道的可能。一个事实可以同时具备多个要素，具备的新闻要素越多，其新闻价值就越大。

新闻价值标准，主要是从受众的信息需求的角度判断一个事实可否成为新闻报道选题的标准。20 世纪 90 年代媒体开始市场化经营后，受众是否感兴趣成为媒体衡量是否报道一则新闻的重要参考指标，因为只有受众感兴趣，才会购买报纸或者观看节目，媒体才有经济效益。但不管新闻媒体如何市场化，都要把社会效益摆在第一位。尊重社会效益并不是忽视受众需求，相反，新闻媒体要重视受众的信息需求，只是不能以受众需求作为选题的唯一标准，这样就会导致一些媚俗的选题，诸如凶杀暴力、色情猎奇、明星绯闻等。低俗化的报道可能会带来一时的流量，但损害的却是媒体的公信力，从长远来看，它对媒体的形象和品牌塑造是不利的。低俗化的选题还会对社会风气造成恶劣的影响，因此，在融媒体时代，媒体不能一味以流量为王、用户至上，追求"爆款"，要在保证社会效益的前提之下追求经济效益。

受众的需求有局部与全局之分，也有短期与长远之别。我们依据受众需求标准去选择新闻报道选题，必须考虑以下四个因素：一是要分清人们的欲望和人们的实际需要。人的欲望不能作为选题的标准，而是要以其实际需要为标准。二是要从全局因素出发。媒体是社会的公器，是公众的代言人，是社会的监督者和瞭望者，它具有公共性，所以必须站在全局的角度，看到全体受众的利益，满足全体受众的信息需要。三是要考虑受众的长远利益需求。媒体作为人类社会生存环境的监测者和瞭望者，满足受众的长远利益是其必须担负的责任和义务，而对眼前利益并不是不顾及，而是长短结合，更注重长远利益。四要考虑受众的显性需求和隐性需求。新闻工作者在选题时，不应仅仅局限于当前存在的热点问题，而要进行更加深入的思考，报道那些与受众息息相关而又被舆论忽视的信息。①

二、政策导向标准

融媒体报道的选题必须符合党和国家的大政方针，有利于宣传党和国家相关政策，所以融媒体报道在选题时还要考虑政策导向标准。

新闻媒体在决定一个事实是否可以作为报道的选题的时候，需要考虑这一事实有没有违背党和国家的相关政策，是否有利于宣传党和国家的相关政策。如果该事实符合党和国家的相关政策，有利于相关工作的开展，符合社会主流价值观，那就可以作为报道的选题。反之，如果该事实违背了党和国家的相关政策，就不能作为报道的选题。在媒介深度融合环境下，为了维护正常的信息环境与国家秩序，媒体一定要坚持党性原则，坚持选题的政策导向标准。

如何在选题过程中更好地践行政策导向标准？首先，作为融媒体时代的新闻工作者，一定要熟悉和了解每一时期党和国家的相关方针和政策；其次，需要了解老百姓的需求以及关心的问题。在选题过程中，将党和国家的方针政策与百姓的需求结合起来考虑，就能确定既符合党和国家的相关政策，又为受众所关注的选题进行报道。

三、媒体定位标准

融媒体时代，媒体跨越了地域限制，媒体登载的信息可以进行全网全国性传播，媒体也跨越了媒介介质的隔阂，所有的媒体可以同时生产图文作品、音视频作品和新媒体作品。但这并不意味着所有媒体同质化，没有区别，每一个媒体仍然有自己明确的定位，包括传播地域的定位和目标用户群的定位。例如湖北日报的新媒体平台极目新闻，虽然可以进行全国性信息传播，也可以报道一些比较重要的全国性新闻，但它仍以报道湖北省内的新闻为主，目标用户群仍为湖北省的用户。还有一些专业性的媒体，有特定年龄或职业的用户群定位。

既然媒体有特定的传播范围和目标用户群，那么在选题确立的过程中，势必要考虑目标用户群的信息需求。传播范围、目标用户群、功能定位不同的媒体，新闻报道的选题会有所差别，在进行选题时也会显示不同的倾向。正因为有了媒体定位的标准，所以某一事实即使具有一定的新闻价值，符合

① 马二伟. 全媒体新闻报道 [M]. 成都：西南师范大学出版社，2018：60.

政策导向标准，也不是所有媒体都会报道的，可能这家媒体报道，另一家媒体就不会报道。比如人民日报作为中共中央的机关报，新闻报道的选题多为有关国计民生和国家发展的事实，而华西都市报作为市民生活报，其新闻报道的选题多关注市民生活的热点话题和事件。再如经济日报定位于经济领域相关问题，在选题的时候特别重视经济领域的一些动态、现象和问题，中国青年报受众群主要定位于年轻人，所以像年轻人的不婚等话题，中国青年报会比较关注。

在新闻报道实践中，不同的媒体很难使用同一新闻价值标准来判断选题。根据媒体不同的定位和不同的新闻价值取向，在新闻选题时常常表现出有所侧重的三种价值取向：一是偏重于政策导向的选题标准。这在各级党报和行业报中比较常见。二是偏重于受众实际需求的选题标准。这在一些市场化程度比较高的都市类媒体中比较常见。三是以社会普遍存在的问题作为自己主要的选题标准。很多平面媒体或电子媒体中的有些栏目就属于这种。全媒体时代，每个媒体都应该体现出自己的特色，区别于其他媒体，树立自己的品牌，这样才能很好地立足于众多的媒体中。① 还有一种价值取向，是偏向于某一领域的信息作为自己主要的选题标准，一些专业性比较强的媒体属于这一种。

尽管有了众多的渠道去发现新闻选题，知晓了以上三种选题判断标准，但记者在工作实践中能否从众多渠道提供的信息中选择好的题目进行报道，很多时候依赖于记者的新闻敏感，凭借新闻敏感"嗅"到有价值的选题，过滤掉没有意义的新闻线索。

新闻敏感是新闻工作者迅速、准确地判断新闻事实是否有价值的能力，又称为"新闻嗅觉""新闻鼻"。新闻敏感可以有效帮助记者找到有价值的选题。那么新闻敏感该如何培养呢？新闻敏感产生于记者头脑中潜藏着的某种信息，当其突然同外界的有关信息发生联系或撞击之后，会在极短时间内产生一种认识上的飞跃。这说明新闻敏感不是天生的，拥有新闻敏感的前提是有所积累，也就是说，新闻敏感是可以培养的。

首先，要博学善学，积累经验。凤凰卫视记者吴小莉曾经说过，生命是能量不断累积的过程，每一个看似平淡的过程，都是你积累能量的机会，因为你永远不知道生命的列车什么时候会拐弯，但只要你的能量储备足了，当机会来了，你就能从容抓住机会，收获生活里最美的果实。当一个领域出现

① 马二伟. 全媒体新闻报道[M]. 成都：西南师范大学出版社，2018：61-62.

一个新的事物或现象，你只有知道以往的情况是如何，才能意识到这是新的，才会有新闻敏感。如果没有积累，根本就不会有这种判断，新闻敏感也就无所谈起。记者在工作中去断定这是新的、这很有意义、这是一个重要的问题，所有这些判断就是新闻敏感的体现。有了这样的判断，才可能找到好的选题。但这些判断都是建立在记者对于社会、对于国家发展的认识的积累之上的。在采访报道中，面对同样的事情和场景，有的记者能看到一些东西，意识到一些东西，有的记者则无动于衷，熟视无睹。这种区别在于有的记者是有积累的，有的记者则没有。例如前文讲到的《经济工作会议 民营企业家坐第一排》的报道，开会时民营企业家坐在第一排，所有的记者都看得到，但只有一位记者意识到了这种变化的不同寻常之处，同时认识到了这种变化背后的意义，写出了不一样的报道。为什么这位记者能从会议这个渠道抓到不一样的选题？是因为他平时关注和留意到当时国家对于民营经济越来越重视的现象，有一些积累，当外界发生一些与已有认识相关联的现象和事件时，他才能马上抓住。

其次，要有政治敏感。前面讲到记者的素养时提到要有政治修养，政治敏感是建立在政治修养的基础上的，正因为关心了解国家发展和相关政策，才会敏锐察觉到一些变化和趋势，进行新闻报道。深圳特区报前副总编辑陈锡添也正是因为拥有极强的政治敏感，才能写出《东方风来满眼春》的报道。

再次，要有社会责任感，热爱新闻工作。一个记者内心深处希望通过自己的努力让社会越来越好，关心民生疾苦，有强烈的社会责任感，热爱新闻工作，永远以积极主动的心态投入报道工作，这样的记者一般新闻敏感比较强。在媒体行业有这么一个现象，刚入职的记者，往往非常活跃，对什么都感到新奇，遇到什么事都觉得可能是新闻，也愿意问、愿意跑，有时候因缺乏经验可能白跑，但也极有可能会抓到好新闻、大新闻；同时，一些老记者，由于见得多，对什么都见怪不怪，觉得小事情、小会议都没多大意义，打不起精神，不亲自采访，而是等通讯员稿件或者直接丢给年轻人，有时候会因自己的漫不经心而丢掉好的选题。这种对待新闻报道、对待工作的态度，是很难产生较强的新闻敏感的。

最后，一定要深入生活，奔赴现场。记者只有到现场才可能发现好的选题，才可能有新闻敏感，现场的很多因素会刺激记者的思维，而在办公室里不论如何思考、想象，都很难有想法、有选题。中央人民广播台记者胡家麒有一次到中缅边境城市瑞丽市采访，想做一篇关于瑞丽经济发展的报道，但一时不知道从何下手，找不到好的选题和素材，在办公室想不出选题，干脆走上瑞丽街头去看看，结果一走一看，还真来了灵感，找到了选题。这位记者发现，瑞丽的边境贸易非常发达，以此为选题完成了一篇报道。

选题能力是记者的一项重要能力，记者需要不断积累，提升业务能力，更需要深入生活，学会观察和思考，这样才能确立有价值且新颖的选题。融媒体时代对记者的选题能力提出了更高的要求，网络上各种信息鱼龙混杂，记者需要具有"火眼金睛"，还需要掌握一定的技巧，才能挖掘出更多更好的新闻报道选题。

第三节　融媒体报道选题的技巧

除了掌握选题标准，记者在采写工作中进行选题操作的时候有一些具体的技巧，这些技巧可以帮助记者去挑出好的题目进行报道或者自己设定好的报道选题。

一、新闻线索的获取是选题决策的关键

俗话说巧妇难为无米之炊，要想有好的报道对象、好的选题，首先得手握丰富的新闻资源，也就是新闻线索。前面已经讲了新闻选题的来源渠道，一个记者要善于利用各种各样的渠道，这样才会有源源不断的选题。

二、选题范围是新闻价值、受众需求和自身报道条件的重合部分

融媒体报道的选题，首先要具备一定的新闻价值，同时也是受众关注的，还要考虑媒体自身有没有条件完成报道，因为有些选题对于一些媒体而言是没有能力完成的，即便有新闻价值，也无法作为报道的选题。例如中央电视台在一些重要的节假日会围绕一些话题开展海量采访，采访人数达到3000~5000人，参与报道的记者有数百人，足迹遍布祖国各地。由于央视采写力量非常强大，而且有遍布各省市的记者站，可以完成该选题的报道。但对于一个地方性一般媒体而言，要完成这个选题则是非常困难的，是无法选择这样的话题进行全国海量采访的。

三、根据对报道事实的分析定夺选题

一个事实究竟可否成为报道的选题，得把它置于一定时空范围内考量才能决定。可以从三个方面对事实进行分析：一是背景信息分析，可以分析该事实以往是怎样的；二是相关信息分析，可以分析与事实相关的信息是怎样

的；三是前景性信息分析，即该事实未来发展趋势将如何。从三个方面全方位考察后，最后做出决定，判断该事件是否具有重大的新闻价值。例如，2010 年夏天，武汉大学一名学生以志愿者身份前往贵州支教，不幸去世。楚天都市报对该事件做了如下分析：2008 年奥运会和 2010 年世博会期间，青年志愿者成为受大众瞩目的群体，而媒体上还没有呈现过志愿者的典型形象，值得好好做一做。这里首先分析了相关信息——奥运会和世博会的志愿者情况，还有背景信息——之前没有呈现过这一典型形象。在选题时，要对事实进行多维度分析，如果记者凭借自身储存的知识和信息无法做出具体分析，就需要去查阅相关资料，加深对事实的认识，从而判断该事实是否可以作为报道的选题。

四、从对用户的分析定夺选题

每一个媒体都有一定的目标用户群，选题时要考虑事实能否让媒体的目标用户感兴趣，能满足他们的某种需求。用户往往基于两种倾向去关注或浏览信息：一种是因为生活实际需要，掌握一定的信息有助于更好地生活，新闻也是诞生于这种需要。用户掌握有关信息以便更好地了解环境，更好地做出生活决策，例如，大学毕业生就特别关注考研以及公务员考试相关的信息。另一种是因为感兴趣，该信息可能和用户的实际生活没有关联，但可能比较有趣，如离奇的故事，用户因为某种兴趣或冲动而浏览。做选题决策时需要具体分析，该选题是可以给用户带来影响他们生活的信息，还是提供令他们感兴趣的信息。

五、从对媒体资源的分析定夺选题

前文提到，选题必须符合媒体的自身报道条件。这只是媒体资源分析的一个方面，对于媒体资源的分析包含人力资源、报道资源和媒介传播符号等方面。人力资源和报道资源，实际指的是媒体的自身条件，没有条件完成的选题也只好先放弃。媒介传播符号指的是图文、音频、视频等，有些选题适合图文报道，有些适合短视频，有些适合长视频，有些适合纯新媒体报道。所以选题时要考虑自己媒体的主要传播符号是否适合该选题的报道。2014 年 12 月 13 日，首个南京大屠杀死难者国家公祭日到来之际，南京广播电台推出报道《幸存者证言》，该选题主要报道在南京大屠杀纪念馆保存的幸存者的证言背后的故事，证言为音频。这个选题就特别适合广播媒体刊播，如果选择电视媒体或纸媒，效果就没有那么好。

六、从对外围环境的分析定夺选题

一个事实能不能报道，除了决定于事实本身，也与事实所处的外围环境有关，主要包括政策环境、法律环境和竞争者的情况。要考虑选题是否与国家相关政策方针相符，选题的报道是否违背了相关的法律法规，媒体的直接竞争者有没有做过相同的选题报道。直接竞争媒体做过这个选题，并不意味着不可以继续报道，而是看是否可以变换角度，如果无法变换角度，最好不要做一样的报道。如果是竞争媒体没有做过的选题，那选题报道的角度就可以更多一些。

七、越是大的主题，越要学会从小的具体的角度进行选题

深圳特区成立 25 周年的时候，深圳商报推出报道《寻找第一代打工者》，选题聚焦于一个玩具厂第一代打工者的生活变迁，以小见大，折射深圳的改变。这个选题不是着眼于深圳各个方面的宏观发展，而是从一个小的具体的切面，用个体故事去呈现深圳特区的发展。从小处着眼，就可见人见事，可引导读者感知一些具体的变化，同时在采写时也比较具体，比较好操作。越是大的主题，越要学会从小的具体的角度进行选题，这是一个非常重要又很有效果的选题技巧。

八、不同的媒体有不同的选题

针对同一报道资源，不同媒体的选题角度可以完全不同。例如同样是改革开放 20 周年的报道，处于广州的羊城晚报做的是《001 工程回忆录》，报道的是在改革开放前沿阵地广州出现的全国某一领域的第一个人，例如第一个出租车司机等，报道不同领域第一人的 20 年生活的改变。而另一家北京的媒体经济参考报则做的是《今访公厕》，报道的是北京公厕 20 年来的变化。这两家媒体针对改革开放 20 周年的选题大相径庭，这说明针对同一报道资源，选题的角度是非常多的，关键是要找到适合自己所在媒体又有一定新意的选题。羊城晚报之所以做《001 工程回忆录》的报道，是因为广州是改革开放前沿阵地，在很多领域出现了全国第一人，可以找到很多的报道对象。经济参考报做《今访公厕》的报道，一个原因是公厕对一个城市形象树立非常重要，尤其是在首都北京，还有一个原因是该报在改革开放之初做过关于公厕的报道，可以形成对比。虽然同一主题选题的角度非常多，但媒体一定要从自身所具备的条件出发选择合适的来进行报道。另外，这两家媒体

做的这两个选题，也符合越是大的主题，越要从小的具体的角度进行选题的技巧。改革开放 20 周年是一个很宏大的题目，这两个选题一个讲小人物的故事，另一个讲公厕，切入角度都非常具体。

选题对于融媒体报道非常重要，一个好的选题意味着一个报道成功了一半。作为记者，要学会丰富新闻线索的来源渠道，同时依据一定的标准，采用一定的选题技巧，确定一个有价值的选题，为一个融媒体报道的完成选好原点。

第四章
融媒体报道的策划

融媒体时代，媒体数量不断增加，媒体的区域概念变得模糊，加之自媒体、"网红"日益火爆，媒体间新闻资源的竞争越来越激烈。随着社会透明度的不断提高，自媒体和社交媒体的发展，媒体要想获取独家新闻资源已变得越来越不可能，新闻媒体间的竞争也自然地由独享资源领域进入共享资源、同题竞争领域。同样的一个题材，同样的一个人物或事件，采用不同的讲故事的思路、方法，对信息进行不同的组织和呈现方式，报道效果可能完全不一样。在同题竞争中，哪家媒体能有效利用和挖掘这些有限的共享资源，采用独特的报道角度和呈现方式，就能使共享资源变成某种形式的独家报道。

对于同一个题材，精心设计报道角度和呈现方式，就是进行新闻报道策划。新闻报道策划具有前瞻性，它是在实施具体的新闻报道之前进行的一系列的规划和设计，它能使新闻报道由被动变为主动，由随机变为定向，由松散变为有序。新闻报道策划具体包括报道内容策划、报道规模和进程策划、报道形式策划、报道组织安排策划等。

无论是在传统媒体时代还是新媒体时代，媒体都非常重视新闻报道策划。面对一些重大的选题，媒体一般会在实施具体的采写之前，开展新闻报道策划，对如何报道该选题进行一定的规划和设计，再按照规划采写和刊发报道，往往可以取得不错的传播效果。在融媒体时代，报道的策划更加重要，很多融媒体报道的制作都需要经过精心的规划，包括报道内容、呈现样式、交互形式等的规划。新媒体技术为融媒体报道呈现提供了创意空间，作为采编人员，需要发挥创意思维，做好融媒体报道的规划和设计，用新颖的表达吸引用户。

媒体通过新闻报道策划，对新闻资源进行深度开发，按照一定的思路重新组合信息，挖掘出新的内涵和意义，形成一定的报道强势。新闻报道策划不仅扩充了新闻媒体的新闻资源，为独家报道提供可能，还有助于扩大媒体影响力及媒体品牌的树立。

第一节　融媒体报道策划的界定

在论述融媒体报道策划的概念之前，必须弄清楚什么是新闻报道策划。新闻报道策划的主体是谁，主要做什么，为什么要开展新闻报道策划，弄清楚这些问题，融媒体报道策划就比较好界定了。

一、新闻报道策划的定义

关于新闻报道策划的定义，一些学者给出了自己的界定：

定义一：新闻传播主体遵循事物发展和新闻报道的基本规律，围绕一定的目标，对已占有的信息进行科学分析和研究，着眼现实，发掘已知，预测未来，制定和实施相应的政策和策略，以求最佳效果的创造性的策划活动。①

定义二：围绕某个主题或话题，对新闻采编活动进行有创意的谋划与设计，通过制定并实施方案，来强化传播效果以形成和引导舆论的前瞻性行为。②

定义三：新闻编辑为使某些报道选题获得预期的传播效果，对新闻报道活动进行规划和设计，并且在报道实施过程中不断接收反馈，修正原先设计的行为。③

上述关于新闻报道策划的三个定义，虽然表述各不同，但还是有些共同的内容：第一，新闻报道策划的主体是新闻媒体，不是其他机构或组织，其他机构或组织也进行很多策划，但不是新闻报道策划；第二，新闻报道策划要做的事情是对新闻报道思路的设计和规划，不是对一次采访的规划，也不是纯粹的活动规划。

综合以上三种定义，可以总结出新闻报道策划定义的五个关键点：

　　　主体——新闻媒体
　　　目的——预期的传播效果

---

① 赵振宇. 新闻报道策划(第二版)[M]. 武汉：武汉大学出版社，2015：7.

② 杨秀国. 新闻报道策划[M]. 北京：人民日报出版社，2012：23.

③ 蔡雯. 新闻报道策划与新闻资源开发[M]. 北京：中国人民大学出版社，2004：48.

前提——遵循事物发展和新闻报道的基本规律
核心——对报道进行规划和设计
尾巴——在实施的过程中接收反馈，修正原来的设计

这里补充说明一下"前提"和"尾巴"。新闻报道策划在对报道进行设计和规划的时候，不是想怎么规划就怎么规划，它既然是新闻报道活动，就要遵循新闻报道的基本原则和规律，例如真实性原则、新闻价值规律等，同时也要符合事物自身发展规律。由于新闻报道策划很多时候是预设性的规划和设计，那么方案在实施过程中可能出现与设想不一致的情况，这时候一定要根据实际情况及时调整，修正原来的设计。

厘清了这五点，可以归纳出新闻报道策划的定义：新闻媒体为了达到一定的传播效果，遵循事物发展和新闻报道的基本规律，对新闻报道进行设计和规划，并在实施的过程中接收反馈，修正原来的设计。

二、融媒体报道策划的定义

融媒体报道策划仍然属于新闻报道策划的范畴，它的主体仍然是新闻媒体，是媒体为了取得一定的传播效果，对于融媒体报道的报道内容、报道规模、报道形式、交互等方面的设计和规划。传统媒体报道策划主要规划点为报道内容、报道规模、报道体裁、刊发位置等，融媒体报道策划除了以上几个方面的规划之外，特别重视报道形式设计，包括作品进入方式、作品内容呈现形式、作品视觉设计、作品的交互设计等，在新媒体技术的支持下，尤其注重作品的创意表达以及融媒体表达设计。因此，可以这样定义融媒体报道策划：新闻媒体为了让融媒体报道达到一定的传播效果，遵循事物发展和新闻报道的基本规律，对融媒体报道进行规划和设计，尤其注重作品的创意表达以及融媒体表达设计，并在实施的过程中接收反馈，修正原来的设计。

实施融媒体报道策划的人其实就是一组报道的设计师，设计报道会以什么样子呈现出来，包括报道内容、外在形式以及组织安排的设计和规划。采制人员会按照方案去执行，在作品制作过程中，发现实际情况与方案不一致的地方，调整方案后继续执行。

三、融媒体报道策划书的写作

分析融媒体报道策划书的写作，是为了更好地理解融媒体报道策划的含义。融媒体报道策划书写作与一般新闻报道策划书的写作大致相同，只是会

更强调报道形式和交互形式规划等。融媒体报道策划书并没有固定的格式，应该主要包含以下内容：

（1）报道选题：简明扼要地写出报道对象和报道切入角度。

（2）报道意义和可行性：论证报道的价值以及媒体有能力完成报道。

（3）报道内容和重点：规划融媒体报道的具体报道内容及报道重点。

（4）报道进程和规模：规划报道内容刊播的先后顺序、报道量及推出时间。

（5）融媒体报道形式设计：这一部分对于融媒体报道策划而言尤其重要，主要规划融媒体报道的样式、交互设计、视觉设计等内容。

（6）刊发位置：主要指报道具体放在什么地方刊发。

（7）人员任务分工：主要指报道执行的组织安排。

在融媒体报道策划书的相关策划项中，策划的重点为报道选题、报道内容和重点、报道进程和规模、融媒体报道形式设计。从融媒体报道策划书的写作中可以比较具体地了解融媒体报道具体要做些什么，也就能更好地理解融媒体报道策划的内涵。

四、融媒体报道策划与其他相关策划的区别

与传媒相关的还有其他类型的策划，融媒体报道策划与这些策划有什么区别，是需要我们媒体人去了解的。只有厘清了这些区别，才能更好地理解融媒体报道策划的内涵，不至于在实际操作中把融媒体报道策划做成了别的策划。

（一）融媒体报道策划与活动策划的区别

一份活动策划书一般包括活动意义、活动背景、活动内容、活动组织、活动宣传等。可以看到，活动策划始终都是围绕活动进行规划，都是在规划活动如何进行，没有设计新闻报道如何进行。有时候媒体会以举办某个活动的方式完成报道策划，例如春节，媒体可能会举办一场相亲会，再来规划相亲会该如何报道，这也是新闻报道策划的一种方式。这里其实有两个策划，首先要策划活动，是活动策划，但策划完活动只是完成了报道选题的策划，并没有开展融媒体报道策划，所以后面还要再写一份融媒体报道策划书，规划如何在融媒体上对活动进行报道，如果仅仅提交活动策划书，实际上并没有完成融媒体报道策划。

（二）融媒体报道策划与采访策划的区别

学新闻的人都要学习采访策划。采访策划主要是撰写采访提纲，一般包

括采访目的、采访地点、采访时间、采访方式、采访对象及问题、采访工具、采访需要注意的问题等。可以看出，采访提纲主要是讲采访如何进行，没有说报道如何进行。采访策划和报道策划是两回事，采访策划规划的是如何提问，报道策划规划的是针对采访的稿件是什么样的、如何发稿等。其实报道策划也会对采访部分进行一些规划，在报道内容规划以及人员任务分配这两项中可能涉及，但只会从宏观上界定采访大致内容，例如要采访哪些内容，先采访什么、后采访什么，谁负责采访等，不会细化到每一个采访的具体时间地点，提什么问题。即使融媒体报道策划的选题是做一个人物专访，也不能把报道策划理解成对采访的规划。

(三)融媒体报道策划与电视栏目策划的区别

融媒体报道策划有时会推出特别节目或系列视频，固定在一些栏目中播出，在这种情况下，报道策划和电视栏目策划容易混淆。例如 2022 年国庆，中央电视台融媒体平台推出报道策划《江河奔腾看中国》系列专题片，该组报道虽然有统一的名字，但只是一个系列报道，不是电视栏目策划。电视栏目策划是规划一档固定播出的栏目的框架，包括栏目名称、栏目主持人、栏目播出时间、栏目定位、栏目板块等。电视栏目策划出来后有固定的播出时间和周期，栏目策划只是搭建栏目的框架，一般不会具体到每次节目具体的选题和内容。

第二节　融媒体报道策划的原则

融媒体报道策划的定义，强调融媒体报道策划的前提是遵循事物发展和新闻报道的相关规律，因此融媒体报道策划不能天马行空，要遵守一定的规则和原则。

一、真实性原则

真实是新闻的生命。融媒体报道策划的报道内容一定要是真实发生的，与实际相符的，不能杜撰或策划一些事件再予以报道，这是所有新闻报道策划的底线，也是融媒体报道策划的底线。切记融媒体报道策划是对融媒体报道的规划，不是对新闻事件的规划。

二、时效性原则

新闻报道都必须要有时效性，这是新闻报道的基本特征之一。融媒体报道策划对时效性的要求更严格。但有时候策划的选题是一些相对静态化的社会现象和问题，例如马路上的不文明驾驶行为，前年存在，去年存在，今年也存在，这种现象一直都存在，那为什么现在报道？这种现象不是刚刚发生的，当下报道的时效性体现在哪里？遇到这样的选题，在做策划时往往需要找到一个与此相关的最近动态切入报道，来体现时效性，例如政府刚刚发布了一项治理不文明驾驶行为的规章制度或者刚发生一起不文明驾驶行为导致的车祸，等等。还有一种情况，有些动态事件发生了一段时间后，记者才发现，但所有的媒体都没有报道过，那这个选题还可以报道吗？如果报道，如何体现时效性？其实是可以报道的，可以以记者刚刚发现的行为作为切入点，体现时效性。例如有一个工程缺陷展，记者发现的时候，展览已经举行有一段时间了，但没有媒体报道。该事件不同寻常，一般展览都是展示成果，这个展览是展示缺陷，有一定的新闻价值。记者在报道开头加了一句——"记者昨日在某工程的缺陷展上看到"，以这样的方式解决了时效性的问题。这是一个小技巧，是不得已而为之，记者在第一时间发现具有报道价值的事件是最佳的。

三、创新性原则

策划需要创新，尤其是融媒体报道策划。融媒体报道策划的创新可以体现在报道内容、报道形式、视觉设计、交互设计等方面。新媒体技术为融媒体报道的创新提供了很大的空间，我们看到一些爆款的融媒体报道都是创新力度比较大的作品。2018 年全国两会，中国政府网推出创意 HTML5 作品《"日"字加一笔，你能想到几个字？写出 2018 政府工作报告带来的新日子》，用户打开作品，任意在"日"上加一笔，依据相应的字链接相应的报告内容解读，形式新颖，交互性强。2022 年中秋节，人民网推出创意视频《中秋之美，不止月亮》，视频上插入手绘图标，类似图鉴，清新又美丽。融媒体报道策划需要编辑记者遵循创新性原则，发挥创意思维，在作品内容、呈现形式上做出一些突破，带给用户不一样的浏览体验。

四、可行性原则

当然创新的前提是可操作性，新奇的想法一定要建立在可以实现的基础之上。首先规划的报道对象和内容要符合政策导向标准，符合媒体的定位。其次对报道的规划和设计是媒体可以做到的，如果规划的内容无法采集到，这个内容即使有新意，也只好不报道。比如关于报道作品的表达方式有一个新奇的想法，但技术上暂时无法实现，也只能放弃。可行性原则还指在前期规划方案时，尽量设计得详细、具体，方方面面的情况都要考虑到，这样后期执行上的调整幅度比较小，可行性更高。

五、合理性原则

合理性原则指在进行融媒体报道策划时，相关方面的设计要合理，符合新闻报道的一些基本规则。第一，报道客体与目标用户群相吻合，指的是报道内容是媒体的定位用户群需要和感兴趣的。第二，报道客体与策划实施的区域相吻合，指的是报道内容尽量与媒体所在区域相关。这两点其实就是指报道的选题和内容具有合理性，要与媒体的定位吻合。第三，报道实施时间与社会大气候相吻合，指的是报道推出的时间段要精心规划，考虑国家政策、受众状态、社会关注度等社会大气候。在进行融媒体报道策划时，报道推出时间的规划对于传播效果有时候起着非常重要的作用。例如对一些社会现象问题的报道，在有关的节假日到来之际报道，关注度就比较高。如果做一些节假日出行攻略的报道，应在节假日之前 7~15 天推出比较合适，节假日前夕或节假日期间推出报道，都不合适，因为大多数人已经规划好出行，不需要这类信息了，自然传播效果就不好。广州日报曾推出"打好国学基本功"的报道策划，关注的是大学生国学基础问题，当所有采写工作完成时，正是 7 月大学放暑假的时候，这时候推出报道，大家关注度不高，于是将报道推迟到 9 月初大学开学的时候推出，学生和老师都回到校园，对于该话题的关注度会更高。这里有一个问题，做好的报道放了 2 个月，还有时效性吗？解决这个问题的办法，是找到 9 月发生的一个与大学生国学素养有关的动态，由此切入就可以了。第四，报道事实的规模与报道客体的价值相吻合。在进行融媒体报道策划的时候，要规划用多大篇幅来进行报道。一般而言，新闻价值大，报道规模就大，新闻价值小，报道规模就小，关键是报道规模与报道客体价值之间一定要大致匹配，做策划时要进行准确衡量和判断。如果报道规模过小，报道就不充分，如果报道规模偏大，就浪费了时间和精力，甚至还有新闻炒作之嫌。

六、机变性原则

融媒体报道策划在执行过程中，要尽量细致，考虑到方方面面的情况，但再完美的策划方案，在执行过程中也会发生意想不到的情况，这时候要根据实际情况调整原来的方案，需要随机应变。融媒体报道策划具有前瞻性，是根据已经掌握的信息，对未来要做的报道做的当下的决策，策划的目的是让报道有新意，让采写编发工作更有效率，让报道传播效果更好。在执行策划过程中，一方面要根据所规划的内容进行相应的采写编发，另一方面，如果发现实际情况与之前的规划存在偏差，之前的相关规划无法实现，就要及时调整方案。必要的时候，可以提前准备报道策划的备选方案，以备不时之需。

第三节　融媒体报道策划的一般技巧

融媒体报道策划包括报道内容设计、报道进程和规模的规划、融媒体报道形式设计、刊播位置安排以及人员报道安排等，这些规划有一些常规的做法。在进行融媒体报道策划时，发挥创意思维尤其重要，同时也有一些需要规避的问题。以上都属于融媒体报道策划的一般技巧。

一、融媒体报道策划主体方案的设计

（一）报道内容的设计

融媒体报道策划，首先要确定围绕选题需要报道哪些内容。一是报道角度的规划，指报道需要反映报道对象哪几个方面的信息。二是报道广度的规划，除了报道对象本身的信息，可否报道与之相关联的其他信息。三是报道深度的规划，有一些选题需要深度的挖掘，策划的内容是否能达到一定的深度，需要达到什么深度，这些都是报道内容设计需要解决的问题。例如《羊城晚报》对于北京某次国际教育展的报道策划，就体现了报道深度的规划。该组报道一共四篇，第一篇报道了国际教育展的整体情况，第二篇报道了一个留学生出国留学后成为传教士的案例，第三篇集中报道该如何正确看待国际教育展以及出国留学，第四篇报道国内高校该如何提升教学水平才能真正留住学生。这组报道内容的规划体现了深度，第三篇报道讲该如何正确看待国际教育展以及出国留学已经有一定深度了，第四篇报道对问题的分析又深了一层。

还需要注意的是，报道内容设计要尽量具体，有操作性。对很多报道内容，不能想出个大概，粗略写写就完成规划。报道内容的设计要有可操作性，切勿过于抽象和概括，如果三言两语框定，语焉不详，采写时方向不明确，等于没有规划。例如围绕新中国成立70周年，选题为武汉交通的变化，内容规划为武汉这70年来铁路、桥梁、公共交通、私家出行方式的变化。

这样的内容规划太抽象，范围太广，最好具体化，例如桥梁部分，可以细化为介绍武汉11座长江大桥，私家出行方式变化可以细化为选取一家三代人出行方式变化的故事等。做好报道内容设计，不仅要调动报道策划人员脑海里储存的信息，还需要广泛查阅相关资料，甚至要进行前期实地探访，最终规划出具体可操作的报道内容。

（二）报道进程的设计

报道进程指的是报道内容刊播的逻辑顺序。报道进程的设计也可以理解为报道结构的安排，就是推出的报道作品的结构框架的搭建。规划好了报道内容，下一步就是规划内容刊播的先后顺序，即报道内容分为哪几个部分，每个部分报道的先后顺序等。新闻报道的常用逻辑结构主要有这样几种：（1）线性结构模式。按照事件发生发展过程进行报道，多用于动态事件报道策划或突发事件报道策划。（2）并列型结构模式。报道内容的各个组成部分之间呈现平行关系，多用于成就报道或系列人物报道策划。（3）递进型结构模式。指报道内容的各个组成部分之间呈现一种由浅入深的关系，多用于社会问题报道策划。例如先从具体案例报道入手，再到社会面情况报道，再到原因分析，最后给出解决办法，这样的内容逻辑一层深入一层，为递进型结构模式。（4）归纳型结构模式。由多个客体切入，奔向同一个主题，多用于社会问题的报道策划。例如报道各地殡葬陋习，可以先分别报道几个地方的殡葬陋习的具体表现，最后总结分析。（5）纵横交叉型结构模式。从多个客体、多种角度切入，报道随时延续，或追踪、或拓展、或沿着客体各自的方向发展，适用于重大战役报道策划。报道进程没有一个固定的模式，需根据不同的选题和报道内容确定相应的结构模式，一般而言符合新闻报道的叙事逻辑即可。

如果推出的报道有多篇，报道进程的安排可以是多篇报道的排序，即从第一篇报道到最后一篇报道分别是什么内容。但是如果报道篇数过多，例如有100多篇报道，对报道进程可以分阶段写作，即第一阶段报道内容是什么，第二阶段报道内容是什么……如果报道只有一篇，报道进程指的是该篇报道的内部结构，例如推出报道只有一个5分钟的视频，报道进程指的就是这个5分钟视频的内部逻辑结构。

（三）报道规模的设计

报道规模的设计就是报道量的规划，围绕选题，要推出多大篇幅的报道。一般报道规模的设计包含报道起始的时间（时机）、全程跨越的时间、报道刊播的频率、总的报道量。写作范式为：报道从哪天推出，持续多少天，每隔几天刊播一次，总共有多少报道量(多少篇微信推文，几个几分钟视频、几个 HTML5 设计……)。例如报道从 9 月 10 日推出，持续 3 天，每天推出一个视频，总共 3 个视频，每个视频 5~8 分钟。这样的报道规模的设计就是比较清晰具体的，有利于执行。

报道规模设计要注意两点：一是报道推出的起始时间很重要，要与社会大气候以及受众的关注状态关联；二是报道量的大小要与选题的价值匹配，报道量是建立在对选题的价值判断之上的。

(四)作品类型以及融媒体呈现样式设计

融媒体报道作品类型有图文、短视频、专题片、长图、动画、创意 HTML5、数据新闻、微信推文等。在进行融媒体报道设计时，首先要选择报道的基本类型和样式，规划推出什么样的报道作品。确定作品类型以后，还需要进行作品呈现样式、交互方式等的设计。例如作品类型为创意 HTML5，那么 HTML5 的信息呈现样式是怎样的，界面如何设计，是否交互，交互又是怎样的。对于融媒体报道作品，呈现样式、交互方式等的规划是非常重要的，很多融媒体报道作品的新意就体现在这两方面的巧妙设计上，吸引用户浏览及大量转发。人民日报海外网曾推出的 HTML5 作品《我来北京看两会》，送给网友开往两会的"车票"，从自己的家乡出发，换装变脸，来到北京聆听习近平总书记原声讲话，选择以天安门、人民大会堂、两会现场为背景合影留念，生成自己的专属照片，成为融媒体爆款作品。

(五)刊发位置的设计

刊发位置的设计指的是确定最终完成的报道刊登在什么地方。如果是报纸，指的是发在时政新闻版、经济新闻版，或者社会新闻版、专版等。如果是电视，指的是在什么栏目播出或是推出特别节目。网站、App、微信公众号指的是的具体板块位置。融媒体报道策划，刊发位置的设计更多是多平台刊发，一则报道可能的刊发位置包括传统媒体、新闻 App、微信公众号、微博、短视频号等。刊发位置的设计要合理，与选题内容一致，同时尽量选择多平台刊发，实现整合传播。

(六)人员组织安排的设计

融媒体报道很多时候并非一人完成，而是一个团队共同制作，前期策划做好人员任务分工，才能各司其职，高效率工作。人员组织安排设计要发挥每一个人的长处，合理搭配，同时要明确任务完成时间。

二、融媒体报道策划的创造性思维

融媒体报道策划的本质是创新，必须突破思维定式，进行创造性思维。发挥创造性思维并非易事，人很容易形成惯性思维，被一些无形的框架束缚而不自知。只有突破这些既定的思维，才能创造新的事物。

（一）创造性思维必须考虑用户的心理需求

发挥创造性思维是为了让报道吸引用户，用户会对什么样的内容和形式感兴趣，用户接收信息的心理是什么样的，这是融媒体报道策划发挥创造性思维之前必须弄清楚的。用户在接收信息的过程中，一般有四种心理：一是从众心理，对于周围人都在谈论的信息一般也会去关注；二是求异心理，对于与自己生活相差较大的信息比较感兴趣；三是求乐心理，对于轻松、能带给人愉悦的信息比较感兴趣；四是逆反心理，对于一些说教类信息、枯燥的信息比较反感。用户信息接收心理也在发生变化，由保守趋向开放，更具包容性；由盲目趋向自主，用户素质在提高，接收信息的渠道更丰富，可以自主判断和识别信息；由肯定趋向否定，对于媒体报道不是一味肯定，更倾向于提出一些疑问。了解了用户信息接收心理，就能在融媒体报道策划的过程中通过发挥创造性思维，满足用户的这些心理需求，让报道引起用户的注意，例如融媒体报道作品标题设计、浏览方式设计、作品界面设计等，作品尽量突出个性，注重视觉冲击力和美感。

（二）创造性思维的运用

创造性思维主要包括逆向思维、纵深思维、发散思维、侧向思维和超前思维。

1. 逆向思维

逆向思维就是反其道而行之，在报道策划中逆向思维主要表现为反差强烈的对比报道。正面文章反面做，别人一片叫好，你却发现了值得注意的问题；反面文章正面做，别人都在批评，但你发现了其中的可取之处。掌握了正向，才知道如何逆向，但也不可事事逆向，要尊重客观事实，实事求是。

2. 纵深思维

纵深思维就是看问题要更深入，看到别人没有看到的本质问题。有媒体报道西安翻译学院一大三学生被世界500强企业预聘，北京青年报对此做了质疑报道，西安翻译学院将北京青年报告上法庭。一般媒体着眼于报道案件本身，但有一家媒体却从中看到了一个问题：不管这位大三学生是否真被世界500强企业预聘，近几年西安翻译学院学生就业非常好，是不争的事实。

作为一所新兴的民办高校，培养的人才这么受市场欢迎，而我们传统高校外语学院比比皆是，为什么很多赶不上西安翻译学院？该媒体做了关于传统高校如何根据市场需求进行专业设置和人才培养的报道，该角度看问题深入，也比较新颖。

3. 发散思维

发散思维就是举一反三，思维纵横交错，拥有奇思妙想。比如做一个关于垃圾分类的报道策划，作为策划者，你需要利用发散思维，从各个角度去看待这个问题：垃圾分类的群体角色层面有市民、环卫工、企业、政府、拾荒者等，除了拾荒者外，每个角色应该做什么，是否存在错位；垃圾分类的管理监督层面有制度、政策、法律法规、监管和教育，从制度层面上看，垃圾分类的标准是什么，对践行者奖励还是对违反者惩罚；垃圾分类的处理链条包括回收、清运、中转、处理、填埋等，末端的填埋是否可取；对比和借鉴层面，包括其他城市的做法以及其他国家垃圾分类的情况，中国如何对"洋垃圾"说不等。以上模拟了在对垃圾分类问题进行报道策划的发散思考的过程，并不是说以上内容都要在报道中体现，而是规划出清晰的报道思路必须经历这样一个发散思考的过程。媒体经常会组织新闻报道策划会，大家围绕一个选题进行讨论，每一个人提供信息和观点，所有人的观点和信息集合在一起，角度肯定是多样的、发散的，这些发散的信息观点互相碰撞，最后找到报道思路。新闻报道策划会的过程就是利用团队的力量来实现发散性思考。

4. 侧向思维

人们关注一个人或一个事物，往往从一个固定的角度，有一个固定的框架，其实可以换一个侧面去关注。每年媒体都会推出关于母亲节的报道策划，角度非常多，但这些策划大多没有超越一种惯性的思维或认知：母亲节是人类的母亲节。但有一年深圳的晶报在母亲节推出了一个特别策划《动物界的母爱》，这个策划和其他母亲节的策划都不同，它超越了母亲节只是人类的母亲节的常识限定。其他媒体在做母亲节的策划的时候，也是天马行空，但这些天马行空的设想都被限定在一个框架之内，就是母亲节是人类的母亲节，这个框连策划者自己都没有意识到。侧面思维就是突破传统思维定式，突破经验常识，突破固定的角度。

5. 超前思维

超前思维就是依据现有的信息，提前预测事件发展方向，在相关事件还没有发生前提前介入报道，抢占先机。2008 年武汉经历了一场百年不遇的雪灾，当雪刚开始下的一两天，大家没有意识到这是雪灾，媒体仍然以瑞雪兆丰年的心态推出报道，当时的楚天金报采编人员看了之后的天气预报，推测雪继续下，后面肯定会有各种应急问题，于是提前推出了该如何应对雪灾的相关报道。楚天金报是 2008 年武汉第一家推出雪灾报道的媒体，之所以可以抢占先机，就是运用了超前思维。

(三)报道思路创新的方式

策划者对所收集的资料、信息在头脑中进行加工处理，以寻找报道的突破口，不断从正面、反面进行各种假设，并让这些假设在头脑中反复地组合、交叉、撞击和渗透，不断地否定、选择，形成新的假设和创意。策划者经过长期酝酿，创造的火花猛然爆发，灵感、直觉等非逻辑思维往往起决定作用。①报道思路创新是信息的组合产生灵感，由灵感发展、组合、优选形成方案来实现的。

1. 参照类似报道

如果策划者在进行报道策划时没有思路和头绪，可以去查阅一些类似报道策划，在浏览了各种类似案例后，说不准马上就会有自己的想法。例如中央电视台国庆 50 周年报道，就参照了国庆 35 周年、香港回归、三峡截流的报道，还考察了法国国庆报道。参照类似报道是一种非常有效、操作上比较简单的方法。参照类似报道不是照搬别人的做法，而是在看到各种各样的报道后，这些报道会和策划者自身的积累认识形成碰撞，促使其产生新的想法。

2. 在矛盾中找寻新角度

这其实就是逆向思维的运用，在事物正反矛盾中找到不一样的报道点。例如对于一次性筷子，一般的看法是负面的，认为一次性筷子不环保，需要少用。但南方周末却做了一篇报道，讲述了一次性筷子产业让一个村庄致富的故事。该村的一次性筷子产业不是靠随意砍伐森林，而是自种速生树木，且是循环种植，没有破坏生态，而且有力地推动了当地经济发展和农民收入的增加。

3. 从深度上挖掘新角度

在进行报道思路创新时，要着眼于事物深层次原因，不要停留于表层原因。因果组合方式实际是纵深思维的使用。上海东方电视台《今日新话题》

---

① 蔡雯. 新闻报道策划与新闻资源开发[M]. 北京：中国人民大学出版社，2004：142.

对"一位歌星在后台忙着数钱，让观众等 40 分钟"的报道，不是停留在歌星没有职业素养的表层原因，而是拓展到如何规范商演流程的深层原因，角度比较新颖。

4. 拼接组合的创意方式

两种差异较大的事物结合产生新的事物，多用于报道形式设计。在报道思路的创新上，善于将两个领域的事物进行关联，产生的新事物就会有新意，融媒体报道形式设计可以多采用拼接组合方式进行创新。例如 2022 年中秋，澎湃新闻推出中秋习俗的填词游戏的报道，就是将新闻报道与填词游戏结合，报道形式新颖。晶报娱乐新闻版面曾做过一个报道策划——娱乐性"高考"，以娱乐圈的种种事件和现象为考试内容，出一次"高考"题，有语文卷、数学卷、化学卷、物理卷、历史卷，语文卷中有名词解释"娱乐圈""绯闻""假唱"等，数学卷有"杨恭如小姐搬出豪宅的搬家费计算"，化学卷有"试做'美女与天气'的实验"，物理卷有"试析明星的排斥和吸引"，历史卷有"论偶像到呕像的历史进程"等。娱乐性"高考"无须读者来答题，设计的答题人为娱乐新闻部的记者和编辑，报纸上登出的试卷每题后面都有完整的答案。看完策划，猛然发现该策划并非关于高考的策划，还是对于娱乐新闻报道的策划，但采用了高考试卷的形式，将高考试卷与娱乐新闻结合，非常新颖，这里使用的创意方法就是拼接组合的方式。被拼接的事物所处的领域相差越远，创意的力度就越大，高考和娱乐新闻就是两个相差较远领域的事物，一般情况下无法关联，但巧妙结合到报道中创意性就比较强。

运用拼接组合方式进行创新，一定要注意两种事物的结合应是和谐的，不能违和。拼接组合方式不仅可以结合两种事物，还可以在一个报道策划中拼接多种不同领域的事物达到创新的目的。

5. 多角度组合创新的方式

多角度组合创新的方式就是利用发散思维，从各个角度去发散思考，在信息的碰撞中整合报道思路。例如南京都市报在推出新中国成立 61 周年的报道时，利用多角度组合方式，推出了"寻访老兵——关注活着的纪念碑""旧颜新貌——南京风雨变迁""不同年代人的'国庆'观念""爱国电影推荐""畅想 2049"等报道。

融媒体报道策划极需发挥创造性思维，但创意并非一件简单的事，要想做到有创意，需要见多识广，平时多留意有创意的融媒体报道案例，这样在做策划时，才会思如泉涌。

三、融媒体报道策划应该注意的问题

融媒体报道在策划的过程中，一定要遵循事物发展和新闻报道的一些规律，以社会效益为第一原则，杜绝一味追求热度的哗众取宠的报道策划，也要规避由于客观原因造成的报道规划的不合理。

(一)避免新闻炒作

新闻炒作是指以与报道内容不相称的形式夸大事物的某些细节，或者夸大事实某些因素，掩盖事实的另一些因素，企图获得轰动的社会效应。①

融媒体报道策划和新闻炒作有着本质的区别，融媒体报道策划是以全面准确地表现事物原貌为主旨，强调依据客观存在的事实选择与其相称的报道手法和报道规模，新闻炒作却不是这样的。具体而言，融媒体报道策划与新闻炒作有以下四个方面的不同：

(1)报道目的不同。融媒体报道策划是为了预期传播效果，注重社会效益；新闻炒作是为了轰动效应，追逐个人和集团私利。

(2)反映事实的方式不同。融媒体报道策划客观反映事实本质全貌；新闻炒作会夸大事实的某一部分，掩盖其他部分。

(3)报道的手段不同。融媒体报道策划要保证材料真实准确；新闻炒作可能大胆制作，有不合理的想象。

(4)报道规模选择不同。融媒体报道策划选择与报道价值一致的规模；新闻炒作选择的报道规模往往超出事实本身价值。

新闻炒作的原因有客观原因和主观原因。客观原因主要指外界故意制造一些不同寻常的事，吸引媒体炒作，获取商业利益。例如一企业女老板花500万元征婚，引发社会热议，一些媒体立马投入报道，从征婚内容报道延伸到女老板发家史，进而报道其企业，这其实就是企业的公关策划，媒体没有准确判断，导致为他人利用。主观原因是指一些媒体将经济利益放在第一位，为了流量主动去追逐一些所谓的热点话题。例如杨丽娟追星事件，当年很多媒体投入了很多精力去策划和报道，甚至越界去干预新闻事件的走向，其实是新闻炒作。

如何规避新闻炒作？首先，媒体要加强自律，增强把关意识；其次，媒体要处理好社会利益和经济利益、长期利益和短期利益的关系；最后，完善

---

① 蔡雯. 新闻报道策划与新闻资源开发[M]. 北京：中国人民大学出版社，2004：183.

社会管理机制，加强对媒体新闻炒作的监督和惩治。

（二）合理选择报道时机和报道内容

报道时机的选择一般遵循时效性原则，越快报道越好，例如突发新闻事件。但一些问题性报道，则要捕捉良机，以达到最佳传播效果。问题性报道要防止"添乱"和"马后炮"。报道内容的把握指对于报道对象本身的信息和相关信息展示到什么程度最合适，报道内容并非越多越好，同时也不能不足。报道信息量过多，存在炒作或夸大社会阴暗面的嫌疑，如渲染暴力、淫秽和丑恶，会带来种种负面影响；报道信息量过少，是指本可以进行深入报道，却只浮于表面，导致报道无法引起受众的兴趣。这两种情况都是报道内容的规划要避免的。

（三）合理安排报道进程和刊发位置

报道进程指的是报道内容刊播的先后顺序，报道的推出是一次推出、还是分几次推出，先报道什么、再报道什么，这是报道进程设计需要考虑的问题。刊发位置设计不要太随意，不同的位置选择，最后的传播效果可能大相径庭。1996 年，宁波晚报推出报道《花烛泪诉人间情》，第一次报道放在报纸后面的文艺副刊版面，采用连载的形式，传播效果一般。后来故事有了新的进展，宁波晚报再次进行采写，第二次报道放在前面的新闻版面，将整个故事的来龙去脉一次性展现给读者，集中刊发 5 个整版，引起了社会极大的关注，被全国多家媒体转载。副刊版面位于报纸后面，关注的人没有前面新闻版面的多，报道进程采用 16 次连载，由于各种原因，很多人无法看完整，对于故事的反应就不强烈。后面因为故事有了新的进展，再次报道，刊登位置变为新闻版面，报道进程安排为一次性刊出，就在社会上引发了轰动效应。由此可以看出，报道安排在什么地方、分几次刊播会影响传播效果，在策划时要根据情况具体分析，做出合理的安排。

（四）科学预测和灵活应变

报道策划本来就是对未来的报道做当下的决策，具有预测性，这就要求策划人员要有预见力，根据已占有的信息深入分析，得出结论，做出决策。预测一定要具有一定的科学性，不能盲目下结论，也不得把还没有发生、只是预测的信息提前抢发。

再科学的预测，也有可能在执行过程中发现与实际情况不相符的地方，需要策划人员根据实际情况进行调整。策划人员要通过对环境的监控，对反馈信息及时收集和处理，进行灵活应变和调度。首先，策划方案不能是一成不变的，要根据实际情况及时调整。其次，策划书的规划不宜过细，对一些重要的报道事项要框定，但也要给记者的发挥留有空间。这里不是说报道策划书需要抽象化，报道策划书仍然需要具体的条目，不能是抽象化的描述，那样会缺乏操作性，但报道策划书也不能过细，例如每一次采访该问哪几个问题，写作的细节问题等一般不需要在报道策划书里规划。再次，强调现场应变。记者采制报道要大体遵循策划方案，但也要根据实际情况做出应变。例如，中国教育报有一次做了一个关于重庆文化建设的报道策划，去重庆实地采访发现，原来规划的报道内容比较平实，没有太多亮点。在经过一番踏访后发现，重庆三峡文化长廊的建设不错，于是把选题范围缩小，只报道重庆三峡文化长廊建设。最后，允许推翻之前的策划方案。如果在实际采制过程中发现之前的策划方案不能做，可以抛开原有的策划方案，开拓新的报道角度，甚至是相反的角度。例如中国教育报本来策划了一个关于肯定爱国主义教育基地的报道，可在采访过程中发现爱国主义教育基地的管理存在一些问题，报道组推翻了原来的报道方案，做了一组有关爱国主义教育基地问题的报道。

第四节 不同类型融媒体报道策划的技巧

针对重大突发新闻事件、重要会议、重要节假日、重要活动、重要社会问题等，媒体都会做一些集中的报道策划。不同类型的报道策划有各自的特点，媒体做得比较多的是节假日报道策划和会议报道策划，下面重点分析一下融媒体节假日报道策划和融媒体会议报道策划。

一、融媒体节假日报道策划

节假日是媒体进行新闻报道策划的重要资源。受众会在短时间对一个节日形成集中关注，有关节日的一切信息都会引起他们的注意，例如国庆节、元旦、春节、"五一"劳动节、母亲节、儿童节、重阳节、植树节、环保日、无烟日、世界读书日、防艾滋病日等，还有一些特定的日子，例如长征胜利80周年、改革开放40周年、新中国成立70周年、中国共产党成立100周年等，媒体一般会推出比较多的报道，其中很多就是融媒体报道策划。节假日的新闻报道策划非常难做，因为大多数节假日是周期性的，一般一年一次，相同的节日年年做报道，难在出新意。例如国庆节，几乎每一家新闻媒体每一年都会做新闻报道策划，形成新的报道思路就非常难。分析众多的节假日新闻报道策划的案例，可以发现一些固定的策划角度，例如历史角度、特殊人物角度、话题角度、社会活动角度、服务角度、大数据分析角度等。

（一）从历史的角度策划节假日新闻报道

几乎每一个节假日，只要不是刚刚确立的节日，都承载着一段历史，都会有过往，都有今昔对比，都蕴含着变化。媒体可以在这种纵向的时间轴线上找到一个具体的切入点做新闻报道策划。这种角度虽然不是一种全新的节假日报道策划的思路，但如果找到的切入点足够吸引人，仍然可以做出有新意的报道。"凸显理念则要求新闻报道策划人深度发掘'价值昂贵的珍宝'，最大限度地利用新闻资源，链接历史、现在与未来，不仅于'有'声处（事件新闻）鸣惊雷，而且要于'无'声处（非事件性新闻）鸣惊雷。"[1] 2014 年，新浪网在国庆 65 周年时做了一个新闻报道策划"家·国的历程——小明和爷爷的故事"，就是从历史的角度选题。该策划模拟了两个人物——小明和爷爷，用动画的形式描述了爷孙俩的一次对话。65 年前爷爷 15 岁，和孙子现在一样大，爷爷说了自己 15 岁时关于坐车、愿望、娱乐、世界的概念、阅兵式上的武器等，小明则说出了自己现在情况进行对比。同时，在每组对话画面的下方弹出"画外音"，总体介绍了我国 65 年在交通、经济、文化、外交、军事等方面的发展。该策划从新中国成立 65 年的历史中，选取了小明和爷爷儿时生活的对比这样一个切入点，运用动画的形式表达，同时又通过"画外音"对总体发展情况进行总结，生动活泼又具有深度。2012 年，央视《焦点访谈》栏目在国庆节期间做了一个报道策划——"国庆的礼物"，详细回顾了新中国成立后各个时期各行各业送给祖国生日的礼物，例如开国纪念邮票、国庆献礼片、大型程控交换机、红旗牌检阅车等。"国庆的礼物"同样是从历史的角度，选取曾经的标志性的国庆礼物作为报道切入点，让大家重温那段历史，感受到了中国人民对于祖国的热爱。新京报在新中国成立 60 周年做了两组策划，都是从历史的角度：一个是北京地理版面的"大城记"，60 年做 60 期，每一年用产生在北京的一个地理概念来表现 60 年北京城的变迁；另一个是北京新闻版面的"60 年的北京家庭史"。笔者在媒体工作期间，参与过一个关于国庆的新闻报道策划"国庆记者手记"。该策划让每一位跑"战线"的记者写一篇记者手记，回顾自己在跑"战线"的过程中感受到的变化，例如跑经济的记者写近几年城市经济方面的重要改变，跑时政的记者描述近些年政府的相关重要改革。这无疑也是从历史的角度做节假日

---

[1] 张厚东. 新闻报道策划的理念与模式[J]. 新闻战线，2008(9).

的新闻报道策划。

　　从历史的角度做好节假日的报道策划，关键是要找到好的切入点。宏大抽象的今昔对比很难做出好的新闻报道策划。越是重大节假日，越是宏大的主题，反而越要注意从具体的、小的切口切入进行报道，因为受众更愿意接受具体的、看得见的、包含故事的信息。"凡是做得好的策划都有一个显著的特点，即选择报道题材和报道角度时，不是从抽象的道理出发，而是选用那些具体实在的事实，让受众看得见、摸得着的事实，让事实说话。"①改革开放 20 周年，面对这个宏大的主题，羊城晚报结合广州自身的特点，做了一期策划"001 工程回忆录"，寻访改革开放之初在广州涌现出的全国"第一个"的人，例如第一个出租车司机等。同样是改革开放 20 周年，北京的经济参考报做的报道策划叫"今访公厕"，选取了北京公厕这样一个更小的切入口。这两个报道策划都是从历史的角度做的比较具体的选题。

　　从历史的角度做节假日新闻报道策划，还有一种具体的方法可以借鉴，即"旧闻新读"。2000 年 12 月，新世纪第一个元旦到来之际，新华社做了一组极具创意的新闻报道策划"世纪旧闻新读"，选取 1900 年 12 月报纸上的报道内容，与现在的相关情况进行对比，来反映一个世纪的变迁。例如其中的报道《忍看舟车苦 喜今多坦途》，1900 年报纸上一篇报道写从上海到北京需要 10 多天，以此对比 2000 年京沪高速公路开通，全程只需 10 多个小时。在这组策划中，策划者还将 1900 年的报纸报道拍摄下来，作为图片放到现在的报道中，彰显历史感。"旧闻新读"并非一定要找好几十年前的旧报纸的报道和现在的情况进行比较，更多的时候是关于某一个选题，媒体在多年前关注过，现在再关注，可以将以前的报道作为图片放在现在的报道中，并在报道内容上进行前后对比。前面提到的经济参考报的报道策划"今访公厕"也运用了这种方法，报道中对照了改革开放之初经济参考报关于北京公厕调查情况的报道。

　　(二)从人物的角度策划节假日新闻报道

　　一个节假日总会有与之相关的特殊人物，例如母亲节的明星母亲、离异母亲，国庆节的老红军、国旗班的战士、叫"国庆"的人，重阳节的百岁老人、金婚夫妇等。从这些特殊人物入手做节假日的新闻报道策划，是一种比

----

　　①　江地. 年年节日相似　新闻贵在出新——关于国庆节新闻报道策划问题[J].
新闻研究导刊，2014(11).

较简单也不错的方法。"选择一个特定的日子对有关人物进行寻访报道或对其工作生活状态予以介绍,是常用的一种报道策划。"①2012 年教师节,中央电视台和光明日报联合启动了"寻找最美乡村教师"大型公益活动报道策划,以乡村教师这样一群特殊的教师作为报道对象。在 100 多天的时间里,参与寻找的记者、编导多达数百人,足迹遍布 22 个省、自治区、直辖市,行程 10 多万公里,中央电视台共拍摄了 5 万分钟的节目素材,《新闻联播》《朝闻天下》《新闻直播间》《讲述》《共同关注》等栏目共播发相关报道近百篇。《光明日报》开辟专栏,发动 50 多名记者深入乡村,共刊发报道近 40 篇,其中两篇报道在头版位置刊发,其他人物以半个版面的篇幅予以报道。乡村教师是教师队伍里一个特殊的群体,他们的坚守是远山里、高原上孩子们的希望,他们的执着源于他们的大爱,对这样的特殊人物的报道,能更好地诠释教师节,更能在社会上引起共鸣。该活动的主办方共收到全国各地的推荐函和来信 2000 多封,微博粉丝达 220 万,微博信息覆盖人数超过 5000万。该报道策划推出后,这些乡村学校和老师得到了资助,社会更加关注偏远农村的学生和老师。由于该新闻报道策划在社会上反响甚好,中央电视台每年教师节都会开展"寻找最美乡村教师"的报道策划。

很多媒体都会在节假日开展关于特殊人物的新闻报道策划。2007 年国庆节,长江日报推出报道策划《国庆值班人的故事》。2013 年重阳节,深圳晶报做了题为"108 位人瑞"的报道策划,对深圳市 108 位百岁老人进行了报道。

(三)从话题的角度策划节假日新闻报道

很多节假日都是庆祝、庆贺的节日,媒体也会从庆祝、庆贺的角度做新闻报道策划。其实,一个节假日的到来往往会引发一些话题,媒体可以另辟蹊径,在节假日到来之前,做一些与该节日有关的话题的新闻报道策划,受众对这些话题的关注度在节假日到来之前会极高,这样的报道策划极有可能取得很好的社会效果。2014 年国庆节,北京青年报推出策划"国庆天安门清扫了多少垃圾",进而引发了人们对社会文明的大讨论。2013 年中秋节,北京晚报做了"失落的节日"的报道策划,谈及被遗忘的中秋习俗。2014 年三八妇女节,深圳晶报推出了"今天的深圳女工,她们'敢'做什么"的报道,分析了女工更自主、更懂得维权的话题。2014 年母亲节,深圳晶报推出了

---

① 赵振宇. 静心策划,让特定日报道更精彩[J]. 新闻与写作,2010(10).

"'当十项全妈'都拼了"的报道，探讨了如今当好妈妈不容易的问题。还有中央电视台在 2012 年和 2013 年国庆节分别推出的"你幸福了吗?""爱国，让你想起了什么?"等，都是属于从话题的角度做节假日的新闻报道策划。在清明节到来之际，可以探讨文明祭扫方式、花钱雇人祭扫、环保绿色殡葬、丧葬和墓地价格、殡葬陋习等话题。在五一劳动节，可以关注机器取代人工劳动、工资变化等问题。

从话题的角度策划节假日新闻报道很容易出彩，做出好的报道。媒体平时关注了某方面的社会问题或话题，不妨先收集报道素材，选择在相关节日到来之前推出。从话题的角度做策划，一定要注意在节日到来之前的一段时间推出，持续至节日当天或节日后一两天，因为一旦节日过完，大家对相关问题的关注度会下降。

（四）从社会活动的角度策划节假日新闻报道

媒体可以在节假日到来之前，组织与节假日相关的社会活动，吸引社会的参与和关注。"新闻媒体积极有序地开展一些有益的社会活动并予以报道，已经成为媒体的'第二战场'，它不仅是媒体重要的经济增长点，更是媒体增强自身影响力的重要途径。"[①] 2012 年重阳节到来之际，中央电视台推出了大型公益行动"我的父亲母亲——关注失智老人"。活动内容包括为"老年痴呆症"更名、为老人发放免费黄手环、推动"老年痴呆症"的免费筛查等。活动从 9 月 21 日世界阿尔茨海默病日一直持续到 10 月 23 日重阳节。央视作为主办方全程组织活动的开展并进行了详尽的报道，让社会开始关注失智老人这样一个群体，是一次非常成功的节假日新闻报道策划。该活动报道策划符合央视主流核心媒体的地位，为央视赢得了公信力。2004 年笔者做过一期重阳节的报道策划，名为《重阳圆梦行动》，向社会征集老人的心愿，挖掘背后的故事，帮助老人完成心愿，在社会上引起了较大反响，取得了较好的传播效果。

从社会活动的角度做报道策划，要注意策划的活动要有一定新意，活动的内容要符合媒体定位及目标受众的需求，尽量选择比较熟悉的领域开展活动，活动规模要控制在媒体自身的财力、人力等条件范围之内，在活动的进行过程中要掌握好节奏，切不可虎头蛇尾。

（五）从服务的角度策划节假日新闻报道

节假日，尤其是放假的节日，受众自身会有很多相关信息需求，例如出

---

①　赵振宇. 新闻报道策划（第二版）[M]. 武汉：武汉大学出版社，2015：167.

行、美食、天气、旅游、购物、学习等。媒体可以为受众提供与节假日有关的信息和知识，服务受众。"报道策划以新闻内容的分众定位为报道策划的着眼点……并由单纯的新闻传播向交流观点、分享知识和提供服务加以延伸与转换，为媒体形成产品链提供新的资源。"①

国庆节很多媒体必做黄金周报道，提供出行、天气、旅游等全方位的信息，即是从服务的角度做节假日新闻报道策划。母亲节有的媒体推出"妈妈大讲堂"的报道，传授如何做一个好妈妈的知识，还有媒体在母亲节做了"母亲节珍贵礼物大搜索"，为大家提供挑选母亲节礼物的信息。中国环境报在2006年世界环境日推出"6·5世界环境日"的专题报道，为受众提供一些环保常识。

目前媒体在从服务角度策划节假日新闻报道时，多从旅游的角度，其实媒体提供的知识和信息面还可以更广。很多节日是不放假的，就算放假，未必所有人都会出去旅游，也要给不出门旅游的人提供好信息服务。2022年国庆节，南方都市报做了一个整版的国庆节假期休闲书单的报道策划，推荐了一些适合国庆节假期居家休闲看的好书，给宅在家里的人提供了信息服务，这就是一个很好的思路。其他的诸如节日菜谱、节日穿搭等，都可以成为提供信息服务的内容。

（六）从大数据的角度策划节假日新闻报道

新媒体时代新闻呈现方更加多样化，漫画、Flash、数据等都是新媒体新闻的呈现方式。互联网科技的发展，使得媒体更容易进行数据的查询和统计，大数据新闻成为时代的宠儿，精确新闻受到重视。媒体在做节假日新闻报道时，也可以考虑从大数据的角度进行策划，关键是要找到好的内容及好的数据对比点。新浪网在国庆65周年时做过一组很棒的大数据新闻报道策划——《人民日报中的家·国》，分析了从新中国成立到2013年人民日报中关于"家庭""国家"以及周边部分词汇的文章数据，并以图表的形式呈现了这些词汇在人民日报报道中的变化情况。2013年母亲节，半岛都市报就母亲和子女的亲子关系调查了111名子女，并以图说新闻的形式将调查结构显示出来，这也是从大数据的角度做节假日的新闻报道策划。

媒体有时不仅仅是从一种角度，而是结合多种角度完成节假日新闻报道

———————————

① 蔡雯. 重视深度新闻报道的策划——新媒体时代大众传媒的新闻创新[J]. 新闻爱好者，2011(9).

策划。例如有的媒体在母亲节组织单亲妈妈相亲会，这是社会活动和服务两种角度的结合，而一些寻访老红军的报道结合了历史、社会活动、人物三种角度。

节假日报道策划确实难出新，年年做，家家媒体做，但即便是这样，一定还有未被报道的内容和选题。除了从以上六种角度去思考节假日的报道策划思路外，有时不妨突发奇想，异想天开。2013年母亲节，深圳晶报做了一个有关动物界母爱的新闻报道策划。母亲节，惯性将人的思维局限在人类这个范畴，打破思维惯性，关注动物界的母爱，不可谓不妙！

二、融媒体会议报道策划

融媒体时代的到来，对会议新闻报道提出了很多新的要求，会议新闻报道要搭上媒体融合的快车，注重产生融合的"化学反应"。习近平总书记在阐述媒介融合时曾强调，管得住是硬道理，用得好是真本事。融媒体时代，创新会议新闻报道方式方法，管好用好新媒体，不是可有可无的选答题，而是时代赋予的必答题。会议新闻报道在保持传统媒体报道优势的同时，要让新闻报道更鲜活，进一步创新报道的表达方式，更多采用通俗的文字、群众的语言、精彩的事例，从细微处着手，见事见人见思想。要让新闻产品更多样，积极开发各具特色的新闻产品，创造出更多HTML5、短视频、动漫、游戏等用户喜闻乐见的融媒体报道作品。需要拓宽传播渠道，积极构建网站、微博、微信、新闻App、抖音等媒体传播矩阵，实现会议新闻报道多维度、立体化传播。

（一）目前会议新闻报道存在的问题

1. 形式单一、内容严肃

政府很多工作开展以会议的方式进行，会议报道中程序性、结论性报道居多，例如常委会会议，视察、检查、调研等活动，报道基本是官方体系的语言风格，比较严肃，可读性不强，稳重有余、活泼不足。

2. 互动不足、贴近性不强

目前会议报道基本在传统媒体上进行，传统媒体的传播大多处于闭环运行状态，缺乏及时有效的互动与反馈机制，导致会议新闻宣传工作缺少与受众的平等互动，很容易出现脱离目标受众自说自话的尴尬局面。传统媒体单一的传播主体和单向的新闻模式已经跟不上现代信息传播的节奏和公众多样化的信息需求。融媒体时代，会议新闻报道要积极开拓新的、多样化的传播渠道，要通过报道内容和形式的变化，拉近会议报道与普通人的距离，让高端思想走近寻常百姓，吸引更广泛的群众参与，让会议新闻不再是从上到下的"灌输"，而是润物细无声的"春风春雨"。

3. 报道同质化现象严重

会议新闻报道大多按照既定程序展开，报道角度单一，自主选题和策划报道内容比较少，导致时政新闻报道千篇一律，报道内容和模式高度相似，报道同质化现象严重。例如政府某部门召开了一次会议，邀请多家媒体同时参与报道，但很多媒体的报道在题材、内容、角度上同质化现象较为严重。尽管政府工作的法律性、程序性强，但即使是同一个会议，不同的媒体仍然可以根据受众的不同需求，选取不同的视角，采用不同的体裁方式进行新闻报道，从而尽量避免报道的同质化。

(二)融媒体时代会议报道策划创新的原则

1. 必须坚持党性原则

会议新闻报道必须始终坚持党性原则，坚持党的领导。融媒体时代会议新闻报道的策划创新必须首先保证正确的政治方向，宣传和报道党和国家的中心工作，弘扬主旋律，传播正能量，积极有效地促进党和国家各项工作的有序进行。

2. 必须坚持"三贴近"原则

会议新闻报道创新，必须坚持"三贴近"原则，即贴近实际、贴近生活、贴近群众，使宣传报道贴近政府工作实际，贴近人民群众的意愿。会议新闻报道创新必须转变观念，调整思维的角度和方式，以灵敏的新闻嗅觉去捕捉信息，以受众的视角去选取题材，努力从大量的工作或会议信息中采集到有用、有趣、有效的报道内容，从而使"三贴近"原则真正体现在会议新闻报道之中。

3. 必须坚持用事实说话

真实是新闻的生命，用事实说话是新闻报道最基本的要求，会议新闻报道对新闻真实性的要求更加严格。融媒体会议新闻报道创新必须遵守真实性底线，用事实说话。

新闻的真实性不仅指报道确有其事，还包括报道要反映本质，揭示事物发展方向。会议新闻报道真实除坚持用事实说话外，还包括报道逻辑、用词、分寸等也要准确和合理，与实际相符。会议新闻报道中，对于事实的描述用词要精当准确，对于人物讲话不能掐头去尾，不能为了追求网络热点和看点而对事实进行夸大或不当描述。

4. 注重报道的权威性与深度

融媒体时代会议新闻报道创新，不能一味追求有趣和转发量大，只进行浅显、碎片化的报道。要在创新报道形式、贴近用户的同时，注重报道的权威性与深度。首先，在创新程序性报道的前提下，重视专题报道，通过不同层面和角度，着力反映会议审议的重大问题和决议、决定的形成过程，深入挖掘与会议内容相关的背景和会议精神的内涵，把群众普遍关心而又迫切想了解的内容，通过背景分析、特写、热点追踪、现场新闻等形式报道出来，传达出去。其次，在日常新闻报道中，同样要把深度报道作为创新会议新闻报道、提高报道质量的重中之重，使会议新闻既有充满活力的动态报道，又不乏以发展新闻主题、追踪新闻事实、揭示事件本质和发展趋势为内容的深度报道，从而不断提升会议新闻报道的传播效果。

5. 综合运用"党言党语、法言法语、民言民语、网言网语"

融媒体时代的会议新闻报道语态会呈现"年轻态、网语化"的趋势。报道语态年轻化，网络元素的使用与报道内容深度融合，有力助推了会议新闻报道产品的网络传播。以新华社的两会宣传片为例，其中不乏"编写的稿件绕地球几圈""燃，现场新闻，从你的全世界路过""看两会，刷弹幕，通通到我的碗里来"的网言网语。宣传片由年轻人串场，将新华社两会期间的报道提前预告，让更多的年轻人关注两会。①

同时，会议工作具有政治性和严肃性，会议新闻报道不能毫无节制地使用网言网语，用文字"卖萌"，而是应该综合运用好"党言党语、法言法语、民言民语、网言网语"。对于政治性和法律性比较强的报道，要在坚持准确性和权威性的同时，灵活运用网络语言拉近报道与受众的距离。

(三) 新媒体技术为会议报道创新赋能

新媒体技术是推动媒体融合创新的核心驱动力，新媒体技术让新闻报道充满无限创意，具有移动化、交互化、全息化的特征。会议新闻报道特别是每年的全国两会报道都是新媒体技术的"练兵场"，各种新型的装备、先进的软件技术运用于新闻作品，给用户带来了精彩纷呈的报道。技术赋能为会议新闻产品创新提供了基础，媒体融合的战略发展为会议新闻产品创新提供了方向和动力。

---

① 栾轶玫. "固态传播"的模式创新与突破路径——以 2017 年两会融合报道为例[J]. 新闻与写作，2017(4).

表 4-1　2015—2019 年全国两会媒体报道中突出的新技术①

年份	媒体新技术	具体表现形式
2015	HTML5 技术	可视化 HTML5、动态信息图表、动画视频、网页交互等，如人民网《总理记者会最走心的十句话》
2016	VR 沉浸式报道	利用 VR 眼镜"沉浸"到模拟环境中，或通过转动手机体验 360 度全景视频和图片，如新华网《探访金色大厅：总理记者会的前一天》
2017	微视频	时长 3~5 分钟，包括系列专题策划微视频、动画微视频、代表委员微视频等，如新华网《一本书的重生》
2018	人工智能、竖视频	AI、AR 等"黑科技"报道迅猛发展，如人民网机器人"汪仔"；竖视频在积极探索中，如央视新闻的"部长之声"，新华社的代表通道 AI 延展
2019	Vlog、人工智能 AI 主播、VR	人格化的微视频、"博客+视频"形式，如中国日报《小姐姐两会初体验》系列 Vlog、新华社 AI 主播

1. HTML5 技术运用

我们通常讲的 H5，是指在移动端传播中使用了 HTML5 技术集合（HTML5、CSS3、JavaScript 等技术）的带有特效及互动体验的网页，它具有很强的视觉冲击感、友好的交互体验、易于传播等特点。一些内容充实、创意丰富的 H5 作品成为爆款。如人民日报联合快手推出的创意互动视频 H5《点击！你将随机和一位陌生人视频通话》，模拟通话的手机界面，拉近人大代表与普通百姓的距离。2022 年全国两会期间，津云客户端的创意 H5《一手好牌》，模拟抽牌的形式，用户可以任意抽取一张牌，牌面上展现我国科技创新领域的重大成就，内容直观明了，接收方式生动有趣。

2. 人工智能运用

2019 年全国两会上，"人工智能"第三次出现在政府工作报告中，"深化大数据、人工智能等研发应用"的表述方式传达出 AI 技术深度应用的未来蓝图。在新闻报道领域，自 2015 年腾讯财经与新华社先后推出写作机器人

---

① 曾祥敏，刘思琦，唐雯. 2019 全国两会媒体融合产品创新研究[J]. 新闻与写作，2019(5).

"Dream Writer""快笔小新"以来，AI 技术已经扩展到除财经、体育等题材的其他报道领域，并且逐渐从浅层次的消息报道赋能新闻生产端全流程，深度应用于新闻生产。①新华社在 2019 年全国两会期间开发出首位"AI 合成女主播"新小萌，与 AI 男主播新小浩播报两会新闻，推出《新小浩上两会》《新小萌上两会》系列短视频，AI 主播逼真的形象和较高的业务水准赢得了网友的好评。2022 年全国两会期间，中央广播电视总台视听新媒体中心以财经评论员王冠为原型，推出了超仿真主播"AI 王冠"，并推出王冠与 AI 王冠系列报道《"冠"察两会》，"AI 王冠"与真人王冠同台进行播报，科技感和新鲜感满满。

3. VLOG、MG 动画等融合短视频的运用

Vlog 全称 Video Blog，即视频博客，创作者通过拍摄视频记录日常生活。近年来，Vlog 表达方式进入新闻报道尤其是会议新闻报道领域，2019年全国两会期间，人民网推出的《两会夜归人》、中国日报推出的《小姐姐的两会初体验》等 Vlog 作品"圈粉"无数。

除了 Vlog 作品，还有各种形式的会议新闻短视频作品受到用户的青睐。会议报道短视频作品不再局限于简单的拍摄故事，不是传统视频的缩短版，而是在技术、形式、内容上融合创新，在后期剪辑上综合运用 3D 技术、MG 动画、手绘、动漫形象、词云、虚拟场景、水墨国画、花字贴纸等多种技术和手法的融合短视频。例如人民网《RAP 动画唱两会》短视频，采用"MG 动画+RAP 演唱"的形式展示两会。短视频《无人机航拍：换个姿势看报告》由新华网推出，综合运用了航拍、AR、数据可视化等技术，该视频对政府工作报告中的重要数据进行了提炼，再通过图形和表格的形式投射到由"飞手"拍摄的壮美风景上。2022 年全国两会期间，奔腾融媒推出的融合短视频《内蒙古 只此青绿》将手绘动态画卷与内蒙古生态、农业实景画面结合，写意与写实良好交融，传递信息的同时兼具美感。

4. VR(虚拟现实)、AR(增强现实)、XR(扩展现实)交互运用：沉浸式报道带来完美用户体验

VR、AR、XR 的报道作品在近年的全国两会报道中非常抢眼，虚拟与现实的交错，更加优化视觉效果，提升沉浸式体验，带给用户不一样的感受。央视网在 2019 年全国两会的主题报道中首次运用"VR+AR"打造《全景

---

① 曹晚红，武梦瑶. 重构生产模式：融媒时代时政报道创新路径探析[J]. 中国新闻传播研究，2019(9).

沉浸看报告》，VR 利用"实景视频+3D 动画"的形式，生动呈现 2019 年政府工作报告中的重点议题和重要数据，使观众产生沉浸式的观看体验。人民网推出 AR 扫描功能，让人民日报动起来，在人民视频客户端进行扫描，就可以看到两会会议现场实况、注释信息、数据可视化等深度内容，从二维空间延伸到三维空间，提升了用户的在场感。2022 年全国两会，新华社推出的代表履职融屏系列访谈，运用全息成像、XR 等创新技术，将新华社主持人"送上"太空，让其"走"进中国空间站，与王亚平代表实现面对面交流，此次天地交融的太空独家专访实现了真人与数字环境完美交融。

5. "5G+4K"等技术赋能：低延时、高画质信息传送

"5G+4K"的硬核技术使得全国两会报道的现场感强势升级，实现 5G 技术持续传输 4K 超高清信号，通过"全景+新闻"的报道形式，将读者的传统阅读体验提升为沉浸式"现场阅读"。

"5G+4K"的最新标配冲破了网络延时性、画质不清晰的局限，为即时、高速地传播包括 VR、3D 画面在内的高质量画面提供了有力保障。央视新闻新媒体在全国两会首场"部长通道"直播中，在 5G 覆盖区域实现"5G+VR"直播，全新解读各部委负责人发布的权威信息，观众可以通过移动手机方位和手指触摸屏幕方式实现 720 度无缝观看现场场景，实现沉浸式观看体验。2022 年全国两会，中央电视台基于"5G+4K"技术，对于两会的高清直播报道为观众带来了一场视觉盛宴。

(四)融媒体会议报道策划的技巧

重要会议往往涉及国计民生，会议的决策与很多人的生活相关，也是大众比较关注的信息。例如每年全国两会，会上有很多与老百姓生活相关的决策规划出台。融媒体报道需要做好会议报道的规划，尤其是一些特别重要的会议，让报道起到上情下达的作用。

1. 从民生的角度去报道会议

在会议报道内容规划上，多报道与民生相关的会议内容，贴近百姓生活。每年全国两会总理政府工作报告的报道上，媒体往往是选取与大家生活紧密相关的新闻点进行报道。新华社在 2020 年全国两会期间推出融媒体报道《指尖上的报告》，选取了企业负担减轻，农村贫困人口减少，生态环境改善，基本养老、医疗、低保等保障水平提高几个方面进行解读，可以看出这几个方面都与民生有关，是老百姓密切关注的内容。2020 年全国两会的另一个重要新闻点是关于民法典的内容，媒体在报道时大多挑选了民法典中与老百姓生活联系最紧密的方面进行报道，例如"霸座"、高空抛物、租

房等。

2. 既要有温度，也要有高度

会议报道内容的规划不仅要贴近百姓生活，也要体现一定的决策高度。媒体不仅需要通过会议报道告知老百姓生活会有哪些变化，也要推出一些深度报道，从一定高度去解读一些政策，以及报道一些有关国家整体发展的规划和蓝图。

3. 可以在会议之外去发现一些其他报道点

会议报道策划的报道重点肯定是会议本身的内容，即会议上的决策决定、出台的文件等，但也可以设置一些会议之外的报道内容，例如会议上的新做法、好风尚、感人的细节、会议上特殊的人物等。这些内容可以拓宽会议报道的范围，也可以让受众看到会议背后的故事，为严肃的会议报道添加一些轻松的"佐料"。

4. 融媒体报道形式创新

会议报道属于时政新闻，一般比较严肃，大众尤其是年轻用户关注度不太高，为了让报道取得比较好的传播效果，融媒体会议报道需要在形式上创新，吸引年轻用户关注。新媒体技术以及融媒体平台为融媒体会议报道形式的创新提供了可能。融媒体会议报道可以融合图文、音频、视频、动画、手绘、图表、动图等多种文本，输出的作品形式包括微信推文、长图、HTML5、短视频、海报等。融媒体会议报道作品制作设计时要体现创意，突出交互，不仅吸引用户点击，更要刺激用户分享，实现融媒体会议报道的广泛传播。

5. 报道呈现要突出信息点

融媒体会议报道策划在呈现设计上，特别是作品的排版以及视频剪辑中，一定要清晰呈现关键信息点，让用户可以在快速浏览的过程中一目了然，迅速锁定自己关注的信息，切不可把关键的信息点淹没在长篇大论中。

6. 尽量指派有经验的记者或名记者参与会议报道

重要的会议报道，参与采访的媒体会非常多，而有关注点、有价值的采访对象又是有限的，有经验的记者或者一些熟面孔的记者更容易获得采访报道的机会。中央电视台每年全国两会都会指派一些名主持人参与报道，例如白岩松、敬一丹、撒贝宁等都参与过两会的报道。

融媒体时代，媒体格局和生态正发生着深刻的变化，会议新闻报道需顺势而变，提高认识，牢固树立大宣传理念，促进传统媒体和新兴媒体优势互补，协同发展。习近平总书记指出，要树立大宣传的工作理念，动员各条战线、各个部门一起来做。做好大宣传，必须打造大宣传平台，打造一大批设施齐全、功能完善、运转高效的传统媒体和新媒体宣传平台，作为构建大宣传工作格局的重要支撑。融媒体会议报道策划在遵循相关原则的前提下，要开拓多元化的创新路径，着力输出具有创意的产品，采用 HTML5、图解、Vlog、短视频、动画等形式，立体化呈现各项工作并进行多元化传播。

第五章
融媒体报道的信息采集

确立了选题，规划好了报道的方案，接下来就是采集素材。融媒体报道的信息采集是多平台、多样式素材的采集，不再是单一的文字、音频、视频等。融媒体信息采集的技术也在不断革新，例如融屏采访等，这些都对记者的信息采集技能提出了新的要求。不管是传统媒体的采访还是融媒体报道的信息采集，准备都是必不可少的，准备会让信息采集更顺畅、提高信息采集效率、发现有价值的报道角度等。

第一节　融媒体报道信息采集概述

一、融媒体信息采集的定义

融媒体信息采集指记者为了完成融媒体报道任务，利用一定的技术和手段，搜集文字、图片、音频、视频等融合新闻素材的活动，属于新闻采访的范畴。融媒体信息采集会运用一定技术和特有设备，突破了单一的文字、图片和音视频的采集，是综合素材的采集。信息采集方式并非单指提问，一切为记者所用的获取信息的手段都是信息采集的方式，例如观察采访、查阅资料、制作调查问卷等。

二、融媒体信息采集的性质

融媒体信息采集属于新闻采访范畴，与新闻采访的性质是一样的。

（一）以新闻事实为调查对象

融媒体信息采集的对象为新闻事实，是新近发生的事实，具有一定的新闻价值。融媒体信息采集是一种如实地反映事实的信息采集活动，所采集的信息应与新闻事实相符，是对事实的如实记录。例如美国记者玛莎采访一起枪击事件，专门数了一下地上血斑的个数，并且用 5 美分的硬币比对大小，对于信息的采集非常具体和精准。玛莎在谈到采访的"如实"问题时说："要展示给他们，让他们身临其境的感受。调动你所有的感官把读者带到现场。把气味和声音也写进报道。"①

由于新闻事实具有时效性，融媒体信息采集必须快速进行。新媒体的发展让信息的传播与事件的发生几乎同步，一般不可能像社会学调查那样可以历时好几年。新闻记者必须处于随时随地采集信息的状态，一有新闻发生，立马投入采访。在保证准确性的前提下，信息采集应该是越快越好。只有信息采集快，才能写作快，最终实现新闻信息的快速传播，保证新闻的时效性。

（二）以新闻报道为目的

融媒体信息采集的目的是为了制作新闻报道，需要通过新闻媒体发布，是公之于众的。新闻报道属于大众传播的范畴，接收面广，融媒体信息采集一方面要考虑大众的普遍兴趣，所采集的信息应该为一般公众感兴趣，另一方面也要考虑一旦公开所带来的影响。例如名人的隐私不具有广泛的社会性，并不适宜公开。融媒体信息采集一定要区分哪些内容适合公开，哪些内容不适合公开。

融媒体信息采集还必须针对目标受众群的信息需求展开。信息采集前要研究什么是受众欲知、应知又未知的信息，这就是需要采集的信息重点。如记者就"信息产业部公布手机充电器行业标准"这一新闻进行采访，就必须抓出"手机充电器新行业标准对受众意味着什么?""是一个什么样的标准?""为什么要出台这样一个标准?""如何推广这一标准?"等问题展开调查，了解清楚之后再写成相应的报道。②

三、融媒体信息采集的特点

融媒体信息采集除具有新闻采访的一般特点，还有自己的特点。

（一）追求最新的信息

融媒体信息采集获取的信息一般是一些最新变动的信息，所以记者在信息采集过程中要善于识别最新的事实是什么，事实的最新的发展是什么。

如中国国际广播电台记者鲍冬青在 1997 年 12 月 12 日对当时正在召开的中国侨联五届四次会议进行报道。在这次会议上，时任国务院副总理钱其

---

① ［美］卡尔罗·里奇. 新闻写作与报道训练教程［M］. 钟新，主译. 北京：中国人民大学出版社，2004：78.

② 许颖. 新闻采访与写作［M］. 北京：中国传媒大学出版社，2011：18.

琛作了重要讲话，讲话涉及很多内容：国内国际形势、对侨务工作的指示等。如何报道呢？是所有内容都报道，还是择"新"而报之？记者鲍冬青发现，在钱其琛的讲话中有一个很有新意的事实，那就是他谈到"在最近东南亚地区出现严重金融危机的情况下，中国金融稳定，经济形势很好，人民币不会贬值"。这是当时中国领导人第一次谈及"人民币不会贬值"的问题。针对当时的形势，记者鲍冬青立刻对这一内容进行采访，并以最快速度制作了消息《钱其琛说：中国金融稳定，经济形势很好》，当天就在中国国际广播电台播出了，引起了很大的反响。[①] 这里记者选取了事件中最有新意的信息进行了报道，虽然这条信息不是直接反映侨胞工作内容的，但有新意，也是受众迫切需要了解的，很好体现了融媒体信息采集求新性的特点。

（二）信息采集速度快

一般新闻采访速度必须快，这是新闻报道时效性决定的。这是新闻采访的特点，也是难点。一般的社会调查研究的时间比较长，但新闻采访的调查研究很多时候需要以快取胜，特别是对突发事件的采访，可谓争分夺秒。为了快速完成信息采集，记者业务功底必须过硬，能迅速对信息进行甄别，有办法快速获取准确信息。融媒体信息采集的突击性更强，融媒体平台传播速度比传统媒体更快，一些事件的发生与报道几乎同时进行。记者必须具有强烈的时间观念和突击采访的能力，把握住时机和主动权，以快、准、新的信息赢得用户。

（三）着眼于采集具体的信息而非全面概括的信息

融媒体信息采集不必每次都如记流水账一般介绍事件全过程，很多时候是抓住事件中一个有价值的点进行挖掘，采集具体的信息，而非全面概括的信息。例如采访一次会议，不必将会议从头到尾每一个环节和内容都予以记录，而是选取会议中受众关心的信息点予以报道。前文提到的报道《钱其琛说：中国金融稳定，经济形势很好》的采写过程，也体现了融媒体信息采集的这种特点。

（四）信息采集范围极广

社会生活包括方方面面，记者采访的范围包括时政、法制、公安、经济、医疗、体育、教育、文化、娱乐……融媒体信息采集范围是极其广泛的，虽然媒体都有自己的定位，但即便在定位之内，其信息采集的范围仍然十分广。这种广泛性一方面要求记者要善于积累，知识面一定要广，另一方

---

① 丁柏铨. 新闻采访与写作[M]. 北京：高等教育出版社，2004：55.

面要求记者能与各种各样的采访对象进行有效的沟通，完成信息的采集。

（五）信息采集的融合性

信息采集的融合性，是指采集的信息包括文字、图片、音视频、大数据等，具有融合性，不是单一的图文素材（报纸）、音频素材（广播）、视频素材（电视）的采集。融合性是融媒体信息采集与传统新闻采访的一个不同点。融媒体信息采集的融合性要求记者具备各种素材采集技能，同时具有较高的工作效率，在较短的时间内快速完成多种素材的采集。例如新京报首席摄影记者陈杰在对四川凉山彝族孩子上学路的采访中，一个人完成了图片、文字和视频素材的采集。

四、融媒体信息采集的基本任务

虽然融媒体信息采集每一次的对象都不同，采集的信息也是千差万别，但还是有一些大致的信息搜集方向，需要完成一些基本的信息采集任务。

1. 基本情况

了解报道对象的基本情况，新闻的基本事实。这类信息比较简单，也比较容易获得。基本情况对于一个新闻报道是不可或缺的，是一个新闻报道依靠的主干材料，可以统领其他素材。例如一个地方出台了一个新的政策，基本情况就是政府决定干什么了。

2. 核心事实

核心事实是新闻的主要素材，构成新闻事实的各种要素，包含着丰富的信息量，是受众需要了解的信息点。如果说基本情况是树干，核心事实就是树枝，让基本情况更加具体，因此核心事实材料要具体准确。同样是政府出台的新政策，核心事实就是政策的具体内容，具体会怎么做。

3. 新闻背景

新闻事件背后都有社会大环境，处于时空纵横坐标系中。因此在信息采集过程中，除了搜集基本情况和核心事实的信息，还要注意搜集与事件相关的纵向和横向的信息，也就是新闻背景。例如深圳市决定提高城市最低工资标准，基本情况是深圳市决定提高城市最低工资标准，准备提高至多少元；核心事实为准备从什么时候开始提高、提高的范围有哪些、提高标准的依据是什么等；相关背景包括深圳市最低工资标准一共提高过几次，每次是多少，增长趋势如何，全国别的城市最低工资标准是什么水平，深圳市提高最低工资标准后在全国处于什么位置等。

新闻背景一般包括一些对比性材料，可以纵向对比，也可以横向对比；

一些说明性材料，例如相关政策背景、知识背景等。记者在信息采集过程中一定要注意搜集相关新闻背景，可以让受众更加全面地了解事实。

4. 典型事例和细节

典型事例指事件报道中的个体和个案。事件的报道具有整体性，有时候需要举例展示，在采访中，采集到能够代表一般情况的典型例子来说明问题，往往能让受众直观清晰地感受新闻信息。例如报道东莞决定给予外来务工子女与本地职工子女同等的医保待遇，除了采访政策的基本情况、核心事实以及相关新闻背景外，还可以采访一个享受了东莞医保的外来务工者家庭，说说他们的情况，这就是典型事例。在报道新的政策或者新的措施的时候，往往需要采访典型事例，典型事例能让报道更有感染力和说服力。但要注意典型事例一定要"典型"，具有代表性，不能随随便便找一个事例，如果个案不具有代表性，就不能反映整体的情况。

细节指新闻事件中的细微而又意味深长的地方。细节往往能反映一些最本真的信息，最能打动人，包括环境细节、人物语言细节、人物动作细节等。细节见真情，报道里给受众留下深刻印象的往往是细节，所以信息采集中要善于抓取这些细节。湖南卫视制作的报道《绝对忠诚》系列之一《辛晓平：我的青春在草原》，其中科学家辛晓平的母亲诉说辛晓平常年在外工作，拉一次女儿的手都特别幸福的细节，让人很感动，平常母女牵手这么一件普通的事，在辛晓平母亲的眼里却是很奢侈的。

融媒体信息采集的任务基本包含以上四项内容，但这并不是说每一次采访只需要采集这四类信息，根据不同的采访对象，信息采集的任务可能更广泛；也不是说所有的采访都需要采集这四类信息，这里指的是大多数情况。这四类信息采集基本任务只是给了采访一个大致方向，面对一个具体的采访对象，需要了解哪几类信息，具体要到哪里去采集这些信息，这些经验需要记者在长期工作中不断摸索和积累。

五、融媒体信息采集的方式

融媒体信息采集方式主要有以下几种：

（1）访问。通过向采访对象提问获取信息。

（2）观察采访。通过记者的观察获取信息，即用眼睛采访，例如对环境、现场、人物的观察等。摄像记者几乎全是通过观察采集信息。

（3）文献采集。记者通过查阅以往的资料采集信息，例如一些数据信息、背景信息等。

（4）隐性采访。又称暗访，指记者不公开身份的采访。有时候记者通过正常采访程序无法获得信息，但这些信息的获取又事关公众利益，就会采用隐性采访的方式。

（5）体验式采访。记者直接从事某项活动，通过自身的体验来获知一些信息。

（6）问卷采访。通过发放问卷、回收问卷、整理问卷数据来采集信息。

访问、观察采访和文献采集是信息采集的一般方式，记者平时用得比较多，隐性采访、体验式采访和问卷采访是信息采集的特殊方式，一般不常用，在一些特殊的报道中才会使用。

第二节　信息采集的准备

"凡事预则立，不预则废。"融媒体报道的信息采集准备非常重要，一般分为平时准备和临访准备。平时准备指记者平时需要关注和搜集各种信息，包括最新的动态、政策、知识等，做一个信息灵通、知识广泛的人。虽然信息采集前可以做临访准备，但临访准备也是建立在平时广泛涉猎各类信息的基础之上的。在信息采集过程中，一个知识面广、信息储备充足的记者会游刃有余、从容自在。平时准备的内容包括一些基本理论知识、重要政策内容、某方面的专业知识以及一些生活常识等。一个记者要一直处于学习的状态，有好奇心，平时工作之余主动涉猎一些知识，浏览一些信息，做好平时"作业"，特别是在新媒体时代，知识的更迭很快，记者要积极主动地学习新的东西，跟上时代的节奏。平时可以尝试建立资料文件夹，把与自己采访报道领域相关的信息分类建资料夹，平时搜集到的相关信息分别放进相应文件夹，如果在采访中需要了解相关背景，可以迅速地找到相应的信息。

平时准备是打基础，临访准备则直接影响信息采集效果，记者一定不能偷懒，在时间允许的情况下，要踏踏实实做好临访准备。记者的临访准备包括很多环节，从确定报道主题到撰写采访提纲等。

一、尽可能确定新闻报道主题

当记者决定去报道一个新闻事件时，信息采集之前起码要回答这样几个问题：需要什么信息？从哪里获得信息？怎样才能获得信息？简单地说就是去哪里采访，采访什么人，而这些都取决于报道角度或新闻主题。记者在报道过程中，一般有三种时候可以确定新闻主题。第一次是信息采集前的主题确定，这时候记者依据已经掌握的新闻线索确立一个初步的主题，按照这个主题去进行信息收集。第二次是信息采集过程中，随着掌握的信息越来越多，再次确定主题。第三次是信息采集结束后、写作前的最终确定新闻主题。在三次确定新闻主题的过程中，新闻主题可能保持不变，也可能随着了解的信息越来越多而重新确立。

信息采集前可以初步确定主题，但有时候由于信息量太少，无法确定新闻主题的情况也存在。所以信息采集前是尽可能多了解信息，尽可能确定主题。信息采集前有初步的报道主题，采访就有方向，采访效率就比较高。确立新闻主题是采访准备的第一步。那么，新闻主题起的作用是什么？

可以先来看一个报道案例中新闻主题确立的过程，再来分析新闻主题的内涵和意义。2010 年 2 月 20 日，农历大年初七，一位中年男子找到楚天都市报，讲述了自己家的一件难事：10 天前，自己的哥哥在省外的一条高速公路上发生车祸，一家五口人不幸遇难，如今家人遗体还在异乡，交通事故处理有点问题，希望报社能出面和外省的部门联系，促进问题解决。记者觉得此事令人悲痛，作为媒体有责任去帮助这家人，第一次预设的新闻主题是通过报道事故发生过程及处理过程，促成事故尽早处理。随着记者深入采访，又发现了一些新的情况，中年男人说事故发生时，哥哥后备厢中有 26 万元的现金。记者追问得知，中年男人和哥哥都是建筑行业包工头，26 万元是工友的工钱，哥哥要赶在春节前把工钱发给工友，由于哥哥没有留下账单，弟弟决定让工友们凭良心领钱，说多少给多少，而且他们兄弟俩十几年从未拖欠过农民工的工钱。记者听后大为震惊，社会转型期，社会诚信体系不健全，个别企业诚信缺失，老板欠薪、农民工讨薪事件时有发生。在这样的大背景之下，此事有着极为特殊的价值。于是记者将新闻主题转变为报道兄弟俩信守承诺，不拖欠农民工工资的故事。这就是第二十一届中国新闻奖一等奖作品《信义兄弟 接力送薪》报道采写的经过。从这则报道新闻主题确定的过程可以看出，新闻主题是新闻的核心内容，新闻报道围绕的核心点、报道的焦点，是记者对客观事实的看法、态度和通过对事实的报道所表达的主观意图。

很多时候，同一新闻事件的主题可以有多个，报道角度是多样的。例如武汉一家叫"广广蛇府"的餐厅里一打工仔被毒蛇咬伤，在武汉遍寻蛇毒血清无果的情况下，店老板决定包机将打工仔送往广州医治。这则新闻事件的报道主题有救人的整个过程，店老板的仁义，武汉为什么没有蛇毒血清，店里面存不存在国家保护野生动物等。再如西安翻译学院一大三学生被世界

500 强企业预聘，年薪 40 万元，北京青年报对此进行了质疑报道，西安翻译学院将北京青年报告上法庭。该事件的报道角度有案件本身，社会对民办高校的歧视，传统高校如何根据市场需求设置专业等。还有武汉大学的樱花开了，可以报道赏樱盛况、赏樱文明、赏樱旅游攻略、樱花历史及背后故事、赏樱周边产品开发、校园旅游经济发展、赏樱与学生学习生活的矛盾……这些例子都说明，同一报道对象，报道主题可以有多个，但一篇报道一般只有一个新闻主题。同题报道的多样主题中，有的主题比较普通，有的主题角度新颖、深刻，更有意义，记者要学会从独特的、有意义的角度确立报道的主题。确定新闻主题时需要思考：什么事情是从来没有发生过的？什么事情最能够引起人们的兴趣与关注？什么事情最容易被人们忽视，而它在实际中对人们有重要的意义？什么事情是人们在以往的经验中熟悉的，但是它已经发生了变化？什么事情最能打动你？

新闻主题对于新闻报道非常重要，在新闻采访中，新闻主题决定选择什么样的采访对象和提什么样的问题；在新闻写作中，要围绕新闻主题选择写作素材。所以记者在信息采集前要尽可能确定新闻主题，按照确定的新闻主题去选择不同的采访对象并拟定相应的问题。谨记新闻主题一定是依据客观事实以及事实的新闻价值，不能任意拔高。新闻主题确定是一个逐步聚焦的过程，所以信息采集前选择的新闻主题在采访过程中可能会调整和修正，当然也可能保持不变。

二、选择访问对象

访问对象的选择取决于新闻主题，针对不同的新闻主题，采访对象是不同的。例如前文信义兄弟的案例，第一次预设的新闻主题为通过报道事故发生及处理过程，促成事故尽早处理，采访对象包括中年男人及其家人，外地的交警部门，其中外地的交警部门是重点采访对象。但后来新闻主题调整为报道兄弟俩信守承诺、不拖欠农民工工资的故事，这时的采访对象除了中年男人及其家人，外地的交警部门，还包括工友，而且工友是重点采访对象。

有了新闻主题，并不意味着就选好了访问对象，因为符合新闻主题的同类访问对象会有好几个。选择的标准一般有三个：知情、愿讲和善于表达。知情人的选择首选事件当事人，其次是目击者，最后是相关利益人。在可以选择的情况下，尽量选择积极主动和善于表达的受访者。但有时候，访问对象是无法挑选的，完成报道必须采访该对象，但对方可能不善于表达或者不愿意接受采访，不善于表达的访问对象考验记者的采访技巧，对于不愿意接受采访的对象，需要做的事就是采访准备下一步——获取采访机会。

三、获取采访机会

(一)采访机会有时候需要"抢"

有些采访机会是需要记者去主动争取的。在每年的全国两会采访中，各路记者想尽办法获得采访机会。中央电视台有位记者曾谈到两会采访经验：起床要早，抢个好位置，穿着尽量醒目，容易被发现，举手尽量高一点儿，但不要在最高峰时举，会被齐刷刷手的丛林淹没。每年全国两会的"部长通道"采访中，在通道旁挤满记者，要想获得提问机会，需要记者更积极主动争取。

(二)在不适合"抢"的时候需要耐心等待

在一些不适合"抢"的情况下，记者要耐心等待。2003 年，国家主席胡锦涛访问俄罗斯，凤凰卫视记者一直在胡锦涛主席准备下榻的酒店等候，其间为了能继续留在酒店等待采访，想尽各种办法。当国家主席胡锦涛一行人终于步入酒店时，记者准备冲上去提问，但被工作人员拦下，告知此时不适合采访，等后面再安排机会采访。虽然在酒店等待了很久，也想尽办法留在酒店，但记者意识到此时不适合抢问，便放弃了提问，耐心等待工作人员安排，之后工作人员履行诺言，安排了采访。

(三)灵活应变获得采访机会

1994 年南非实行历史上第一次多种族选举，呼声最高的是黑人领袖曼德拉。凤凰卫视主持人胡一虎当时还是台湾华视的记者，飞到了德班，来到曼德拉将发表演说的露天广场。当时，广场有 25 万人，想要接近曼德拉并采访几乎是不可能的。胡一虎急中生智，经过沟通，进入文艺表演的人群中，当看到曼德拉经过自己所在人群的方向时，胡一虎果敢地取出话筒，用当地土语喊道："天佑南非，曼德拉万岁！"曼德拉看到一名黄面孔的东方人用土语问候他，也马上激动起来，走过来紧紧握住胡一虎的手。紧接着，胡一虎用早已背熟的英文向即将成为南非历史上第一位黑人总统的曼德拉提问，曼德拉也给予了积极的回应。正是这次采访，让大家认识了胡一虎，记住了这个充满勇气和智慧的记者，也让胡一虎走上了人生的高峰。2005 年台湾文化名人李敖大陆行，对媒体层层设防。对于武汉媒体楚天都市报记者张欧亚而言，想要获得采访机会，几乎不可能。这位记者仔细分析李敖一行的行程后，坐上李敖同班飞机的头等舱，在这样一个特殊空间和时间对李敖进行专访。这些采访机会都来自记者的灵活应变，把不可能变成可能。

（四）用真诚换取对方的信任

很多访问对象面对采访，总会有各种顾虑，记者要用真诚去打消对方的担忧。著名歌手红豆在假释出狱后，北京青年报记者表示希望采访他，红豆拒绝了采访，记者没有强求，只是告诉他，即使不接受采访，有些媒体还是会做一些捕风捉影的报道，如果有需要，可以随时联系，并留下了自己的联系方式。过了一段时间，各种不实报道把红豆压得喘不过气，红豆便主动联系了北京青年报的记者，接受了采访。一般记者在与访问对象联系采访时，需要告知对方你是谁，是哪家媒体的记者，是因为什么事情采访，大概会做一个什么样的报道，采访大概要花多长时间，这是记者表达真诚起码应该做到的。

（五）坚持，绝不轻言放弃

好事多磨，有些采访机会需要记者坚持一下才能获得。一种情况是访问对象非常忙，约好的时间总是没空，这时候需要记者有点耐心，时间不合适，再约。中央电视台记者水均益曾采访美国总统克林顿，但这个采访机会的获得历时三年。另一种情况是，访问对象找各种理由推脱，记者需要再多约访几次，想想对方拒绝的原因，揣摩一下对方是基于什么样的心理和考虑拒绝接受采访，然后寻找解决办法，不要访问对象一拒绝采访就放弃机会。中国国际广播电台记者杨淑英准备采访著名翻译家李健吾先生，可李先生不大愿意接受采访，以各种理由婉拒。杨淑英没有放弃，有一次一部法国传记片《莫里哀》在北京上演，杨淑英知道李健吾先生翻译过很多莫里哀的作品，于是借此契机再次提出采访，李健吾先生欣然接受了采访。当然如果联系几次，对方仍断然拒绝，甚至厌烦记者的约访，记者倒不用一直纠缠下去，任何记者都有约不到的采访，只能想办法换访问对象或者换选题。

四、确定访问的时间和地点

如果对方接受访问，接下来就是和访问对象确定采访时间和地点。一般情况下，让访问对象自己定时间，尽量方便访问对象，如果访问对象对时间没有要求，记者可按自己的工作节奏来定。在以下几种情况下一般不宜采访：（1）访问对象太忙或手头有紧急任务的时候；（2）访问对象正处于连续性很强、需专心致志的活动中；（3）访问对象的身体欠佳或情绪不好的时候。如果访问对象太忙，可以考虑在不打扰的情况下与访问对象一起工作或生活片刻。一次，新华社一位记者在演出前提出采访著名歌唱家关牧村，关牧村拒绝了采访，记者等演出结束后到后台再次提出采访请求，关牧村欣然同意。演出马上要开始了，关牧村的注意力全部在演出上面，不想分心，所以拒绝采访，但演出结束后，整个人放松下来，自然愿意接受采访。记者采访一位正在抗洪抢险的战士，战士紧张地来回扛沙袋，记者在旁边来回跑着提问，战士的回答都比较简短，采访效果不好，还影响了抢险工作，其实记者完全可以等战士休息的时候再去采访。

采访地点的选择也非常重要，采访地点有这样几个作用：

（1）决定电视访问的画面效果。电视作品的访谈画面直接作为作品的一部分，决定了电视的画面效果。美国 CBS 记者华莱士曾采访邓小平，除了在中南海紫光阁内的采访，在采访尾声华莱士还特地邀请邓小平和他一起走出紫光阁，站在紫光阁前交谈，让大家可以从电视画面上看到中国古色古香的建筑，这个地点的选择就是为了电视画面效果。

（2）影响访问对象的情绪。一些情感话题的采访，选择的环境一般比较安静、舒适，让采访对象可以完全放松。还有一些访问对象不适合会议室这样常规的采访地点，例如农民，可能在田间地头接受采访更自在。杨澜采访女探险家李乐诗，特地把采访地点选择在看得到惊涛骇浪的海边礁石上，一位探险家在这样辽阔的天地之间，诉说的欲望会更强烈。

（3）影响通过观察采访的可能性。把采访地点选择在与访问对象相关的环境中，可以通过观察环境中的事物来了解访问对象，实现观察采访。例如采访一位学者，可以约在书房，通过书房陈设、书架上的书籍可以对学者有一定的了解。美国记者休·马利根曾说，假如你选择访问的场所，要设法做到在后台约见演员，在车站约见侦探，在会议室约见法官，在室外竞选讲台约见政治家，在栏圈里约见野牛骑士，这样如果没有恰当的话可供引用的话，你至少也可以从他所在的自然环境中找到主题。首要的是，要避免在旅馆的房间里约见被访问人。

五、熟悉访问对象

在信息采集之前，一定要对访问对象有一定的了解。访问对象为新闻事件的当事人、目击者、相关评论人，了解重点应放在访问对象的身份、其与新闻事实的关联度和倾向。如果访问对象本身就是报道对象，即做人物专访，对访问对象的了解就要比较详细，包括访问对象的生平经历、相关著作作品、说过的有影响力的话、做出的显著的事情等，了解的途径包括查阅相关报道、资料，通过访问对象身边的人了解等。全方位熟悉访问对象，让记者和访问对象之间的对话能够建立在相同的基础之上，记者就能提出更多有质量、有针对性的问题，而不是从访问对象的最基本情况问起。如果那样，访问对象一般不太愿意回答，因为他会觉得你对他完全不了解，也不尊重此次采访。在电影《飘》重播之际，影片中的女主角扮演者费雯丽抵达纽约机场后走进记者室。这时一位记者第一句话就问："请问你在电影《飘》中扮演什么角色？"费雯丽轻蔑地回答说："我无法和你这样无知的人交谈。"有一次，北京广播电台记者采访琵琶演奏家刘德海，上来就请他谈谈自己的经历，和琵琶有关的趣事，最近的工作，今后的打算。刘德海没有说话，而是拿出两篇文章给了记者。记者读了文章，查了资料，还找了刘德海的熟人打听。第二次采访效果非常好，刘德海感慨地说："今天是倾囊而出，有很多事连同行都不知道。"可见在采访之前深入了解和熟悉采访对象，与不做任何准备就采访，效果是完全不一样的。意大利著名记者法拉奇以采访各国政要闻名，被誉为"世界政坛采访之母"，她在每次采访前，如同面临大考，阅读的资料多到可以用麻袋装，正是在采访前对访问对象有如此深厚的了解，才能呈现那么多精彩的提问。1980 年，法拉奇在采访邓小平时，第一句话是"明天是您的生日，祝您生日快乐"，一下拉近了与采访对象的距离。

六、了解与访问对象有关的知识

行家伸伸手，就知有没有。记者张嘴一问，访问对象就能听出来，你对他的事情了解不了解，你对他的工作认识程度有多高。记者问外行话，很难获得访问对象的认同，也就无法深谈，记者也就难以探寻到访问对象的内心世界。记者要与访问对象交朋友，触及他最敏感的神经，探索其心灵，最容易找的共同语言就是访问对象的行业话题。美国已故报刊评论员利布林曾采访一位赛马骑师，这位赛马骑师是一个出了名的不愿意同记者打交道的人，记者们都认为要想让他开口比让哑巴说话还难。可利布林只用了一个简单的问题就让这位金口难开的赛马骑师滔滔不绝地谈论了一个多小时，这个简短的问题是：您赛马时左蹬皮带比右蹬皮带多放几个眼？这个问题专业性极强，只有对于赛马这项比赛有深入了解，才能提出这样专业的问题。骑师一愣，对于记者的提问感到非常诧异，很快便兴高采烈地从马镫谈到了他的驭马经验。

对于性格内向、腼腆，有胆怯心理、不易开口的访问对象，通过专业话题打开访问话题非常有效。记者可以对访问对象所熟悉的话题提问来引导他开口，如和农民谈他的庄稼施了什么肥，和牧民谈产了几只冬羔，和司机谈车的型号、性能等。如记者采访下岗再就业典型，访问对象是做针织品的女工，采访时顺口说出氨纶、细螺纹针、圆形织机等专业用词，访问对象会很惊喜，她会认为你对她的行业很看重，无形中缩小了心理距离。徐迟采访著名数学家陈景润，可陈景润不善言辞，徐迟就从数学问题着手展开访问，打开了陈景润的话匣子，但在此之前徐迟必须自己去了解和学习相关数学知识。当然千万不能不懂装懂，冒充内行，否则被访问对象识破后，比不懂更尴尬。

七、搜集背景资料

任何新闻事件的发生都处于纵横交错的坐标系中，存在相关纵向信息——以往是怎样的，以及横向信息——其他地方、其他类似事件是怎样的。除此之外，任何事件都处于一定社会背景之下，有相关社会政策背景。在采访之前，可以尽量搜集一些这样的信息，从而更好地确定报道主题，提出有价值的问题，甚至可以将这些信息直接作为报道内容的一部分。2001年，地跨深圳、香港的罗湖铁路桥将整体拆移，并在原址上建新桥，相关消息只报道了基本信息。中央电视台记者在看到该消息后，去查阅了大量背景资料，得知该桥是由詹天佑设计的，著名的省港大罢工曾从此桥上经过，于是专门依据该桥的新闻背景制作了一期节目。对于突发事件的采访，相关背景的信息主要靠平时积累；对于可以预知的采访，在采访前应尽可能多地收集背景资料。

2006年，南方周末记者专访海南省省长卫留成，采访前记者做了详尽的采访准备，从各个渠道了解了大量的信息。以下是那次采访的部分问题，文字加下划线的部分是记者提前了解的情况，或为卫留成个人情况，或为海南省发展情况，或为相关背景，然后记者根据提前了解的相关情况提问，问题具体，针对性强：

> 从企业家到省长，面对反差这么大的角色转换，2003年9月29日中组部找你谈话时，你心里是怎么想的？
> 这个调动你比大家只早知道了一天，在24小时中你做了什么？
> 你从政之前三十多年在企业的工作经验，包括国际资本市场的背景，能给海南省带来什么？
> 海南省四年换了三届书记两任省长，大多提出海南发展思路，比如"一省两地""三个特色""四大发展战略"，可你没有提出任何发展思路，为什么？是没有，还是只做不说？

你做的一些事，让人一听就觉得是企业家作风，或者说不合通常的为官之道，比如你在当选省长的当天，对媒体说年底前要做三件事，简单说就是查账，要全面理清政府的债权债务。我没有搜到后续报道，不知道这事你干成了没有？

有人称你为"教育省长"，其实投入基础教育对 GDP 没有贡献，有些老同志好心劝你，这样抓教育不行，应该抓短期内能出成绩的，你为什么不听呢？

2005 年年底，海南省政府第一次把教育发展的指标细化，纳入地方官员的政绩考核项目，但这跟你自己接受中央考核你政绩的指标并不吻合，你不在乎自己的仕途吗？

你曾经说改造了一些环境，也适应了很多东西，你改造了什么，又适应了什么？

你在开会的时候有时候脱稿讲话，口才很好，有时候一字不差地照着念，什么样的场合你念稿子，什么时候即兴脱稿？

你说过要努力去找省长与企业家之间的最佳结合点，现在你找到了吗？

你说过应该由一个领导把一个项目一抓到底，完成得好该晋升的晋升，完成不好该处分的处分。这有没有相应的制度保障？

2005 年年初，你有一个令人关注的举动就是省政府问责制的出台，按照问责规定，启动问责程序的按钮是在省长手里，你有没有启动过这个按钮？

问责制最重的处分是责令辞职和建议免职，到目前出台十个月，投资环境投诉中心也已经结案 24 件，还没有一个处分结果比较重的例子，真没有适用的案例吗？我们了解到一些人对新制度有比较大的期待，我想问的是，问责制迟迟没有用起来，是不是该问你省长的责呢？

除了问责规定之外，2005 年 6 月 30 日出台的《关于加强投资环境建设若干问题的决议》是你很看重的，这里面最得意的是哪一条？是不是对官员的评价引入社会评议机制？

你是中国第一个从企业家直接做省长的，当省长和做中海油这样企业的 CEO，你觉得哪一个的成就感更大？

你说过要搞好一个省取决于四要素：好的带头人和好班子、清晰的战略思路、好的制度、好的执行文化，现在四要素海南具备了几个？

有人说你当了省长以后脾气变化很大，你自己能感觉到吗？

　　听说你夫人在北京工作，当省长使你们夫妻两地分居？

　　受访者卫留成表示，此次专访后至少半年内不再接受任何专访，因为觉得南方周末的采访是最深入的。

八、问题的准备

　　在做好各方面前期准备后，就进入准备问题的阶段。问题的准备需要避免过大的问题，只能回答"是"或者"不是"的问题，复杂冗长、含糊不清的问题，概括性和抽象性较强的问题，强迫诱导、追查逼问的问题，书面语、一句两问等。具体的提问技巧，后面会专门讲到。

　　要注意热场问题的设计，通常以闲谈方式开始，例如访问对象的兴趣爱好、某一个大家熟知的事件、与访问内容有关的外围事件等。一些记者特别注意通过设计好第一个问题吸引采访对象的注意，取得采访的成功。一位记者采访著名历史学家周谷城，对方只给了 5 分钟，记者提的第一个问题是：听说在五四运动的游行里，您跑掉了一只皮鞋，是真的吗？这个问题大大吸引了周谷城，5 分钟的采访变成了一个多小时。当然这个问题之所以设计得好，得益于记者大量的资料搜集工作。美国记者威廉·曼彻斯特采访美国总统肯尼迪时，问的第一个问题是：您是否是一个年轻沙文主义者？因为您的内阁成员平均年龄不大。肯尼迪一下被这个问题吸引了，因为从来没有记者问过这个问题。

　　通常要多准备一些问题，例如美国 CBS 记者华莱士采访邓小平，准备了 100 个问题。有时候除了记者拟定问题，还可以通过特殊方式征集问题，中央电视台记者水均益在采访前联合国秘书长加利时，就向中国普通老百姓征集问题。

九、拟定采访提纲

　　记者在时间允许的情况下，对于一些重要采访需要拟定提纲，这样采访时就能做到心中有数，不会慌乱和紧张。一般采访提纲包括：（1）采访目的。（2）采访方式。（3）采访时间地点。（4）采访对象、问题。（5）预测采访难点，选择采访的突破口。

　　采访目的围绕新闻主题撰写，着眼于主要获取哪些信息，比新闻主题写得更具体。虽然一个采访要获得的信息是多方面的，但不宜写多个采访目的，一般只写一个。写采访目的，对于要获得的信息进行概括性的表述，不要写得过于琐碎，例如访问对象的姓名、年龄、职业等。采访方式，包括提问、现场观察、文献采集、体验式采访、隐性采访、问卷采访等。采访时间、地点，写与访问对象约定的时间、地点，或记者选定的观察采访时间、地点，或事件发生的时间、地点。采访对象和问题，按照前面选定的访问对象和拟定的问题写作即可，采访对象和问题的确定要和采访目的相关联，与其一致。注意访问对象与问题之间的匹配和对应，弄清楚什么样的问题问什么样的人是最合适和有权威性的。预测采访难点是在采访之前对于采访中可能出现的各种状况进行预判，并规划好应对措施。

访问过程中，可以照着采访提纲上的问题清单念吗？一般提第一个问题时不要看清单，应该从闲聊开始，自然地提出第一个问题，但对于复杂的、涉及数字或措辞严谨的问题可以看清单，看清单时要坦然大方。清单上的问题只是提醒你问题的方向，不要问每一个问题都看清单，看问题清单不能阻碍正常的提问交流，而且除了问清单上的问题，还要学会临场追问。

十、物质准备

每一次信息采集，都要认真准备好各种设备和器材，并且保证设备和器材正常使用。很多新闻现场都是无法重来一遍的，由于设备出现故障导致无法摄录，就只能干着急。现在有一些记者习惯用电脑或手机记录，觉得有没有笔和纸无所谓，但有些时候纸和笔会起到关键作用，所以记者采访都要随身带着纸笔。融媒体记者需要采集多类型的素材，其物质准备一般包括：纸、笔、电脑、手机、录音笔等；特殊条件下的衣食住行和传稿通信设备（海事电话、卫星传稿设备）；摄像机、话筒、话筒线、监听耳机、校白平衡用的白纸、备用的摄像机电池和镜头、新闻灯及备用灯管、功能完好的三脚架、稳定器等。

第三节　信息采集的一般方式

融媒体信息采集的方式非常多，访问、观察采访和文献采集是常用的方式，其中访问是最重要的信息采集方式。

一、访问

美国著名记者杰克·海敦说，新闻事业是一个跟人打交道的行业，大约有99%的新闻是部分或全部以访问——也就是向人提问为基础写成的。

（一）访问的阶段

访问一般会经历这样四个阶段：热场阶段、沟通阶段、激发阶段、结束阶段。

1. 热场阶段

热场阶段是记者与采访对象由陌生到熟悉、彼此接近的阶段。通常记者每次访问，都要和原来不熟悉的人打交道，彼此之间往往会由于陌生而感到拘束，这就必然影响访问活动的深入开展。因此访问一开始，不用急着进入访问主题，而是要先熟悉和接近对方，先用一些话题热场，例如访问对象的兴趣爱好，某一个大家熟知的事件，与访问内容有关的外围事件等。

2. 沟通阶段

这是访问的正式阶段，也是采集新闻信息的重要阶段。在这一阶段，记者的任务是通过提问，了解主要新闻事实。这个过程中，记者要发挥提问技巧，营造顺畅的沟通氛围，让采访对象有叙说欲望，还要注意访问同时也是双方感情与思想的交流，不是机械的一问一答。

3. 激发阶段

随着访问的深入，采访对象进入一种兴奋状态，与记者之间互相激发，互相影响，达到访问的最佳境界，这就是访问的激发阶段。当然并不是每一次采访都能达到这种境界。

4. 结束阶段

这是访问的收尾阶段，一般会提一些展望性问题，询问采访对象是否还有补充信息。记者也可以在此阶段对采访对象接受采访表示感谢，并留下相互的联系方式，便于后面补充采访或者沟通其他问题。

（二）为访问创造条件

一次访问要取得成功，除了需要提问技巧，还取决于一些外围因素，记者要积极为访问的成功创造条件。

1. 掌握采访对象的心理

记者对于采访对象接受采访的心理要有所把握。有些采访对象接受采访是提前预约好了，对于访问有心理准备，而有些采访对象是在毫无准备的情况下接受采访的，例如街访。不同的临访状态，采访对象回答问题的心理不同，访问的效果会有所区别。在访问的态度上，有些采访对象是积极配合的，有些采访对象可能就是一般协作，还有一些采访对象是蓄意应付。不同的受访心理，记者采取的访问策略应有所不同。对于积极配合型采访对象，记者就比较轻松，可以拓展话题；对于一般协作型采访对象，记者需要努力深挖；对于蓄意应付型采访对象，记者需要利用访问技巧展露事实真相。在采访之前，对于采访对象对待访问的心理要有预判，然后有针对性地采取措施。

2. 给采访对象留下良好的第一印象

陌生人之间的交往，第一印象特别重要，给采访对象留下良好的第一印象，有助于访问的顺利开展。记者需要遵约守时，这一点很重要，千万不能迟到，出发的时间要尽量早一点，宁可记者等采访对象，也不能让采访对象等记者。记者还需要恰当称呼对方，与对方礼貌寒暄，同时也要注意自己的衣着打扮和行为举止要得体。

3. 形成"自己人"效应

如果有可能，找到记者与采访对象的共同点，例如共同认识的人、同乡或者共同的兴趣爱好，拉近与采访对象的距离，形成"自己人"效应，营造一种活跃的气氛，像熟人一样交谈。以这样的方式展开访问，必然事半功倍。2006 年，北京电视台《奥林匹克人物访》栏目预采访外交学院院长吴建民。一见面，记者就提到自己在中国人民大学上学的时候听过他的讲座，记者甚至还拿出了当时听他讲座的笔记。吴建民对记者一下子就亲近起来，访问也就非常顺利。当然，并不是每一次采访都可以形成"自己人"效应，如果没有共同点，就以常规的方式展开访问。但记者在做访问特别是人物专访时，要有意识地去寻找这样的共同点。

4. 缓解紧张情绪

新记者在采访时可能会有点紧张，或者有些记者在面对身份地位较高的采访对象时会不自觉地紧张。记者太紧张，肯定是不利于交流沟通的。对于新记者，缓解紧张的办法是做好充足的采访准备，胸有成竹，自然不那么紧张。面对身份地位比较高的采访对象，记者一定要摆正相互关系，即访问者和被访者的关系，做到自尊和尊重对象，不卑不亢。著名记者邵飘萍说过，作为记者应该谦卑而不流于谄媚，庄严而不流于傲慢。

5. 穿插较丰富的形态语言

在采访过程中，记者专注、真诚地看着对方，有时候点头表示认可或者结合一些恰当的手势等，都会激励对方继续交谈，一定不要完成提问就埋头记笔记，没有眼神交流，这样可能会降低对方交流的欲望。

(三)问题的两种类型

记者在访问过程中提的问题大致可以分为两种类型，即开放式问题和闭合式问题。

1. 开放式问题

开放式问题指比较概括、抽象，范围比较大的问题，它对回答的内容限制不严格，给对方以自由发挥的余地。例如：您对青岛的印象如何？你能给我们说说是怎么一回事吗？你对这个政策有什么看法？

开放式问题的优点：

(1)给对方以更多自由，容易谈一些宏观性的看法，也可能引出有价值的话题；

(2)有利于营造融洽的谈话气氛。

开放式问题的缺点：

(1)问题焦点不集中，可能答非所问；

(2)对方容易泛泛而谈或不知从何谈起，难以挖得很深。

开放式问题一般适用于人物访谈以及询问对方态度、情感、观点等主观性内容，开放式问题的使用要注意：

(1)记者要掌握对谈话的控制权，因为问题太开放，采访对象可能会跑题；

(2)其适用对象为表达能力强的人；

(3)对特定的访问对象，问题的开放程度不能过大，例如小朋友或者不善于表达的人；

(4)开放式问题一般准备起来比较容易，不需要太多的采访准备，记者不能因为没做采访准备，在访问中提大量开放式问题，影响采访效果；

(5)任何没有范围限制的开放式提问都不是好问题，都必须避免。央视著名主持人敬一丹对自己的提问有一个戒律，就是永远不要问你有何感想，因为这个问题开放程度太大，没有范围限制。

2. 闭合式问题

闭合式问题是指提问内容比较具体、单纯，被访者的回答范围狭小、指向性强的问题。例如：您喜欢青岛这个城市吗？您是否有再次访问青岛的愿望？你今年多大了，上几年级？事件发生的时候，你在现场吗？

闭合式问题的优点：

(1)目的明确，容易获得具体的、有价值的材料；

(2)控制权在记者手中，问什么答什么，不易偏离主题；

(3)对方回答比较方便，不需要太多思考和组织语言。

闭合式问题的缺点：

(1)留给对方的自由余地较少；

（2）由于问什么答什么，可能更有价值的信息记者没有问到，受访者也不会谈及；

（3）准备闭合式问题要花费大量精力。

闭合式问题主要运用于对具体情节的询问，在使用时需要注意：

（1）问题要精心准备；

（2）尽量不要放在访问的开头，在访问开头使用开放式问题更容易营造融洽的访谈氛围；

（3）尽量避免孤立地提出答案为"是"或"不是"的闭合式问题，例如：

> 记者：这是你第一次来中国吧？
>
> 运动员：是的。
>
> 记者：心情一定很高兴吧？
>
> 运动员：是的。
>
> 记者：听说你母亲在中国居住，是吗？
>
> 运动员：是的。
>
> 记者：这次回来一定能够看看她了。
>
> 运动员：是的。

这样的采访就显得干巴巴的，也缺乏有价值的信息。

3. 两种问题的交替使用

记者在一次访问过程中总是交替使用开放式问题和闭合式问题，一般使用规律为：

（1）采访的第一个问题往往是开放式问题；

（2）然后由开放式问题过渡到闭合式问题；

（3）转换话题一般用开放式问题；

（4）证实事实、追问细节一般用闭合式问题；

（5）事实性采访或调查性采访以闭合式问题为主，观点性采访或情感性采访以开放式问题为主；

（6）事件报道中以闭合式问题为主，人物报道中开放式问题则更有魅力；

（7）一般情况下的提问应以闭合式问题为主，尽可能将问题化小。

（四）提问的一般要求

1. 提问要简洁

提问的语言在准确表意的前提下应尽量精练，简洁的问题可以让采访对象一下抓住问题的核心，啰唆的问题容易让采访对象记住了后面、忘了前面，或者搞不清楚记者想问的究竟是什么。美国新闻学者肯·梅茨勒所著的《创造性采访》中有这样一个例子：

> 记者：我首先提出有关您个人和个人之外的一些问题。您知道，对于公众来说谈及这些问题很重要，至少是有趣的。公众有必要了解各种各样的确实的信息。如果人们清楚了您所描绘的那个时代的环境和在您儿童时代所经历的各种遭遇，他或她将理解有关人生观的问题，以及……
>
> 采访对象：那么你是要问我是在哪儿长大的啦？
>
> 记者：是的。你知道这是很重要的。对于……
>
> 采访对象：我 1932 年 6 月 10 日出生在……看在上帝的分上，为什么你刚才不提问题呢？我们是不是继续谈论这个题目？

从这个案例中可以看出，这位记者的提问有太多前缀，比较啰唆，采访对象最后有点不耐烦了。记者提问可以有铺垫，但铺垫不能太多，一定要尽量用精确简短的语言抛出问题。

2. 提问要具体明白

尽量不要提范围太大的问题，也就是前文讲的尽量提一些闭合式问题，不笼统、不抽象，指向明确。美国一个初出茅庐的记者这样提问世界氢弹之父泰勒：可否请您解释一下相对论与现代空间时代的关系？还有一位记者这样问陈景润："1+1＝2"这道题在数学上是什么样的难题？这些问题都是一两句话说不清楚的，过于深奥，讲清楚可能需要写一本书，采访对象对于这样的问题，可能不知道从何说起，或者无法回答。

3. 提问要注重逻辑

记者一次访问会提若干问题，这些问题需要排一下大致顺序，按照一定的逻辑展开。例如前中央电视台记者王志采访"黑脸"法官姜瑞峰时，就循着"为什么做法官？一起具体案件的审理过程为什么可以做到铁面无私？"这样的逻辑顺序提问。清晰的提问逻辑会让采访对象娓娓道来，如果想起什么问什么，也会打乱采访对象的叙述思路，不利于访问的顺利进行。

4. 提问要口语化

除非在一些比较正式的场合，例如记者招待会，记者的提问可能比较书面化和正式，一般的访问，记者的提问语言应尽量口语化，文绉绉的提问会影响交流感。例如：

> 记者：请问这位同学，贵校的食堂现状如何？
> 某同学：唔……还行。
> 记者：在这里就餐觉得愉快吗？
> 某同学：不错。
> 记者：那去年此时的状况呢？
> 某同学：稍差些，去年此时我在这里就餐比较少。

记者文绉绉地问，采访对象的体验感不好，最后也只能文绉绉地回答。访问虽然是一项较正式的工作，但访问过程就是两个人在一起聊天，多属于人际交往，问题也要尽量口语化，便于交流。

5. 注意倾听

记者的倾听是对访问对象的尊重，倾听也是一种访问技巧。美国著名谈话节目主持人拉里·金曾说，要善于访谈，首先要善于聆听。在访问过程中，记者经常会追问，追问主要依据采访对象回答的内容提问，属于临场发挥，如果不认真听，是无法做到及时追问的。

6. 控制方向

在访问的过程中，记者要把握谈话的方向，不要偏离访谈的主题，如果采访对象跑题，必要的时候需要打断对方，但一定要注意打断的技巧，注意礼貌的态度，找到合适的时机，打断前可以对访问对象前一段的表述给予一些肯定。

7. 客观公正

访问的过程中不要按照自己对事实的猜测和想象提问，要依据已经掌握的情况提问。尽量不要提"你在比赛中一定想到了为国争光吧？""你第一次来南京，印象一定不错吧？"这样的问题。例如，一位老农夫为了从大火中抢出一本相册而被严重烧伤。记者提问：你为什么要为这本毫无价值的相册做出如此莽撞和危险的事？感情用事也不至于如此冲动吧？真实的情况是农夫的妻子已经去世，相册里面有夫妻俩的很多合影。记者不应该以自己的判断去提问和指责对方，作为有经验的记者，应该察觉到这本相册一定有故事，非同寻常。

8. 注重沟通交流

真正有质量的访问和生动的对话应该是提问和聊天融合在一起，不是机械的一问一答，而是注重交流和沟通的。当采访对象说了一些情况，记者可以补充另一些情况，推动谈话的进行。尤其是在人物访谈中，沟通交流非常重要。

9. 讲内行话

记者在提问中不要犯一些常识性错误，提问应尽量专业。要做到这一点，记者平时要广泛涉猎，拓宽知识面，临访前也需要做足功课。

10. 一句一问

一般情况下提问，一次最好只提一个问题，如果连续问多个问题，采访对象往往只记得最后一个问题。当然如果是记者招待会，记者提问机会难得，可以一次提两到三个问题。

(四)提问的技巧

抛出问题有很多技巧，或直接提问，或先做铺垫，或采用激将法等。

1. 正问法

正问法又叫开门见山法，即记者从正面直接提出想问的问题。这一方法适合的对象有高级领导、专家学者、健谈的公众人物、与事件无关的知情者以及情绪较为激动的当事人。对情绪较激动的当事人，无法迂回提问，不如直截了当地提出问题。适合的访问场合有新闻发布会、特定场合的现场采访、专家的演播室采访等。

2. 侧问法

侧问法又叫迂回法、漂近法，指记者不直接从正面提出问题，而从侧面入手，或者绕个弯子，提些表面看来与访问内容无关的问题，让对方放下防备，然后过渡到真正想问的问题，主要适用于采访对象不愿意接受采访或采访话题比较敏感的情况。如《焦点访谈》记者有一次采访棉花掺假事件，一位采购员在明知棉花有假的情况下，收受对方2万元的贿赂从而让自己所在的企业购买了假棉花，造成了企业的损失。记者采访他时，他却反复说自己对棉花掺假并不知情，纯属上当受骗，接着就表白自己为了给厂里买棉花东奔西跑如何辛苦。于是记者就采用了迂回的办法顺着他的话说："那现在棉花好买吗？""不好买。""是一般的不好买还是非常难买？""非常难买，没有一定的路子根本买不到。""也就是说，棉花完全是卖方市场了？""对，现在哪儿有棉花好多家抢……"谈到这儿，这位采购员还沉浸在表功的喜悦中，于是记者突然回到正题："既然这样，你作为买方应该你求他才对，他怎么倒给你2万块钱呢？""……这我就不知道了。"这个解释显然不合理，但以观众的判断力来看，是非已经非常清楚了。①

3. 循序渐进法

该提问方法是指先从外围问题入手，慢慢深入、渐入佳境的提问方式，适用于访问对象比较紧张、拘束或者提问与访问对象内心深处情感有关的情况。例如，某位记者采访一位被父母遗弃的女孩，就用到了循序渐进法：

> 记者：你在技校学习，你们班男生多还是女生多？
>
> 女孩：男生多，不过我们班可团结啦！
>
> 记者：那你说，男生和女生比，谁更恋家、更恋父母？
>
> 女孩：当然是女生呐。
>
> 记者：记得我刚上大学的时候，住在学校，一做梦就是回家，看见爸爸妈妈。这么多年了，你有没有梦到过你的亲生父母？
>
> 女孩：(迟疑片刻) 其实，我不知道做过多少这样的梦。可是，在梦中我总是看不清我爸妈长得是什么样儿。每当在公园、在大街上，看到别的同学和父母一起逛大街、逛商店，我就想，我的亲生父母是什么样儿？是胖还是瘦？

"这么多年，你有没有梦到过你的亲生父母？"这个问题对于这个女孩而言比较敏感，如果直接提问，女孩可能不愿意吐露心声，记者先从外围的男生和女生谁更恋家的话题聊起，又举了自己的例子，才慢慢进入核心问题。

4. 追问法

追问法是指按照某种思路和逻辑，抓住访问对象回答中出现的新情况、新线索及各种细节和特点，向对方追问。追问一般在以下场合使用：采访对象的回答比较笼统；采访对象又表达出新内容；采访对象不肯回答，甚至想转移话题。

杨澜访问美国游泳名将菲尔普斯时就采用了追问法，当菲尔普斯的回答比较笼统时，杨澜及时追问：

> 杨澜：你训练刻苦是人所皆知的，刻苦到一年 365 天不间断，甚至

---

① 许颖. 新闻采访与写作[M]. 北京：中国传媒大学出版社，2011：31.

在圣诞节也是如此，这对一个十几岁的少年来说，有多辛苦？

菲尔普斯：成长是要付出代价的。

杨澜：为什么要剥夺自己的自由时间？

菲尔普斯：……

杨澜：你如何从紧张的训练中找到乐趣呢？

菲尔普斯：我的乐趣是可以做我喜欢做的事情。

杨澜：玩游戏？

在访问中实施追问时需要注意：

(1)追问的态度和语气要根据采访对象和采访话题的特点进行调整，不可过于生硬，切忌将追问变成"逼问"和"审问"。

(2)追问一定要和倾听联系在一起。

(3)追问是对记者的较高要求，事前要充分准备，还要有临场的应变能力。

5. 设问法

设问法是指为了了解事情的真相或访问对象的真实想法，通过联想提出假设性问题，主要适用于事实性采访和观点性采访。例如美国 CBS 记者华莱士采访邓小平的时候问道：您说过您要活到 100 岁，然后去见马克思，到那时候，马克思身边可能还坐着毛泽东，他们会对您说什么？这个提问就是假设性提问，属于设问法。如果此事不发生，你现在会怎样？假如你是老师，这件事你会怎么做？这些问题也都属于设问法提问，设问法提问的内容不一定会发生，甚至很可能不发生，只是假设，但通过假设往往可以获知采访对象内心深处的真实想法。

6. 错问法

错问法又称激将法、反问法，即从相反方向提出问题，或者有意误解对方的意思，以刺激其情绪，使其不吐不快，主要适用于因谦虚或高傲而不愿意深谈，或者有意隐瞒事实的采访对象。这种提问法是通过说出一个错误的事实或者对方不认可的观点，迫使对方出于辩解而开始陈述事实和观点。"政治采访之母"法拉奇在采访美国前国务卿基辛格的时候就用到了这种提问法：您完全被尼克松的影响盖住了？很多人认为您和尼克松接受那个协议实际上是对越南的投降，对此您也不愿意谈吗？基辛格博士，那么关于越南战争您有什么要对我说的？我觉得您从来没有反对过越南战争。这些问题都属于错问法提问。

错问法提问有可能会激发对方辩解而达到采访的目的，但也有可能激怒对方，导致采访中止。所以使用错问法要有丰富的生活知识、社会阅历以及较强的应变能力，提问时注意问题的选择和时机的选择。

(五)提问的禁忌

1. 忌提诱导性问题

不以自己的某种猜测和想象提问。例如：你是不是认为……？你当时是不是想到了……？这样的问题就是诱导性问题。2008年奥运会有位记者问史冬鹏：你觉得和刘翔在同一时代是不是很悲哀？这个问题让采访对象不知道如何回答。当记者以某种猜测和想象提问时，有可能情况并不如记者猜测那般，采访对象要么含糊其词，要么不正面回答，也有采访对象直接说出和记者预计相反的答案，采访情景就会比较尴尬。

2. 忌提审问式问题

居高临下，提问中随意建议对方，干预别人的决定，提问如同审问，这是需要避免的。不管面对什么样的采访对象，记者和采访对象之间都是完全平等的，记者的提问是为了呈现事实而不是评判事实，所以记者在采访过程中切记不要好为人师，随意评价。朱启南在2008年北京奥运会男子10米步枪决赛中夺得一枚银牌，有记者问：为什么只得了一枚银牌？为什么没发挥好？你是怎么想的？这样的提问不尊重采访对象，也会令对方不悦。

3. 忌提伤害对方的问题

有些问题，采访对象一听到就会感到难受、痛苦，那么记者最好放弃提出来，这是作为记者最起码的人文关怀，即便这些问题的答案是公众想知道的。2008年汶川地震时，有记者问女民警蒋敏(在地震中失去父母和女儿)：是否在地震中失去亲人？怎么能在痛失亲人的情况下，还在拼命工作？你在救助这些灾民的时候，看到老人和小孩，会不会想到自己的父母和女儿？这些问题无疑如刀子一样捅在女民警的心窝上，令她痛苦万分。

(六)提问中几种特殊情况的处理办法

1. 采访对象有意回避问题

这个时候，记者不能直接跳过而问下一个问题，而是应该想办法让采访对象回答问题，可以直接重复问题，也可以间接重复问题。

在报道《时空报道·消逝的彩虹》中，记者巧妙通过间接重复问题，达到了采访的目的：

记者：对不起，打扰一下。我想问一下，从你们现场勘察的情况看，这个桥坍塌的原因是什么呢？

专家：这个事情，我们专家组现在正在讨论这个问题。我们现在还没有跟设计人员接触，还没有跟施工单位接触。

记者：从我的直观上说，桥梁承重部分断成了几截，而且都是齐刷刷的断得很惨。这是什么原因？

专家：我们现在分析原因可能是这个地方焊缝是虚焊的，焊缝质量不行……

2. 需要提出尖锐问题

(1)假借他人之口。例如："有人说你……你怎么看？""有媒体报道说……"

(2)在尖锐的问题出现之前，先恭维一番。例如："几年来你的成绩得到了很多人的肯定，但是你怎么解释你没有按照会议的决议去执行？"

(3)在尖锐问题之前有准备性问题。例如："听说你很在乎别人对你的看法，是吗？""那么，你在作出这个决定时为何不考虑后果？"

(4)提尖锐问题之前先警示。例如："可能我们下面的提问有些苛刻，但是我们必须问，因为你捐得太彻底了，所以我们必须问明白。实际上你把这些东西捐给了你自己？"

(5)要学会把尖锐问题放在访问最后，这样即使你被当场拒绝，至少你获得了访问的内容。

3. 采访对象答非所问

采访对象在交谈过程中沉浸在自己的叙述里，偏离了主题，所答非所问，或者有意顾左右而言他，这个时候记者要适时插话和打断，设法将话题转回来，但不要生硬。最好是在对方有所停顿的时候，也可以适时肯定他前面的讲述，接着把话题拉入正轨。

4. 采访对象所答非实

采访对象因为某种原因，提供虚假信息，误导记者，这时候记者可以通过其他信源来印证，不要粗暴地打断对方，也不要与对方争论，不直接否定其说法。例如中央电视台《新闻调查·事故的背后》(2007年1月25日播出)节目中，记者通过先期调查已证明了海正药厂污染物排放严重超标的情况，然而面对采访，厂方矢口否认和狡辩。对此，记者只是将一个个证据抛出，而不做争论，甚至连节目结尾都没有总结，戛然而止，令人回味。① 下面看下这个例子的具体提问情况：

> 记者：海正存不存在直排的情况？
>
> 海正：我可以负责任地答复你，海正不会做这种直排的事情，同时为海正蒙受不白之冤感到非常痛心。
>
> 记者：说海正直排冤枉了你们？
>
> 海正：不但是冤枉我们，应该是无中生有。
>
> 记者：我这里有一份今年 7 月 28 日，省四厅局联合检查组来这里检查针对海正的一个意见，说海正 COD（主要污染物）排放严重超标，企业废水处理设施运转不正常，废水未纳入污水处理厂统一处理，废水排放严重超标。
>
> 海正：在调试过程中有一些波动。
>
> 记者：你把这个称作波动？
>
> 海正：对，关于这次抽查，海正集团的解释是：第一，抽样的水池里淤泥太多；第二，取水的容器表面严重脏污，影响了水质，使得水样的 COD 含量超标。
>
> 记者：现在已经不是这个情况了？
>
> 海正：对。基本控制在标准之内。
>
> 记者：但是我们还有一份 9 月 14 日对于海正的检测报告，COD 同样超标。
>
> 海正：有时候比如说装置出现了故障，可能会有些波动。
>
> 记者：就是这两次检查刚好不凑巧碰上了波动？
>
> 海正：对。
>
> 记者：海正有没有给附近的环境造成污染？
>
> 海正：应该说基本做到了达标排放。
>
> 记者：你能在我们的镜头面前保证海正现在的排污是基本达标的？
>
> 海正：对。
>
> 记者：陈总，我们坐在这儿闻到的刺鼻的味道是什么味道？
>
> 海正：我的嗅觉可能不像你们那样灵敏。

---

① 《新闻采访与写作》编写组. 新闻采访与写作 [M]. 北京：高等教育出版社，2019：163.

记者：您说您闻不到？

海正：没有您的灵敏度。

（节目结束）

二、观察采访

观察采访是指记者根据一定的调查目的，凭借自身的感觉器官和其他辅助工具，从社会生活现场直接搜集资料的采访方法。①观察不仅是用眼睛看（主要用眼睛），也要"五官并用"，捕捉现场的声音、气味、触感等。

2002年9月10日《广州日报》刊登的报道《惊心钱塘潮》就是依赖记者的观察采访完成的：

> 钱塘九溪的大潮8日下午3时左右涌到桥边，远远望去，一道白线缓缓推进。
>
> 白线到达一桥桥墩时，突然向上翻，最高水位竟然与铁桥持平。面前的江水瞬间像被抽空一样，还没等人反应过来，翻滚的大潮腾空而至，冲过防浪堤，迅速向珊瑚沙水闸方向涌去，只听得"砰"的一声巨响，浪竟窜起十余米高。岸上的人逃跑不及，被浪头打倒在地。停在路边的十多辆汽车被浪头抛到数米外，更有一辆飞跃了绿化带而撞上一辆反向行驶的出租车。……

（一）观察采访的特点

（1）直接性。观察采访是记者直接获取信息，相当于获取第一手材料，没有经过信息中转。

（2）广泛性。观察范围比较广，涉及的内容也是多样的，可以是物、人、环境等的内容。

（3）客观性。观察采访时，记者获取的是事实性信息，就是看见了什么，听见了什么，闻到了什么，具有客观性。

（4）敏感性。观察采访中，记者要能敏锐发现事物变化过程中的有价值的信息，一个新闻环境中不是所有信息都具有价值，记者要有一双善于发现的眼睛。

---

① 许颖. 新闻采访与写作［M］. 北京：中国传媒大学出版社，2011：106.

（二）观察采访的作用

（1）观察获取报道线索。新闻线索获取渠道中，有一条就是记者的日常观察，记者要有一双会发现的眼睛，从自己的生活中发现有价值的新闻线索。

（2）观察产生报道激情。亲临现场、亲眼看见了现场的状况后写出来的报道，与听他人转述写出来的报道，感染力是完全不同的。记者会被现场气氛感染，通过观察产生报道激情。

（3）观察获取第一手材料。记者通过观察获取的信息是第一手信息，向他人提问获取的是第二手信息，是他人转述给记者的信息。俗话说"耳听为虚，眼见为实"，通过观察可以核实新闻事实的真伪，增强新闻的可信性。

（三）观察采访的适用情况

（1）比赛、活动、会议、灾难等现场感较强的新闻。这类采访都有新闻现场，记者可以通过对现场的观察来了解信息。

（2）目击新闻、视觉新闻、现场短新闻、新闻特写。这样的报道作品一般观察采访用得比较多。

（3）摄影记者几乎全部是用观察来采访。拍什么，从哪个角度拍，摄影记者都是在用眼睛观察。

（4）调查类采访。调查类采访中，很多事实信息被有意掩盖了，需要通过记者的观察去发现事实真相。

（5）隐性采访、体验式采访。隐性采访中记者不暴露身份，大多时候只能通过观察获取信息。体验式采访中，记者身体力行，自然是通过自身的观察感受来获取信息。

（6）大多数采访方式或多或少伴随观察。哪怕是在访问中，记者也会观察采访对象的外貌、衣着和所处的环境等。

（四）观察采访案例

1. 场景观察案例

案例来自《新京报》2011年报道《药家鑫父亲坦言不理解儿子》：

> 药家鑫家的古筝琴谱依然停留在2010年10月23日翻开的那一页，还有很多东西停留在那一天，比如药家鑫床上毛绒熊摆放的位置。那天上午，药家鑫被药庆卫夫妇带着到公安机关自首，从此他再未回过自己家，家里的古筝也再没有响起过。

这个家位于西安东郊，在一座 20 世纪 90 年代的职工住宅楼的五楼。房间里，白墙，瓷砖地板，大幅的风景画。

2. 报道对象观察案例

对报道对象的观察，通常包括外貌、服饰、表情、语言、行动等。案例来自《中国青年报》1991 年报道《含泪再炸邱家湖》：

> "要炸，他们自己去，我不当这个坏蛋！"安徽省颍上县丰岗区区委书记两眼血红，火爆爆地冲着报话机嚷。尔后，他甩掉话筒，看也不看在场的省防汛指挥部来人一眼，转身奔代家湖指挥护堤去了。

3. 细节观察案例

案例为获得第十五届中国新闻奖一等奖的报道《昆山 31 万农民刷卡看病》，其中就有通过观察采访获取的细节描写：

> 昨天下午，在该市周市镇市北村的社区卫生服务站，村民张燕君拿着刚刚领到的医保 IC 卡开始了自己 70 岁生涯中的第一次"刷卡"看病经历。经过一番"望闻问切"，社区医生给她开具处方，一盒是感冒清胶囊，一盒是珍菊降压片。收银处是一套崭新的电脑设备，输入处方，卡一刷，随即打出一张清单，显示划卡消费 9.5 元，卡上余额 140.5元。老太太开心得合不拢嘴："没想到政府为我们老百姓考虑得这么周到，送钱给我们看毛病！"

这里的"收银处是一套崭新的电脑设备，输入处方，卡一刷，随即打出一张清单，显示划卡消费 9.5 元，卡上余额 140.5 元"，"老太太开心得合不拢嘴"，都是属于观察得来的细节。

（五）观察采访的技巧

1. 选择恰当的观察位置和角度

选择视野比较开阔，便于对各个方位进行观察的位置，有时候还需要提前进入现场，确定最佳观察位置。

2. 抓住观察的良机

一定要抓住一些精彩的瞬间进行观察，不要错过，一旦错过，无法弥补。

3. 既要有全局观察，也要捕捉细节

观察的过程中不能只见局部、不见其他或全局，要积极调动注意力，努力捕捉各个方面的信息，同时也要注意观察细微之处，捕捉有意义的细节。

4. 用眼观察与用心思考结合起来

大家看到的环境、人、事都是一样的，为什么写出来的报道却不一样？观察采访不仅要看，还要想，去判断看到的东西意味着什么，有什么意义和价值，有什么不一样，等等。哥伦比亚大学新闻系教授麦尔文说过，记者必须学会用孩童般的眼睛观察世界，他把每件事都看作是新鲜的、各具特色的；同时，他必须用聪明长者的眼光洞察世界，能够区分出有意义的东西和无意义的东西。

（六）观察采访的局限

（1）时空的局限。观察采访只能了解目之所及，即此时此刻的信息。过往的信息是无法通过观察采访获取的。

（2）观察者自身的局限。观察者可能由于自身问题，没有观察到有价值的信息。

（3）表面化的局限。通过观察得到的信息往往是表面化的，不深刻，有时候眼见也未必为实。

正因为观察采访有自身的局限性，很多时候需要与其他的采访方式结合使用。同时，记者要提升观察采访的能力，在现场进行深入细致的观察，也可以采取多人同时观察的办法，尽量减少观察采访的误差。

三、文献采集

文献采集是指通过查阅各种资料和文献进行信息采集的方式。很多新闻报道都需要报道背景性信息，这类信息大部分是依靠文献采集的办法获取的。文献采集获取的信息可以跨越时空，效率也比较高，但采集的时候一定要保证信息的真实和准确。文献采集有其自身的局限性，例如信息都属于过去式，有些文献并非能随意获取，有些文献的真实性难以鉴别等。最重要的，是文献采集方式不能单独使用，需要和访问或观察采访等其他方式结合使用。

（一）文献采集的范围

已出版的文献资料，包括地方志、报纸、期刊、档案文件、党政机关简报、内部出版物、年鉴、学术界的科研成果、人物传记、回忆录、非出版文本资料和一些会议资料等。文献采集还包括网络信息的检索，如搜索引擎、目标网站检索、社交网站检索、工具书类网站检索、数据库检索等。

（二）文献采集的方法

1. 人工文献检索法

人工文献检索法仍然是查找公开发表的文献的主要方法。这种方法主要借助两类工具，即有关机构编制出版的文献检索工具和图书馆编制的目录。后者是更为常用的检索工具。

2. 计算机检索法

我国多数图书情报机构建立了可在计算机上阅读的机读检索工具（磁带式目录）。更重要的就是利用互联网的文献检索。在互联网上查找文献，主要有两种方式：一是登录专门网站检索，二是利用大型门户网站的搜索引擎查找。

3. 参考文献查找法

参考文献查找法也称追溯查找法，即根据作者在文章、专著中所开列的参考文献目录，或在文章、专著中所引用的文献名目，追踪查找有关文献资料的方法。

对于一些重要的文献，一般需要进行整理并保存下来。在整理文献时，注意标明作者、文献题目、出处、时间等信息，以便在报道中引用。可以将文献分文档保存，一定要注意分类，要有大的分类文件夹，还要有分层的子文件夹。

（三）文献采集要注意的问题

针对某一个具体的报道，搜集的文献资料应该是围绕报道主题展开的，不能偏离主题。搜集的文献资料应尽可能丰富，尽量运用各种方法将采访需要的文献资料都搜集到。在资料搜集的过程中，尽量查找出资料的原始出处，提高资料的权威性与真实性。注意对搜集的文献资料进行鉴别，遇到不同时间、不同来源的资料出现矛盾的时候，一定要仔细核对、比较，确定准确的资料信息。文献采集一定要和其他采访方式结合使用，在报道中使用文献采集的信息量一定要适度，不是越多越好，也不是越少越好。

第四节　信息采集的特殊方式

融媒体信息采集的特殊方式有隐性采访、体验式采访、问卷采访等。这些特殊的采访方式虽然不常用，但在一些特定报道题材中能发挥很重要的作用。

一、隐性采访

隐性采访也称暗访，一般指记者为了获取真实信息在采访过程中隐去记者身份的信息采集方式。记者不公开身份，是因为公开身份获取不了信息或者获取的可能是虚假的信息。隐性采访最大的优点是鲜活真实，因为隐去了记者身份，采访对象呈现的是原来的面貌，可以揭示真相。但由于隐性采访对采访对象有所隐瞒，容易触及法律的雷区，在平时采访中能不用尽量不用。

（一）隐性采访的适用范围

1. 记者日常观察

记者在日常生活中观察社会，并不需要处处表明记者身份。有些场合不表明身份，对方不会拘束，更有利于信息的获取。例如，在菜市场，记者以顾客的身份了解最近的菜价走势，就不必说自己是记者，这样采访对象比较自然，便于与采访对象接近，在无障碍的交谈中了解到真实的情况。

2. 调查性报道

调查性采访，记者如果采用显性采访，对方往往会掩盖一些事实，而用隐性采访就比较容易掌握事实真相。例如中央电视台《东方时空》播出的《"天之骄子"上大学》中，记者采访用公车送孩子上大学的情况，就采用了隐性采访，当记者问"车是不是来送学生?""车是哪个单位的?"等相关问题时，采访对象都作了如实回答，记者就通过隐性采访了解到了真实的信息。

3. 正面报道

某些正面报道，公开采访有自我表扬之嫌，隐性采访，真实客观，更能让人信服。1991年年底，《经济日报》头版刊登一条通讯《马上就办》，报道辽宁省鞍山市人民政府办公厅为了提高工作效率，实行"马上就办"制度，在读者中引起关注，也有读者来信表示怀疑。有一位读者直接在报纸上批字："我不信，吹牛吧?"把报纸寄到了报社。针对这一情况，《经济日报》请这位读者同记者一起去暗访，刊出《秘访"马上就办"》，证实事实确实如之前《马上就办》报道里的那样。《秘访"马上就办"》在读者中引起了很大的反响，通过记者和读者一起暗访，更好地完成了正面报道。

（二）使用隐性采访应该规避的问题

在媒体竞争日益激烈的环境下，一些媒体为了赢得受众，占领市场，不断加大隐性采访的使用力度，从而导致隐性采访被滥用。使用隐性采访一定要遵循一定的原则，不能滥用。

1. 不使用诱导式采访

记者可以在一些公共场所进行隐性采访，例如车站、公园等，也可以假冒身份，秘密"进入"一些场所采访。但不能采用"钓鱼执法"，假扮一些身份，诱使采访对象去做出一些违法违规的行为，再予以报道。例如，记者去报道医院里违规倒号的"黄牛"，在附近蹲守却一直没有拍到交易过程，然后记者冒充患者高价买号，促使交易进行，然后进行报道。记者的这种行为就是诱导式采访，是隐性采访要避免的。

2. 不是任何身份都可以假扮

记者在隐性采访中一般可以假扮为消费者、公司员工等，但不能假扮国家机关工作人员，例如公务员、军人、警察等，这类身份和职务具有法定性和特定性。记者在隐性采访中假扮这类身份需要承担相应的法律责任。隐性采访中也不能假扮成罪犯，实施实际的犯罪行为。

3. 不能破坏社会正常秩序

《羊城晚报》曾经刊登一篇隐性采访的报道，该报记者为了测试上海警方的反应能力，在得到有关部门的特许后，冒充遭抢劫的外地游客，向上海110报警。接案后仅2分10秒，便先后有4辆警车呼啸而至。同样的事例时有出现，在有关部门的配合下，山西阳泉的几家媒体同时拨打几家医院的急救中心电话，声称某处有危重病人需急救，请派救护车。不明真相的几家医院的救护车先后赶到。虽然这两次隐性采访得到了有关部门的特许，但此种隐性采访严重干扰110报警台、医院急救中心等社会关键公共服务部门的工作，① 是应该避免的。

(三)隐性采访使用规范

隐性采访总的使用原则是能不用尽量不用，如不得不使用，具体而言有这样的要求：(1)报道对象是严重侵犯公众利益的行为；(2)暴露记者的身份就难以了解到真实的情况且没有其他途径收集材料；(3)有新闻机构的批准，新闻机构需要评估是否必须采用隐性采访，同时有些隐性采访存在一定的危险，新闻机构需要做出合理周密的安排；(4)隐性采访需要遵守相关法律法规，即使记者是为了维护公众利益，也不能凌驾于法律之上。

二、体验式采访

体验式采访，是指记者直接参与或从事某项活动或职业，通过自己的亲

---

① 许颖. 新闻采访与写作[M]. 北京：中国传媒大学出版社，2011：126.

身体验来进行信息采集的采访方式。在体验式采访中，记者既是报道者，也是被报道者，具有双重身份。

(一)体验式采访的优缺点

1. 优点

(1)采集的信息具有可信度和说服力。体验式采访获取的信息为第一手信息，记者对于事件的了解不是通过其他人转述，而是通过自己的亲身经历，更具有说服力。

(2)能增强报道的感染力。2007 年 4 月 27 日的《人民日报》海外版刊登了一篇报道——《微观中国：我住进了东北棚户区》，正是记者体验式采访的佳作。记者没有采用访问棚户区居民的采访方式，而是住到了棚户区，体验了东北棚户区居民的生活。记者住进了李志刚一家老少三代四口人不到 30 平方米的房子里。夜晚，记者的脸冻得发麻，厚厚的棉被散发出浓重的潮湿气味。早晨，几百户人家共用一个露天厕所，记者也去排长队。这些真切的感受只有记者自己体验了，写出来才更有感染力。在体验式采访中，记者以参加者的身份参与到工作中或事件中，获得有关题材的第一手具有真情实感的材料，将对事物的不了解变成对事物的深刻认识，将自己陌生的东西变成熟悉的东西，这样写出的报道才更加生动。①

2. 缺点

体验式采访囿于体验的角色，容易忽视报道客观性。记者由于体验了某种角色，有深刻的感受，在写稿时往往也沉浸在角色中，容易导致报道不客观。《钱江晚报》曾推出了一组《保姆日记》的报道，记者去家政公司应聘保姆，做了一个月的保姆，深刻体会到了保姆的辛苦、不被理解和尊重，在《保姆日记》的报道中也有大量相关经历和感受的叙述。可报道刊登出来后，很多雇主打来了电话，觉得报道不客观，把雇主都刻画成苛刻、刁蛮的人，实际上有很多雇主很好，同时也有一些保姆存在偷奸耍滑的行为。在体验式采访中，记者需要钻进去体验、跳出来写稿，体验的时候全身心投入，但写报道的时候要尽量以客观的角度去报道。

(二)体验式采访应该注意的问题

1. 并非所有的事情都可以体验

记者体验的角色应该是大众都可以尝试的，一些专业程度比较高的领域

---

① 许颖. 新闻采访与写作[M]. 北京：中国传媒大学出版社，2011：127.

或者国家公职人员身份是不可以体验的，犯罪行为更是绝对不能体验的，即使记者的目的是曝光犯罪行为也不可以。因为大多数的犯罪构成并不取决于行为人的动机和目的，而是取决于犯罪事实。记者一定要把握好体验的范围。

2. 避免预设主题或先入为主而影响客观性

记者在体验之前，不要先入为主，而应该抛弃一些固有的认识，用心去体验角色，这样才能反映最真实的情况，不至于带有主观性。

3. 在体验的过程中，应弱化记者身份

记者如果是以明访的形式体验，周围的人都知道记者的身份，这时候应该淡化这一身份，不要让周围人因为记者的参与而发生态度的改变，否则难以获得真实信息。

三、问卷采访

问卷采访是通过向一定范围或数量的被调查者发放设计好的问卷，最后回收问卷，通过统计分析问卷结果，获得一些数据性信息的采访方式。问卷法是社会学研究常用的方法，被使用在新闻采访中。

(一)问卷采访的优缺点

在需要了解一定数量的群体对于一些问题的倾向和看法的时候，问卷采访是一种有效的采访方法。问卷采访的优点是可以进行一定范围的定量分析，获得比较精确的数据信息。

问卷采访的缺点主要表现在：(1)问卷设计不科学会导致收集的信息出现偏差；(2)被调查者无法与记者进行面对面沟通，容易产生误答，导致收集的信息不准确；(3)很多人可能不会配合填写问卷，导致回收问卷数量不足，数据没有说服力；(4)要求被调查者具有一定的理解能力，能理解问卷内容，文化程度较低的人无法参与问卷采访。

(二)问卷的组成部分

(1)调查说明。一般用在问卷的开头，包括两方面的内容：一是向被调查者说明进行此项调查的目的、意义以及收集的数据的用途；二是请求被调查者的配合，同时承诺不会泄露被调查者的信息。

(2)填表说明。包括填表的要求、调查项目必要的解释说明、填表注意事项、调查人员应遵守事项、调查时间等的说明。

(3)调查内容。它是问卷中最主要的组成部分，是指所需要调查的具体项目。这部分内容的设计直接关系到这项调查所能获得的资料数量和质量，是问卷的关键部分。

（4）编号。对问卷加以编号，以便分类归档，或者便于电子计算机处理。

（三）问卷采访应该注意的问题

问卷采访在使用过程中要注意问卷的设计要科学合理：（1）题目围绕报道主题，要突出重点，不能是可有可无或者与报道主题无关的题目。（2）结构设计要合理，问卷整体排版要清晰，一目了然，问题的排列应该有逻辑性，要结合应答者的思维逻辑来排列问题，通常应该遵循先简后繁、先易后难、先具体后抽象的原则。（3）问卷语言要通俗易懂，语气要诚恳，问题要在应答者的知识范围内，不能带有暗示性。（4）问卷不宜过长，一个太长的问卷会让问答者产生浪费时间的感觉，从而导致放弃回答。（5）问题的设立要便于统计分析，要充分考虑到后期工作的可操作性，变量不要设置太多，尽量用最少的变量解决更多的问题。

目前，随着新媒体技术的发展，问卷采访可以使用问卷星等平台制作问卷、发放问卷、回收和分析问卷，省时省力高效，既可以对单组数据进行分析，也可以对两组数据进行对比分析。随着大数据时代的到来、数据新闻的兴起，问卷采访的作用越来越重要。

第五节　信息采集设备与技术的革新

5G、3D、VR 等技术的发展，让融媒体报道的信息采集设备得到革新，信息采集设备不再只是笔、笔记本、摄像机、录音笔这么简单，手持云台、航拍器、AR 眼镜、360 度全景相机、智能创作机器人等高科技信息采集设备频频出现在各种新闻现场。信息采集的技术也是日新月异，全息影像技术、AI 虚拟数字人技术等让记录信息变得更加方便快捷。

一、信息采集设备的革新

（一）手持云台

手持云台设备能把无人机自动稳定协调系统的技术转移到手持拍摄上来，实现拍摄过程中的自动稳定平衡。无论你的手臂是什么姿势，手持云台都能够自动随着你的动作调整拍摄设备的状态，始终把拍摄设备保持在稳定平衡的角度上，拍摄出的画面稳定流畅。手持云台稳定器保证了记者在行动过程中也能拍出质量较好的画面。

（二）运动相机

便携式运动相机形状非常小，记者可以自如地将其佩戴在身体的不同部位，可以在从事其他活动的同时进行拍摄，例如一边游泳一边拍摄，一边骑车一边拍摄等。运动相机的镜头大多是鱼眼镜头，鱼眼镜头是一种焦距极短，视角接近或等于180°，16mm或焦距较短的镜头。鱼眼镜头是超广角镜头中的一种特殊镜头，其视角努力达到或超出人眼所能看到的范围。在一些特殊拍摄采访中，运动相机发挥了很大的作用。

（三）全景相机

全景相机是相机光轴在垂直航线方向上从一侧到另一侧扫描时作广角摄影的相机。这种相机利用小视场角镜头，镜头或其光学零件运动扫描物体（运动方向与飞行方向垂直），相机光轴指向便连续改变，从而实现了扩大横向幅宽的全景摄影。在全景相机的帮助下，记者不仅可以记录下主要的新闻现场，同时更能360度无死角呈现现场细节，堪称一大采访利器。随着技术的全面提升，现在的全景相机不仅大大提高了清晰度，当用户转动手机或拖动手机屏幕观看全景视频时，甚至会有穿越到新闻现场的错觉。

（四）航拍无人机

航拍无人机主要由机架、飞行控制系统、航拍推进系统、航拍遥控器和接收器、航拍云台、航拍摄像机组成。航拍无人机在新闻采访中的使用，为记者的信息采集工作提供了很多便利。以前，记者想要实施航拍是非常不容易的，必须乘坐飞机或者热气球。但现在，航拍无人机小巧灵活，操作便利，可以非常便捷地实现航拍。航拍镜头壮观、有冲击力，为融媒体报道添色不少。

（五）"5G+AR"眼镜

记者佩戴上便携式"5G+AR"眼镜后，通过Type-C接口将它和手机连接，便可以实时锁定和识别采访对象。识别到人后，系统提前录入的人物姓名、职务甚至兴趣爱好等信息会实时展示在眼镜右上角的微型屏幕上，连记者提前录入的采访提纲都会立刻在关联的手机App上展示，起到采访提示的作用。此外，眼镜上集成的微型摄像机，支持实时录制和上传简短小视频，可以在手机端直接上传。记者只要戴上AR眼镜，说说话就能拍照，眨眨眼就能录制视频。电脑端的后端管理平台，支持提取视频中的音频文本，并快速转为文字，满足记者的快速成稿需求。集录音笔、相机、手机多种功能的AR眼镜是各种大型采访现场尤其是每年全国两会采访现场科技含量较高的硬件装备了。

（六）"5G+4K"背包

像普通双肩包一样大小的"5G+4K"背包，记者只要背上它，将它与肩上的摄像机连接，拍摄的视频数据就可以通过线缆传到背包里。背包内置了4K编码器和5G模组，后台还有解码器，可以进行5G网络下4K级别直播视频的采集。更重要的是，它重量不足1公斤，背上它，记者既能快步跑，又不耽误拍视频。小小一个背包，作用却抵得上一辆转播车，适用于移动场景下的新闻采集。

（七）智能创作机器人

在2021年全国两会期间，人民日报智慧媒体研究院研发的集5G智能采访、AI辅助创作、新闻追踪多重本领于一身的人民日报"智能创作机器人"亮相报道现场。5G智能采访，智能眼镜解放了采访者的双手，只需记者一人即可完成访谈、拍摄、记录等工作。设备一键接入前后方，实时同步采访内容，智能分析采集新闻素材，不错过每一个亮点瞬间。AI辅助创作，将现场采集文字、语音、视频素材自动整理，智能提取有效部分，一键检索全网相关资讯，自动汇总梳理背景信息，自动编写各地区、行业热点聚合新闻，提升采写编辑效率，让新闻更有时效性。两会新闻追踪，可随时抓住热点，追踪全网舆情，添加关键词，实现一站式接收网站、App、微信、微博等实时新闻推送，最新消息可即时提醒。

二、信息采集技术的革新

（一）全息影像技术

全息影像技术是利用干涉和衍射原理来记录并再现物体真实的三维图像的技术。所谓的"全息"即"全部信息"，是指用投影的方法记录并且再现被拍物体发出的光的全部信息。全息影像技术一般也被称作虚拟成像技术或是全息成像，其成像原理就是凭借光波干涉对物体光波的相位与振幅进行记录，与此同时，凭借衍射原理对物体的光波信息进行展现，从而达到成像的效果。

在融媒体信息采集中，利用全息影像技术，可以实现沉浸式跨屏访谈。2021年全国两会前夕，新华社推出了5G沉浸式多地跨屏访谈系列报道，在5G、AI、MR等技术的加持下，通过采集代表委员及所在工作环境实时信号并等比例还原真实场景，实现了主持人身处北京演播室，便可"跨入"代表委员实地工作和调研场景，以全实景、真跨屏的方式，沉浸式地听代表委员讲述他们的履职故事。2021年全国两会期间，人民网人民视频也首次在嘉宾访谈时采用全息影像媒体技术，充分利用移动化、可视化、智能化的平台优势，搭建两会云客厅虚拟演播厅，通过数字化合成的方式，推出云对话节目《两会云客厅》。经人像采集，访谈嘉宾的全息影像经由网络传输到演播厅，通过 1∶1 还原，使得与真人等比例大小的"嘉宾""空降"云客厅，与主持人"坐"到同一张桌前，进行双向语音、视频互通。嘉宾不必到访谈现场，"真人"却近在眼前。

（二）AI 虚拟数字人技术

近年来，随着人工智能、虚拟现实等新技术的快速发展，虚拟数字人开始进入新闻报道领域。AI 虚拟数字人技术基于真人特征的多模态虚拟智人技术，采用真实人类表情与动作的捕捉技术，将语音合成技术和表情、动作相互匹配的技术，以及语音识别、语义理解和语音合成等技术，实现智能化语音交互功能技术。2019 年 3 月 3 日，由新华社推出的全球首个 AI(人工智能)合成女主播"新小萌"正式上岗。2021 年全国两会期间，AI 合成数字人主播成为各大媒体的新宠。央视网推出以 AI 面目识别驱动的 3D 超写实虚拟数字人"小 C"担纲主持的全新栏目《C+真探》，通过云连线代表委员，打造人机交互的趣味场景，创新两会报道模式。2021 年 3 月 7 日，第一期《C+真探》上线直播，"小 C"云连线全国人大代表、甘肃陇南徽县水阳镇石滩村妇联主席梁倩娟，人机互动，畅聊乡村振兴、女性价值等话题。节目在央视网各终端、快手、微博、腾讯、B 站、抖音、今日头条、视频号等平台同步直播。据不完全统计，第一期《C+真探》播放量超 200 万。长城新媒体集团升级虚拟主播"冀小蓝"，开辟全息云访谈新样态。该集团对虚拟主播"冀小蓝"进行了全面技术升级，通过电影级虚拟影像技术与新媒体宣传的结合，完成对虚拟形象动作和表情的实时驱动，实现了自由操作虚拟形象，让"冀小蓝"更加人性化、生动、逼真。

不管是融媒体信息采集设备的更新还是技术的革新，都要求融媒体记者是学习型记者，要以开放的心态拥抱新的时代，让自己成功转型为融媒体时代的全能型记者，利用好这些先进的设备和技术，为用户带来科技感、视觉感、体验感俱佳的融媒体报道。

第六章

融媒体报道的写作

互联网（Internet），又称网际网路，或音译为因特网、英特网，是网络与网络之间所串联成的庞大网络，这些网络以一组通用的协议相连，形成逻辑上的单一巨大国际网络。这种将计算机网络互相连接在一起的方法可称作"网络互联"，在此基础上发展出的覆盖全世界的全球性互联网络称为互联网，即互相连接一起的网络结构。①

互联网将全世界连成了一个整体，给了大家一个前所未有的表达平台。在互联网上，媒体可以报道新闻，互联网时效性强、容量大、交互性强，可以实现融媒体的展现，实现超文本链接。互联网给新闻报道带来了新的表达方式。互联网的相对公平和自由也给了大众更为表达的机会，大众从来没有像现在这样乐于表达，他们可以在论坛和社交网站发表看法和意见，可以在博客里书写生活，可在微博里编织心情……

基于互联网的融媒体报道写作与传统媒体报道写作有很多区别，超文本、超链接、交互性等都是传统媒体报道不具有的特征。新媒体环境下的用户阅读信息的习惯也发生了改变，快速、跳跃、不停搜寻——这些习惯改变着融媒体报道写作的方式。

第一节　融媒体报道写作的类型

融媒体报道写作大致分为两类：基于电脑 PC（Personal Computer，个人电脑）端的融媒体报道写作、基于手机等移动终端的融媒体报道写作。这两类文本写作虽然都属于融媒体报道写作，但区别也是很大的。基于电脑 PC 端的文本写作篇幅可能更大，更有深度；基于手机等移动终端的写作，文本更加短小精悍，更强调时效性。

---

① 百度百科，http://www.baidu.com。

一、基于电脑 PC 端的融媒体报道写作

基于电脑 PC 端的融媒体报道主要有以下几种：

（一）网络新闻

网络新闻产生于传统的新闻和新兴的网络技术，不同于传统意义上的新闻报道。目前，中国主要的新闻门户网站有新浪、搜狐、网易、腾讯等，并称为"中国四大门户"。以网络为载体的新闻，具有快速、多面化、多渠道、多媒体、互动等特点，突破了传统的新闻传播概念，在视、听、感方面给受众全新的体验。网络新闻的这些特性必然带来网络新闻写作的变化，传统媒体的新闻写作方法不适用于网络新闻的写作。

1. 网络新闻更加注重标题的制作

由于网络新闻不停滚动报道，网页有海量信息，网络新闻在新闻主页呈现给网民的仅有一个标题，如果这个标题没有足够的吸引力，网民是不会点开的，这条新闻就失去了传播的机会。所以网络新闻标题必须精心制作，其制作方法可能不符合传统媒体新闻标题的"报道主要事实、采用主谓结构"这样的要求，网络新闻标题可能是名词结构，或者标题内容只是整篇报道的一个很小的部分——因为能吸引网民，所以制作进标题。网络新闻标题更倾向于实题，更倾向于去叙述一件为大家关注的事情，哪怕用的字稍微多一点。下面是凤凰新闻网站 2014 年 12 月 23 日的一组新闻标题：

> 中国高铁设计规范发布　明确普速列车不上高铁线
> 广告法修订草案：10 岁以下孩子不得做广告代言人
> 不动产登记条例明年 3 月施行　或刺激部分人变现房产
> 青藏铁路公司火车票预售期延长至 60 天
> 官方回应"河南固始千名教师罢工"：实为 200 余人

这组标题都是实题，都没有使用文学手法包装标题，统一为一行式标题。网络新闻标题很少采用报纸新闻标题那样包含引题和副题的多行标题，其标题字数比一般报纸新闻标题稍长。

2. 网络新闻报道正文中多使用插题

插题就是将文章分成几个部分的小标题，在传统媒体新闻写作中，插题多用于通讯写作，消息写作中很少用到插题，但网络新闻写作消息稿也多用插题，因为网民在看网络新闻时一般不会逐字逐句读，甚至都不是全篇浏

览，往往是高速有选择地浏览，跳着看，用插题将文章分成若干部分，便于网民迅速搜索自己想读的内容。

3. 网络新闻写作要设置关键词

关键词可以提高网络稿件的检索率和利用率，也可以增加网站的点击量，而点击量直接影响网站的广告收入。所以，网络新闻写作要设置关键词，同时在网络新闻写作中要注意重复关键词。

4. 网络新闻一般设置相关新闻链接

为了满足网民深度了解新闻的需要，网络新闻的每篇稿件后面一般有相关新闻链接。

5. 网络新闻一般设置网友评论板块

网络新闻后面一般有网友评论板块，实现新闻与网民的实时互动，展示大众对新闻事件的看法。

关于网络新闻文本写作技巧，在后面还有更详细的介绍，这里只是简单叙述。

(二) 网络论坛

网络论坛是一个和网络技术有关的网上交流场所，一般就是大家口中常提的 BBS。BBS 的英文全称是 Bulletin Board System，翻译为中文就是"电子公告板"。大约是从 1991 年开始，国内有了第一个 BBS 站，经过长时间的发展，直到 1995 年，随着计算机的大幅降价，BBS 才逐渐被人们所认识，1996 年更是以惊人的速度发展起来。国内的 BBS 站，按其内容划分，可以分为两种：综合网络论坛，通常为一些大型的门户网站或主流媒体论坛，例如人民论坛、天涯社区、武汉得意生活等。专题性的网络论坛，有利于信息的分类整合和搜集，例如军事类论坛、情感倾诉类论坛、电脑爱好者论坛、动漫论坛等。

网络论坛帖子的写作也有特定的技巧和注意事项。首先要仔细阅读版区规则，在发帖的时候标题有一个固定的格式，凡是不按照格式的就有被删帖的危险。另外帖子的标题要尽量吸引人，可以在标题里面增加一些特殊符号，让你的标题在帖子列表里很突出。发帖的内容要与帖子标题相关，不要让看帖者有被欺骗的感觉。"顶帖"不要一味就是"不错、很好、我去看了、很不错"这些内容。一定要结合前面的回帖内容进行表述，另外"顶贴"的时间频率一定要根据该版区的刷新频率来确定。

(三) 社交网络

社交网站，英文名称为 SNS，全称 Social Network Site，起源于美国，专指旨在帮助人们建立社会性网络的互联网应用服务。[①]网络社交已经成为现代人必不可少的交往方式，通过一个好的社交网站，网友们可以实现在线分享图片、生活经验、开心趣事，在线交友，在线解答生活难题，甚至可以实现在线求职，解决自己工作的燃眉之急，例如曾经十分红火的 QQ 空间、人人网、开心网等。

社交网络文本写作具有交流感，表达意思要准确，由于这种交流是文字对文字，而不是面对面交流，没有肢体语言、面部表情和语音语气的辅助，该写问号、感叹号的地方就一定要写，语言不能掐头去尾，否则大家都不明白你要表达的内容，会误解你的意思。

（四）博客新闻

基于 PC 端的融媒体写作还包含博客新闻写作。博客，英文为 Blog，它的正式名称为网络日志，是一种通常由个人管理、不定期张贴新的文章的网站。博客上的文章通常根据张贴时间，以倒序方式由新到旧排列。许多博客专注在特定的课题上提供信息，其他则被视作比较个人化的日记。在博客上原创或转发的各类新闻成为博客新闻。一个典型的博客新闻结合了文字、图像、其他博客或网站的链接及其他与主题相关的媒体，能够让用户以互动的方式留下意见。关注度高的博客新闻的写作要有一定的文字功底，或者对问题要有独到的见解，这样才会吸引人。

博客新闻曾经非常红火，不仅一些中央和地方的媒体门户网站建有博客新闻频道，例如人民网、新华社等，而且很多商业门户网站也设有博客新闻频道，例如新浪网、搜狐网、网易新闻等。如今随着新闻 App、微信公众号、短视频号等媒体平台的发展，博客新闻的影响力大不如前。

二、基于手机移动端的融媒体报道写作

手机最开始也就是个无线电话，它的功能就是打电话。随着手机移动技术从 1G 到 2G，短信产生了，从 2G 到 2.5G，彩铃和彩信诞生，手机可以上网了，手机出版和手机报纸不再是梦想，手机成为"第五媒介"。3G 时代到来后，手机用户上网更加随心所欲，手机几乎可以当电脑用了。人们还沉浸在 3G 技术带来的便捷体验时，4G、5G 时代又到来，5G 让手机用户体验更快的网速，更舒心的网游，手机真的和电脑没区别了，而且比电脑更加便捷，让用户随时随地接触网络，随时随地发微博、微信。

---

① 引自百度百科"社交网络"词条。

（一）手机移动网络相对于 PC 端互联网的优势

1. 高度的便携性

手机移动网络实现了随时随地上网，这也导致用户接收信息具有碎片化的特点。"手机网络高度便携性还带来了高度的个性化、私隐性与贴身性，手机是同人们生活黏性极高的'带着体温的媒体'。这就要求手机媒体传播者要按用户的需求提供个性化信息，即真正的分众传播。"①手机成为人们生活须臾不可离的必需品，人们不仅可以在手机上随时随地获取资讯，随着各种类型的 App（Application 应用，指手机软件）的发展，还可以在手机上交水费、电费、订牛奶、汇款、买东西……

2. 接收和互动的即时性

虽然 PC 端网络传递的信息也具有即时性，但 PC 端的用户接收信息未必具有即时性，因为你不可能时刻在电脑前，而手机移动网络却实现了传和接的同步即时性，真正实现了随时随地接收新闻，因为用户随时随地都带着手机。手机移动网络的互动性得到强化，手机用户可以随时随地利用文字、游戏、音频、视频与媒体进行互动。

3. 个性化

随着大数据及算法的发展，媒体可以为手机用户订制个人感兴趣的信息，实现个性化的传播。媒体和网络科技公司开发了适合手机用户个性的App，例如"今日头条"就是一个手机新闻浏览软件，该软件会根据用户自己的兴趣爱好设置个人想要关注的头条新闻。网易新闻 App 利用用户浏览习惯、网络行为等大数据为用户提供合适的新闻信息。在手机移动网络上，新闻不一定是大众的新闻，可能是"你的"新闻、"他的"新闻、"我的"新闻。手机媒体的个性化必将影响融媒体报道的写作方式。

4. 用户资源丰富

融媒体时代，受众的内涵发生了根本的改变，受众不再只是接收信息的多数人，受众也可以成为传者，传者和受众之间的界限不像传统媒体时代那样泾渭分明。融媒体时代受众的角色内涵已经发生了改变，不再只是受的一方，而是用户。如今，有些人可能不看报，有些人可能不听广播，有些人可能不看电视，有些人可能不上网，有些人可能不用手机，但不用手机的人恐怕是最少的。2022 年 8 月 31 日，中国互联网络信息中心（CNNIC）发布第 50次《中国互联网络发展状况统计报告》，《报告》显示，截至 2022 年 6 月，中

---

① 匡文波. 手机媒体概论［M］. 北京：中国人民大学出版社，2012：25.

国网民规模达 10.51 亿，互联网普及率达 74.4%，我国网民使用手机上网的比例达 99.6%。手机移动网络的用户资源应该是最丰富的。

5. 多媒体传播

借助于 5G 技术，手机移动端可以实现图文、音视频以及其他交互性的多媒体传播，实现与 PC 端一样的传播速度、容量以及质量。

6. 手机移动网络的私密性

电视很多时候是大家一起看，报纸也可能传阅，手机属于个人，具有私密性。

(二)基于手机移动端融媒体报道写作的类型

1. 移动客户端新闻

移动客户端新闻是为用户提供新闻服务的程序，就是手机里面阅读新闻的软件，即各种新闻 App。移动客户端新闻凭借其丰富的资讯资源、实时的信息推送和方便的社交互动被越来越多的用户认可。随着移动网络及新媒体的发展，各大媒体纷纷建立了新闻 App，例如人民网 App、央视新闻 App、澎湃新闻 App、封面新闻 App 等，用户也更习惯在各类新闻 App 上浏览新闻信息。新闻客户端相当于电脑 PC 端的媒体官网，但却是适应智能手机和移动网络发展而诞生的。一般移动客户端新闻比较全面，进行了内容细分，有多种栏目，实现滚动式刊载。移动客户端新闻比起传统媒体文字要简短一些，配图更多，最重要的是可以集合图文、音视频和一些交互性设置，实现融媒体报道。

2. 微信公众号新闻

微信公众号是开发者和应用者在微信公众平台上申请的应用账号，在平台上实现和特定群体的文字、图片、语音、视频的全方位沟通、互动。微信公众号分为订阅号(旨在为用户提供信息资讯)、服务号(旨在为用户提供生活服务)和企业号(旨在为政府机构和企事业单位的管理提供服务)三类。①其中，新闻类微信公众号属于订阅号。大部分新闻媒体纷纷建立了官方微信公众号，在微信公众号上传递新闻信息。微信公众号相比于新闻客户端，栏目要少一些，内容更加集中，主要为最新的、重要的信息的更新。微信公众号新闻与移动客户端新闻一样可以实现多媒体文本的制作，但微信公众号新闻内容和形式可以更加生动幽默，更富有创意，更利于传播。

---

① 《新闻采访与写作》编写组. 新闻采访与写作[M]. 北京：高等教育出版社，2019：357.

3. 微博新闻

微博，是微型博客(MicroBlog)的简称，即一句话博客，为 140 字(包括标点符号)的文字更新信息。2009 年 8 月中国门户网站新浪推出"新浪微博"内测版，成为门户网站中第一家提供微博服务的门户网站，微博正式进入中文上网主流人群视野。微博作为一种分享和交流平台，更注重时效性和随意性。微博客更能表达出每时每刻的思想和最新动态，而博客则更偏重于梳理自己在一段时间内的所见、所闻、所感。著名的微博有新浪微博、腾讯微博、网易微博、搜狐微博等，按照使用者身份可以分为个人微博和官方微博。如果说博客对于写作者有文字叙述能力的要求，那微博 140 字的范围则将书写者的文字功底门槛降低了很多。新闻媒体也建立了官方微博，用于发布简短快捷的新闻，微博新闻写作虽然比较简短，但需要提炼最新的动态信息，并与受众在微博平台上实现有效互动。

4. 短视频号新闻

2017 年被称为短视频爆发元年，抖音、快手、小红书、B 站等成为最具实力的短视频平台。据中国互联网络信息中心(CNNIC)发布的第 50 次《中国互联网络发展状况统计报告》显示，截至 2022 年 6 月，我国短视频的用户规模增长最为明显，达 9.62 亿，较 2021 年 12 月增长了 2805 万，占网民整体数量的 91.5%。随着信息技术的不断发展，短视频凭借碎片化、娱乐化、个性化的方式成为当下最受欢迎的产品及营销手段，贡献着流量，占据着用户的注意力及时间。截至 2022 年第二季度数据，抖音日活用户 7 亿，快手日活用户 3.47 亿，同比增长 15.9%，短视频已然成为全场景渗透、多垂类涉猎的媒介社会化方式。①主流媒体纷纷在抖音、快手等建立了官方短视频号，将一些新闻报道以短视频的形式在短视频平台传播。

5. 移动博客

移动博客，就是在手机上使用博客，随时随地通过手机查看和发表日志、上传手机图片，与好友在线聊天，查看相册、音乐以及建立通讯录等。手机能随时随地上网的功能让更多的人可以成为博主，可以专注于某一个领域，也可以涉足不同领域。新闻媒体可以利用手机移动博客传递新闻信息，让用户可以随时随地了解最新的信息。

---

① 韩莹. 媒介社会化：短视频从登场到"称王"的十年变迁[EB/OL]. 光明网，2022-10-18.

6. 手机短信和彩信新闻

手机短信是指依赖手机一对一或一对多(群发)的发布简短信息的一种沟通方式。手机彩信为多媒体信息服务，它最大的特色是支持多媒体功能，能够传递功能全面的内容和信息，这些信息包括文字、图像、声音、数据等各种多媒体格式的信息。①手机短信和彩信具有发散性、隐秘性、便捷性、传播准确、文本短小等特点。手机短信和彩信新闻文本的写作，要注意文字简洁和信息含量小，类似于一句话新闻，简明扼要地写出最核心的信息，同时注意一些表情符号的正确使用等。

7. 手机报

手机报是将纸质报纸的新闻内容，通过移动通信技术平台传播，使用户能通过手机阅读到报纸内容的一种信息传播业务。②手机报是一种定制的信息服务，手机报的文本写作要根据用户不同的个性提供不同的信息，要多在网页制作、信息提炼更新上下功夫。

8. 手机广播

手机广播，就是利用具有收音和上网功能的智能手机收听广播。它有两层含义：一是用上网手机实时收听或点播网络广播节目；二是在手机中内置了FM广播调谐器，用手机可以直接收听电台广播节目。作为新的媒体终端，手机广播正在成为电信运营商、广电部门争夺的下一个市场目标。对广播电台来说，手机广播拓展了广播的新时空，增加了节目的外延；对于电信部门来说，手机广播开发了新的商机，更是技术上的一次创新，而直接受益者则是广大的广播听众。手机广播作为手机媒体的一种，将广播媒体与手机媒体的功能有机结合，表现出与众不同的媒介特性：跨媒体的信息共享、多向的互动方式、个性化的传播特点。

9. 手机电视

手机电视是指以手机为终端设备，传输电视内容的一项技术或应用，是具有视频支持功能的手机观看电视的业务。手机电视最大的优点是可以随身携带，能实时接收电视台的节目。用户不会错过喜欢看的节目或精彩的球赛了。不仅如此，手机电视还可以让用户按照自己的需求点播电视内容。手机电视的内容更加短小和精悍，手机电视用户使用手机看电视的时间一般为15~25分钟，因此在短时间内吸引住用户眼球非常重要。据《华尔街日报》

---

① 匡文波. 手机媒体概论[M]. 北京：中国人民大学出版社，2012：74.
② 匡文波. 手机媒体概论[M]. 北京：中国人民大学出版社，2012：76.

2007 年 3 月 13 日的报道，手机视频的关键在于：用户的兴趣只持续 5 分钟，如果用户不能在 5 分钟内找到、下载并观看一段视频，他们就会对此失去兴趣，不会再使用这一服务。

第二节 融媒体报道写作的特征

融媒体报道相对于传统媒体报道而言，是一种截然不同的文本，融媒体报道有它独有的一些特征。

一、技术性

（一）基于数字技术的新媒体发展

媒体是伴随技术的进步而进步，依赖着技术的发展而发展的。机械印刷的发明，推动了纸媒的发展，无线电的诞生推动了广播的发展，晶体管的问世推动了电视媒体的发展，数字技术的发展则推动了新媒体的发展。

有了通信协议、浏览器等技术，各类网站如雨后春笋般产生。有了智能手机、4G 和 5G 移动通信技术的发展，才有了手机移动媒体的发展。数字技术的发展推动了新媒体的发展，随着数字技术的继续发展，新媒体也会呈现出新的面貌，这个过程还没有结束。

（二）新媒体的发展反推技术不断进步

新媒体的诞生，未必是一鸣惊人的，最初网络传输的信息内容，未必快过电报、电话、电视，但随着新媒体的发展，对技术提出了各种要求，促进了技术的发展。Web1.0 时代，除了几大门户网站，个人很少参与网络。随着新媒体的发展，新媒体经营者意识到让普通用户参与网络的重要性，由此推动着 Web2.0 时代的到来。在 Web2.0 时代，用户可以写博客，可以像大的公司那样发表信息，网络更加开放。新媒体发展到基于电脑的互联网时代，基于 PC 端的网络媒体的非移动的缺陷推动了全新手机操作系统 Android 的诞生，移动手机网速的局限又推动了 4G、5G 移动技术的产生。数字技术的诞生推动了新媒体的产生，新媒体在不断完善的过程中又对技术提出了各种要求，反推数字技术的发展。

新媒体的理论研究也会推动技术的攻关，例如有人提出了电子商务的概念，提出利用简单、便携、低成本的新媒体传播手段与通信方式，实现各种商业和贸易活动。这种理论则推动了电子银行、网络支付、信息展示、在线交易等技术的发展。

技术和新媒体的发展应该同步。新媒体先行技术滞后就会带来市场的困惑，人们所感受到的东西由于技术实现的障碍，并没有出现之前想象中的那种效果。于是，公众担心、用户怀疑，先行者往往会成为"先烈"。技术先行而新媒体发展滞后，带来的是行业泡沫，2001 年的互联网泡沫的破灭就是很好的例子。当时中国的三大门户网站——新浪、网易、搜狐不同程度地出现了各种危机，正是由于新媒体本身发展滞后，内容建设没有跟上。但随着它们对于基础信息内容的积累，对于新媒体理念的实践，对于新媒体架构的建设，便又有了充分的机会重新崛起。

（三）融媒体报道写作的技术性

融媒体报道写作不是单一新闻文本的写作，包含了图片、动画、动图、音视频脚本、游戏交互等的文案，是一种多媒体、多形式的文案写作。而动画、动图、游戏交互的制作是以新媒体技术为基础的，融媒体报道写作要充分考虑到这些形式文本的特殊性和技术性。

二、交互性

报纸、广播、电视等传统媒体中传者是信息传播的"把关人"，传者与受者间较少有互动，只限于读者来信或是热线电话，覆盖面极其有限，而且不及时。传统媒体刊出或播出了新闻，却不太了解受众对这些新闻的看法以及对自己媒体的评价。而融媒体的需求端和提供端始终处于交互之中，融媒体中的网民和手机用户既是新闻媒体的使用者，同时也可以是新闻信息的提供者、生成者。每个人在使用、影响融媒体的同时，也被融媒体影响着。网络和手机的"赛博空间"中不存在等级制度，可以说融媒体面前人人平等，任何有创造能力和真知灼见的人都可以在这个平台上生产内容，这是融媒体传者、受者充分互动的前提。

融媒体与用户互动的质和量都大大超出了传统媒体，用户可以通过新闻跟帖、选择信息接收方式、参与调查、参与游戏等方式，在各种融媒体平台实现实时、广范围、多形式的互动，媒体与用户从来没有像现在这样接近。

（一）传者与受者之间的固有分野被打破，双方形成互动

在传统媒体时代，传者就是传者，受者就是受者，两者之间泾渭分明。融媒体平台在传收信息的方式上是交互式的"菜单"选择方式，受者获取信息更多的是一种主动求索的过程，受者在传播过程中越来越占据主体的地位，传者与受者之间的固有分野被打破，双方形成互动。

传统媒体的信息传播模式是"你传我受"，在融媒体时代，媒体仍然是

"传"，但也"受"，而用户却不是被动地"受"，用户可以像在餐馆点菜一样选择自己感兴趣的内容。例如，上网者可以根据自己的需要，在网上搜寻自己感兴趣的新闻和信息，在搜索框中输入想要查找的资料的关键词，点击后详细阅读，对于自己不感兴趣的内容可以不去理会。

融媒体时代，用户不仅可以按需索取信息，还可以以多种方式迅速及时地与媒体互动。几乎每条网络新闻后面都有留言板，用户还可以随时参加媒体公布的相关调查，关注媒体的官方博客、官方微博和微信公众号。这种互动和传统媒体时代的热线电话、读者来信有着本质的区别，融媒体时代的互动范围、互动内容、互动的即时性都大大超越了传统媒体时代。

更为关键的是，用户不仅可以选择是否接收信息，对媒体信息进行有效评价，还可以向媒体发布信息，例如个人网站、论坛的帖子，博客、微博、微信平台的信息反馈等。媒体在这个时候成了受者，接收用户发布的信息，媒体从用户这里可以获得新闻线索，可以获得舆情，可以获得新的想法……

融媒体平台真正成为一种传者与受者实现互动的交流媒介，传者与受者的界限逐渐变得模糊。个人可以向网络发布信息从而成为传者，而传者可以接收众多的信息而成为受者。许多有特色的微信公众号在信息的丰富程度和权威性上，甚至可以与专业机构媲美，这说明了融媒体平台所具有的融合传者和受者角色的功能。

长期从事互联网运营和新媒体教学的林刚老师在《新媒体概论》一书中提出"受众即媒体""媒体即受众"的概念。孜孜不倦发布着各种信息的昔日受众，印证着"受众即媒体"；不断吸收网络信息的昔日媒体，也印证着"媒体即受众"。

这里要说明一点：融媒体时代，再用"受众"来指代新媒体的使用者已不合适，因为他们已不是单纯的"受者"，受者和传者的界限已模糊，昔日的"受众"就是今日的信息用户。

(二)强调个性化的自媒体时代到来

自媒体(We Media)又称"公民媒体"或"个人媒体"，是指私人化、平民化、普泛化、自主化的传播者，以现代化、电子化的手段，向不特定的大多数或者特定的单个人传递规范性及非规范性信息的新媒体的总称。自媒体平台包括个人网站、博客、微博、微信、贴吧、论坛等网络社区。①

在网络论坛兴盛的时期，用户开始尝试着参与讨论，进行零散或个别的

---

① 百度百科，http://www.baidu.com

评点争论；博客时代，用户已经可以走到前台，对于某一个新闻事件，以系统化的文章阐述观点、表达意见；微博时代，用户发布信息的激情被迅速点燃，碎片化、微小化的信息传播在广度与速度上全面赶超了之前的所有媒体；微信时代，个人微信或微信公众号让用户越来越容易以媒体的方式发布信息。很多传统媒体都有微信公众号，任何用户也可以申请微信公众号，在这一点上，媒体和用户是完全平等的。在融媒体时代，用户可以和媒体在发布信息领域竞争。用户用心经营一个微信公众号，提供信息或服务，就有可能获得巨大影响，关键是要有一个好的想法和管理方式。微信公众号经营成功后，用户就成为一个媒体的创办者和经营者。经营微信公众号的成功可以直接为用户带来实惠，用户可以卖掉微信公众号或者吸纳风险投资。

自媒体的快速发展，使得媒体不再只掌握在少数精英人士的手里，使用媒体不再只是少数人的特权。自媒体相对于传统大众媒体更个性化和"草根化"，这里存在各种各样我们不曾在传统大众媒体上看到的信息，这里的信息离我们更近，自媒体的信息就是你我他身边发生的事情，传统大众媒体可以通过自媒体更加了解自己的用户。

自媒体时代已经到来，它使得媒体从业者开始真正思考自己的根本任务，在加强"告诉"职能的同时，学会更好地"倾听"。

(三) 融媒体报道写作的交互性

融媒体报道很多作品都特别注重交互性，媒体希望用户可以参与作品，甚至将用户的交互行为直接当作作品的一个部分。融媒体报道在写作时必须考虑交互性，给予用户选择、参与的机会，同时也要完成与用户交互的文本写作。例如微信公众号文章后面用户留言评价，作为媒体也可以进行选择性回复，这里回复就是交互文本写作。

三、即时性

传统媒体在发布信息之前都有一个采编的过程，有一个截稿时间，这是因为报纸、广播、电视都有固定的发行时间或播出时间，这是其不可回避的时间成本。而网络媒体和手机媒体从来是 24 小时滚动播出，永远没有截稿的时间，信息可以随时在网上发布，而且前期采编过程可缩到最短时间，甚至可以实现即时传播，边写作边网上直播。

(一) 媒介对新闻事件反应迅速

新媒体的诞生大大加快了媒体对新闻事件的反应速度，如果你不快，别人就会抢先发布。2008 年 5 月 12 日的汶川大地震，在地震发生以后，各大网站都反应迅速。5 月 12 日 14 点 46 分，新华网最早发出快讯：四川汶川发生了 7.6 级地震。15 点 02 分央视播出了第一条地震消息，比网络慢了 16 分钟。由此可见，网络新闻的时效性是其他任何传统媒体都比不了的，这是网络新闻得天独厚的优势。

媒介对新闻反映的即时不仅仅是发布的即时，而是在整个新闻发展过程中的动态及时。新闻所面对的社会现状复杂而多变，所涉及的时事发展立体而动态。一个消息被报道出去以后，在长时间的跨度中，形势很有可能瞬息万变，必须针对这种发展变化不断即时更新、发布和追踪。在这一点上，无论是插播广播电视快讯还是出版报刊号外，传统媒体有限的时段与版面，就显得力不从心。而融媒体平台则没有空间的束缚，更无版面的限制，在手段运用上，可随时采用视频、动画等多媒体手段，不断地深化主题，跟进报道。更为重要的是，融媒体平台的新闻报道还善于在事件的发展中不断挖掘各种背景资料，不断深入，丰富事件的报道内涵，这是另一种层面上的反应即时。

(二) 用户对信息的接收与信息的发布几乎同步

在报社，当编辑和记者在深夜将报道印在报纸上时，读者还在睡梦中，只有到了第二天清晨上班买报，才可以接收到报道。在电视台，新闻节目一般直播，电视台播出新闻时，你不一定坐在电视机前，你可能在上班，可能在会见朋友，可能在买菜，只有等回家坐到电视机前，你才会接收到电视新闻。属于新媒体的网站也是这样，等网民有时间坐到电脑前才可以接收信息。在这几种媒体中，用户对信息的接收和信息的发布都没有做到真正的同步。移动终端手机媒体的便携性实现了真正的信息接收和发布几乎同步。在任何地方、任何时间，只要你需要，你都可以点击手机上的新闻 App 或媒体微信公众号来接收信息，真正实现了随时随地接收信息。

(三) 融媒体报道写作具有即时性

正因为融媒体平台信息传播具有即时性，决定了融媒体报道写作必须快速完成，甚至与新闻发展同步进行。每年全国两会，总理做政府工作报告时，媒体记者一边听报告，一边写作新闻，新闻的发布与报告的进行同步，总理完成报告时，所有的有关报告的新闻已完成发布，实现了用文字直播。融媒体报道写作的即时性要求记者熟悉融媒体新闻写作的规律，可以快速成稿，同时选择适当的写作方式，例如有时候可以先写作简讯，再滚动刊播其他报道。但融媒体报道的快不能以牺牲报道质量为前提，例如因为快导致失实报道，报道中出现错别字等。传统媒体报道生产慢一些，但审核极严，报道质量有保证。融媒体报道要做到快和准，同时也不能省掉必要的审查环节，一定要保证报道的质量。

四、超文本性

报纸、广播或电视的新闻，一篇报道记者只能按照先后顺序写作，受众也只能按照这个顺序来接收，传统媒体新闻写作实现的是一种严格的线性结构。融媒体报道的写作超越了这一点，其写作文本具有超文本性。一篇报道中，用户可以任意选择浏览哪一部分或者从哪里开始看。融媒体报道的文本也不再只有单纯的文字，而是涵盖了文字、图片、音频、视频、动画、交互、游戏等多种元素的文本。

（一）通过超链接实现报道的非线性传播

在电子文本中有两种类型：电子纯文本和电子超文本。电子纯文本就是电子屏幕上的文字材料，电子超文本是包括文字、音频、视频等多种文本的组合和一种文本中嵌入多个链接点的文本。

超文本原本是一个专门术语，用英文表示就是"Hyper-Text"，最早由美国学者纳尔逊提出，它主要指电脑上进行的一种"由一连串文本段落构成、以连接点串起来，向读者提供不同阅读路径"的非传统书写系统。换言之，这种书写系统可指向多处媒体大文本，其内部的文本段落靠多重链接组合起来，用户可以通过点击链接点而随意选取自己的阅读对象。当时这只是一种设想，还无法在现实中实践。后来乔治·兰道将这一概念完全融入网络新媒体中，而现在看来，"'超文本'就是互联网上各种电子文本的网状组合或层次性文本片段的链接，超文本可以超越文本间的障碍，可以在同一个文本中完成多个文本或在一个文本中嵌入其他与其意义有关联的多个文本（或视频）"①。

超文本最关键的是可以实现超文本链接。超文本链接是一种按信息之间关系非线性存储、组织和浏览信息的网络传播技术，各个文本之间通过关键词建立链接，每个文本中任何关键词或句子都可以链接另一个文本。在融媒体报道写作中，对一些关键词建立超链接，可以使信息之间的转换更加便捷。运用超文本链接，融媒体报道就可以将信息进行分类，将次要信息、补充信息、背景信息分开来放置，既节约了用户的时间，又能够将信息进行分类整合。在融媒体报道写作中，超文本链接主要运用在两个方面：一是对新

---

① 何坦野. 新媒体写作论［M］. 杭州：浙江大学出版社，2008：376.

闻文本的相关词语建立超链接，二是在文后列出相关新闻的超链接。

(二) 写作融合性增强，有利于信息全面传播

超文本超越了纯文字文本，能实现文字、视频、音频、图片、表格、动画、数据等多种文本的组合。

融媒体报道写作突破了时空限制，凭借着强大的传输方式、低廉的储存成本，把所有的传统媒体形式和内容都整合在一起。纸媒的文字和图片报道，广播的音频报道和电视的视频报道，在融媒体这样一个平台上实现了融合。融媒体报道写作不是纯文字写作，而是包括文字、视频、音频、图片、表格、动画、数据等的融合性写作。

人们通过融媒体平台获取的新闻是立体的新闻，有文字、音频、视频三个层面的信息。融媒体报道的超文本性有利于信息的全面传播，也有利于用户对新闻的全方位的了解。融媒体报道所完成的文本是一个融合了声光电色的多媒体文本。

融媒体报道写作的融合性还给了我们一个启示：作为融媒体时代的传媒工作者，在学习的过程中不要再机械地去区分纸媒记者、电视记者，不管你在哪一家媒体从事记者工作，都必须要学会新闻写作、图片拍摄、视频拍摄、音频录制、视频音频剪辑、图表制作、图片处理等技能，因为融媒体时代的记者完成的是一个融合性的文本，而不是单纯的文字或视频。

五、共性与个性相互渗透

(一) 用户的信息需求和信息来源渠道具有共性

融媒体时代是一个追求个性的时代，前文已经讲过，个人可以按照自己的需求选择信息，还可以发布个性化的信息，崇尚个性化的自媒体时代已经到来。但大多数人最常接触并使用的还是作为公共平台的大众媒体，而不是个性化的自媒体，用户首要需求的信息还是具有共性的信息，例如国家政策变动、社会热点焦点、房价物价、高考中考等，用户对共性信息的需求应该还是第一位的，而这些共性信息大多数来源于作为公共平台的大众媒体。

另外，大多数自媒体属于业余的信息生产者，其提供的信息很多时候没有经过专业的选择、整理、写作和包装，质量赶不上专业媒体。目前，自媒体的影响力总体而言还是比不过传统媒体或知名的新媒体平台，传统媒体和知名新媒体长久以来已经积累了强大的知名度，处理信息更专业。当然，极少数特别有影响力的自媒体有时可以与大众媒体相抗衡。现在，自媒体与作为公共平台的大众媒体在信息传输上的地位还不是平等的，大众媒体仍然是

人们获取信息的主要渠道。

（二）融媒体传播的文本内容因人而异

融媒体平台无疑是彰显个性的，虽然对这种个性的关注度目前还没有超越共性，但我们仍然要重视它，因为这种个性远远超越了之前的所有媒体形态，正在对今天的媒介生态产生着重要的影响，甚至可能在未来改变我们接触信息的方式。

在大数据和算法的支持下，融媒体报道的传输可以是个性化和定制的，媒体可以根据一个人的浏览习惯测算他所喜好的信息范畴，然后进行精准的个人化的信息投放。

博客、微博、微信公众号、抖音号等个性化的自媒体在传播信息的时候都基于一定的范围和兴趣，因人而异，实现的是极度的窄播。例如用户是古典音乐的爱好者，可能在他的博客里面写作和转载的很多是与古典音乐有关的信息；再如，用户是一个足球迷，在其微信公众号里会传输很多与足球有关的内容……同时有相同爱好的人也会去关注这些个性化的信息。

在融媒体平台无数的角落都有这样一些个性化的信息，错综复杂，密密麻麻，是对共性信息的重要补充。

个性化自媒体这样因人而异的信息传播方式，最好的体现是目前流行的手机 App 和微信公众号。手机 App 和微信公众号，实现的不是广播，而且个性化的窄播，锁定一个特定的、能吸引人的范围来输送信息，满足用户个性化的信息需求。"今日头条"是一款基于数据化挖掘的个性化信息推荐引擎 App，"今日头条"是国内社交化的资讯阅读应用，通过它能便捷地了解最热门的资讯，并和朋友互动，发表对世界的看法。同时可收集用户关注的热门新闻和感兴趣的新闻，第一时间发现属于用户个人的头条。可分享阅读乐趣，查看好友阅读动态，和好友一起看新闻、评时事。"今日头条"社交版，还有摘要模式、离线阅读、同步收藏、一键分享等 20 多处优化更新升级。"今日头条"实现的不仅是个性化新闻推送，而且是个人化新闻信息推送。它最大的特点是根据每个人的兴趣、职业、性别、位置等多个维度进行个性化推荐，用户无须设置即可享受高质量信息服务，并且都是用户感兴趣的。"今日头条"根据微博行为、阅读行为、地理位置、职业、年龄等挖掘出兴趣，通过社交行为分析，5 秒钟计算出用户兴趣；通过用户行为分析，在用户每次动作后，10 秒内更新用户模型。所以它的口号是"你关心的，才是头条"。

融媒体平台用户的营养是来自"信息小灶"，还是"大锅饭"？即来自个性化信息，还是共性信息？个性化的内容是信息的"偏食"，可能意味着人们逐渐成为井底之蛙。共性化的内容是社会的"黏合剂"，在"信息小灶"之外，公共平台的大众媒体必须提供"大锅饭"。共性与个性在融媒体报道文本中应该同时存在，相互渗透。

第三节　融媒体报道写作的要求

融媒体报道的技术性、交互性、即时性、超文本性对融媒体报道的写作提出了新的要求。

一、创新

所谓创新，有两个方面：一是内容创新。传递的信息要有新意，要有新的认识、新的发现、新的意义，这是融媒体报道作品的价值所在。二是形式创新。用户使用融媒体平台获取信息的习惯和传统媒体时代相比发生了很大的变化，跳跃、搜索式关注、浏览式阅读——这些习惯要求融媒体报道文本的形式创新。

网络技术中的复制粘贴和链接，导致了融媒体平台信息的快速、高度同质化。一个热门的标题，瞬间可能有数以百计的媒体在同时传播。这也说明了融媒体发展中必须解决的一个问题——原创性和知识产权的保护问题，这也是澎湃新闻起诉搜狐、网易等的原因所在。

融媒体报道除了在转载别的平台的内容时要注意注明出处外，更重要的是要生产原创性的内容。信息的"新"与"旧"的处理，是衡量媒体传播价值的指标。用户总是渴望知道最新的信息，以此来及时了解自身所生存的社会。

为了在内容上创新，融媒体平台要多采集最新的信息予以传播，但新的信息总是有限的，也不可能每次都是第一个采集和传播的。为了内容的创新，融媒体平台可以加强对信息的整合处理，也就是开展相关策划。门户网站新浪一直着力于新浪策划，信息源可能不是最新的，但通过不同的信息整合处理后，呈现给用户新的信息视角。

融媒体报道的形式也要创新。从标题的设置、文本呈现的样式，到关键词的突出、超链接的设置等。例如标题，在新媒体的信息传播中，标题是用户决定是否点击内容的第一导引。成功的标题会吸引用户点击链接索取下一层内容，而失败的标题则瞬间就被一扫而过。融媒体报道的标题应该采用一行式，直接点出新闻的核心内容，无须过多渲染。融媒体报道的标题也不必遵循传统媒体报道标题的严格戒律，可以灵活多变，达到吸引人的目的。当然这里的创新不包括一味追求刺激和点击，在标题中出现与文本内容无关的信息。现在有一些网站的新闻报道存在这个问题，这样做短期可能会获得点击率，但失去的是用户的信任，这是对用户的欺骗，融媒体报道标题制作应该避免"标题党"。

融媒体报道形式的创新可以使用一切可以用来传递信息的方式。例如海报，多用来宣传电影或者活动，但现在很多融媒体报道使用海报体，用一张张新闻图片作为海报主图片，在海报上用简洁一句话标出核心新闻信息，一组报道由若干张海报组成。融媒体报道还大量使用手绘图片、MG 动画、Vlog、短视频等形式，甚至包括 MV、游戏等，这些形式的融媒体报道都比较轻松活泼，有创意，能吸引广大用户关注。

2014 年国庆期间，新浪新闻中心推出融媒体报道《家·国的历程 小明和爷爷的故事》，该报道运用了 Flash 动画展现内容，小明和爷爷对比自己童年在交通、经济、文化、外交、军事、法治等六个方面的不同感受，显示新中国成立 65 周年家和国家的变化。虚构人物小明和爷爷，运用图片和Flash 动画，将复杂的问题简单、风趣地展示在大家面前。这里，融媒体报道文本写作为人物模拟对话以及旁白的撰写。

新浪网《家·国的历程 小明和爷爷的故事》报道（2014 年 10 月 1 日）

融媒体平台用户处理信息都是快速、跳跃、搜寻和浏览的状态，很少有时间从头读到尾,因此融媒体报道的样式应该尽量避免长篇大论。但现在也有一些融媒体报道还没有完全脱离传统文本的模式,或者直接从传统媒体转载过来,没有经过改变和梳理,虽然信息很全,且文本中设置了小标题,但黑压压一大片文字,仍不利于用户锁定感兴趣的信息。

融媒体平台的发展还在继续,随着技术的发展,未来还可能呈现出新的特点。所以创新是一个过程,现在看来有创意的东西,未来可能就不是新的,或者不适应融媒体平台未来的发展。

二、快速

新媒体信息传播时效性强,更新速度快。新媒体是一个快速滚动的平台,要求迅速、及时地传播信息。与传统媒体报道相比,融媒体报道的时效性不是以日来计算,而是以小时、分秒来计算的。因此,融媒体报道的写作者要有时间观念,要有抢写作题材的意识。例如网络新闻评论,往往是新闻出来的几个小时内,与之相关的评论就出来了。融媒体平台的 24 小时滚动播出,也要求融媒体报道的写作者在采集到信息后,要快速完成文本,甚至是一边采集、一边发布。

为了达到快,融媒体报道在体例上与传统媒体文本也有很大的区别。相比传统媒体的新闻写作体例,数字化新闻几乎是逆向而行。如在网络上滚动播报的即时新闻中,出现了大量动态的、零散的、即时的快讯,用于连续对一个公众关心的主题加以报道。常规新闻报道的"五要素"或"六要素"规范,在这类滚动播报的即时新闻中基本被弃用。例如,2005 年 7 月 26 日美国发现号航天飞机升空,新浪科技 3 分钟内相继发布三条快讯:"发现号航天飞机发动机点火""发现号航天飞机飞离发射架升空""发现号航天飞机助推器分离"。这三条快讯全部加在一起不足 40 字,但是却包含了"发现号航天飞机成功升空"这一"生死时速"新闻的核心要素。从及时性与全时化角度来说,纸本媒介是完全不能与之比肩的。但是,快速的要求是相对的。对于过度的即时化,也有不同的声音表示质疑:对于用户来讲,是不是"快"就最有价值?将一个新闻事件按照时间的分秒进度拆分成若干条报道的做法,对于新闻本身来讲,有什么意义?对于用户,除了"眼花缭乱""目不暇接"的感觉外,还能获得什么?是否需要这种看上去是对网络即时性的最大限度发挥,而实际上却是浪费用户注意力、破坏用户逻辑感与整体性的传播方式?①

---

① 吴晓明. 数字化新闻的写作形态论[J]. 中文自学指导,2005(9).

　　笔者认为，融媒体报道在重大新闻报道上仍然需要这种及时的实时报道，只不过要注意在此之外，还要推出相关专题报道，对信息进行整合、补充、分析，满足用户对事件整体和深入了解的需求。

三、简洁

　　一项网络受众阅读习惯的调查显示：扫描式阅读成为网络新闻阅读的主要方式。网络读者力图在 15 秒的时间内得到想要掌握的信息要点。网络读者中，79%对内容是一扫而过，只有16%的人在网上逐字逐句地阅读。而且，即便是阅读全文的读者，实际上也只阅读了全部内容的75%而已。换句话说，在网上发布的新闻，只有让读者能迅速抓住主要内容并产生兴趣后，才有可能被深入阅读。①既然融媒体平台用户是这样的一种阅读习惯，融媒体报道的写作就应力求以简洁的语言告知用户主要内容，如果用户想进一步了解，可以直接点开相关链接。这样可以让信息更受关注，同时提高用户接收信息的效率，能让用户有效方便地获取信息的融媒体平台一定会受到用户的青睐。

　　融媒体报道文本多长，才能既满足新闻内容自身表述的需求，又能更好地方便用户的逻辑阅读？研究发现，一个页面的最佳容纳度是 400 字左右，如果稿件过长，用户在阅读时就不得不翻页。新闻媒体界最有影响力的写作指导教师之一罗伊·彼得·克拉克有一个网络写作准则：任何一个故事都能用 800 字以内的字数来讲述。总的来讲，使用户上下移动显示文本来看故事的其余部分，要比点击它们更为可取。如果新闻过长，就将其拆分成几个主题，单篇处理，或者在长报道内部做链接，利用小标题来分节处理。如果新闻过短（网上有很多动态新闻都是一句话），在标题处理上也要特别注意，标题不能太长，否则显得头重脚轻。在网上一篇文章或其他文档的主体部分，每行的字数平均应在 9~12 个。每行越长，视线在行间的跳动越困难。如果文档的长度超过了 10 段，标题下就要有目录，并与正文中的副标题相对应。②

　　融媒体报道文本的简洁，不是简单的字数少，要在简洁的同时达到有效的传播和吸引。有学者归纳为：(1)让关键词语凸显出来，并且非常明确地

---

　　①　吴晓明. 数字化新闻的写作形态论[J]. 中文自学指导，2005(9).

　　②　奕轶玫. 论网络新闻编辑规律——兼析网络新闻受众的多元需求[EB/OL]. 资本论文网，2004-11-23.

强调它们。(2)注意用一个段落描述一个主要的内容,用另一个段落去描述另一个内容。(3)要注意用最重要的事实或者是观察的结论作为某一页新闻的开始。(4)要高度简洁地表述最重要的事实。要在网页的第一视觉区域内完成对重要新闻的精确概括、描述和引导。(5)将最重要的新闻要素置于最前面,要遵从重要者为先的原则。(6)要以"对读者有用"的方式去进行写作,让读者很快发现他们想要的信息。①

四、内容与形式并重

融媒体平台的技术手段让文本的表现形式较之传统媒体更加丰富多彩,文字、图片、音频、视频、图表、Flash 互动动画、微信互动等都可以为融媒体平台采用。融媒体报道对于形式的重视也是为了适应平台用户使用信息的习惯,融媒体报道在形式方面应该比传统媒体更为大众所喜闻乐见。

融媒体平台对于形式的重视并不能说明融媒体报道的形式高于内容,恰恰相反,融媒体报道仍然是内容为王。因为用户在融媒体平台上更多是获得实实在在的信息,而不是一味追求一种美的享受或艺术熏陶,并且需要快速地获得自己感兴趣的信息,融媒体平台需要更加重视内容。

在融媒体报道主体写作中,也是内容先行,一般少用铺垫、渲染、描写、悬念这样传统媒体文本文学性的手法,融媒体报道文本需要直截了当地告诉用户信息是什么,不绕弯子,因为融媒体平台的用户希望快速获取信息。

融媒体报道写作需要把重点放在内容上,想想如何能更好地突出最有价值的内容,例如分段、设置链接、突出关键词等。同时发挥融媒体平台的优势,运用丰富的形式更好地表达内容,做到内容和形式并重。

第四节　融媒体报道写作的方法与技巧

融媒体报道的写作方法和技巧并非完全脱离传统媒体,有很多与传统媒体写作是相同的,传统媒体需要遵守的一些规则,也适用于融媒体报道写作。但融媒体平台毕竟是一种新鲜的媒体形态,呈现信息的方式不同于传统媒体,尤其是融媒体平台的用户使用信息的习惯与以往相比发生了很大改

---

① 高钢. 怎样为网络媒体写新闻——网络新闻写作特殊规律的探讨[J]. 新闻战线, 2004(4).

变，所以写作的方法和技巧也随之发生了一些改变，这里主要谈这些改变。

一、一般性写作

这里主要谈的是融媒体常规报道的写作，这是融媒体报道写作的基础部分。

(一)标题：基本信息完备

在传统媒体中，标题作为"眼睛"，具有十分重要的作用，而在融媒体报道中，标题更加重要。当读者打开一张报纸时，标题和主体内容同时展现在面前，读者有更多机会接触内容，但当用户打开一个网页，或是在浏览手机 App 时，一般是看不到文本内容的，只能看到标题，而且是好多条标题集合在一起。每条信息的具体内容需要点击标题链接才能够获取。因此，在融媒体报道传播中，标题在很大程度上影响着用户点不点开链接、去不去浏览信息。因此，精心制作标题在融媒体报道文本写作中非常重要。

融媒体报道标题一般题文分离，单行题多，以实题为主，融合文字、音频、视频、图片等多种文本形式，每一个标题都是一个超链接。

融媒体报道标题在拟题时要遵循一个重要的原则——基本信息完备，这样才能起到很好的导读作用，完成标题的使命，具体来说有以下几种技巧：

1. 用简洁的语言表述最核心的基本信息

一个好的融媒体报道要力争一下子抓住用户，进而引导用户点击，要做到这一点，方法就是简单直接地告诉用户这条新闻是什么，即尽量包含新闻5W——谁，什么时间，在什么地方，做什么事情。这就是最精彩、最吸引人的信息。以下面四个标题为例：

> ①国务院派出八个督导组
> ②专项督查房地产市场调控落实情况
> ③从 4 月上旬开始，国务院派出八个督查组，对 16 个省(区、市)贯彻落实国务院房地产市场调控政策措施情况开展专项督查
> ④国务院 4 月起专项督查 16 地房地产调控落实情况

这四个标题，只有标题④做到了简洁点出最基本信息。谁——国务院，什么时间——4 月，干什么——专项督查 16 地房地产调控落实情况。标题③虽然也叙述了基本信息，但太长了，不合适融媒体报道。标题①和标题②都缺失相关信息，对用户的吸引力不强。

2. 包含的基本信息和细节要准确

标题不仅要简洁表述最核心的信息，而且这个核心信息要准确，即使是细节也要精准无误。内容的准确主要体现在两个方面：一是新闻事实准确，指标题中所陈述的新闻五要素完全符合新闻本身体现的事实，不可以因任何原因虚构、夸大或扭曲；二是对新闻事件的陈述和评论要概括事件全貌，要特别防止为了吸引眼球、提高点击率而有意使用耸人听闻的词语，或者以偏概全、偷换概念。①第二点尤其要注意，很多融媒体报道都存在这样的问题：标题说的是一件事，点开链接，文本主体说的是另一件事，用户有被欺骗的感觉，赢得了一时的点击率，却失去了诚信。例如纸媒新闻《子女"常回家看看"有望入法》，被网站转载后标题变成了《常回家看看，这是法律!》，网站标题确实有冲击力和吸引力，对基本信息的概括却出现了偏差，"有望入法"说明还不是法律，"这是法律"明显不准确。

传统媒体长期以来形成了严谨的报道态度，而融媒体平台在这方面做得还不够，其报道需要 24 小时滚动播出，工作节奏太紧张，有时对于文本审核不那么仔细，也有可能是认为如果出错可以马上撤稿，或者觉得新闻滚动很快，用户也许不会发现细小的错误。不管是哪种原因，都不能成为出错的借口。融媒体报道要像传统媒体报道那样谨慎和认真，这样才能获得和传统媒体对等的可信度和口碑。

3. 包含具体的数字、情节或细节

有些时候，特殊的数字、情节或细节会吸引用户，增加点击率，要注意把这样的内容制作进标题。下举两例：

四大节假日小型客车免收道路通行费(腾讯新闻频道，2012 年 8 月 2 日)

国务院同意重大节假日小型客车可免收通行费(新华网新闻频道，2012 年 8 月 2 日)

以上两则标题，显而易见，第一则新闻标题因"四"的使用更能满足用户的信息需求。

再看一个例子：

---

① 郑素侠. 网络与新媒体实务[M]. 郑州：郑州大学出版社，2013：38.

　　赵本山：我很惧怕春晚 担心自己会倒在台上(凤凰网，2012 年 8 月 20 日)

这则标题引用了赵本山讲话内容里的一个细节，很能吸引人。

　　4. 运用多种形式传达全方位信息

为了传达完备信息，融媒体报道文本标题有时可以更加丰富和厚重，例如围绕一条新闻的标题集锦，或采用"图片+标题+简短摘要"等。

　　(1)标题集锦。报道重大突发事件时，可以采用标题集锦的形式。围绕一个主标题，从不同的角度选择若干条新闻的标题，同时可以添加与主标题新闻相关的关键词、图片集、视频、微博、互动等超链接，形成组合标题。

　　(2)图片+标题+简短摘要。在强调突出某一条新闻时，可以采用"图片+标题+简短摘要"的形式。这种标题传达的信息有视觉信息、核心信息、基本信息，更加全面。

　　5. 融媒体报道标题制作的禁忌

"随着人们阅读需求的提高以及技术水平的发展，对网络新闻标题制作标准和效果也提出了更高的要求。但是，不管其标准和要求如何提高，始终有两点是不会改变的，其一是题文相符，其二是突出重点。"①如果完全偏离这两点，则极有可能会出现问题。

融媒体报道标题制作有以下几条禁忌：

(1)忌标题模式化。

标题要完整准确地传达新闻事实信息，但是一些融媒体报道的作者为了一味提高用户的点击率，往往生硬套用一些标题模式，例如"史上最牛……"系列标题。

(2)忌娱乐化、庸俗化。

为了提高点击率，融媒体报道标题中出现了对新闻关键信息的弱化与次要信息的强化，这些次要信息多半比较火爆，例如性、暴力、奇葩等，这就导致标题与文本内容不符，更有甚者标题说的是一回事，文本写的是另一回事。这种做法获得了一时的点击率，却失去了宝贵的诚信，一定要避免！在融媒体平台这样一个快速、竞争的环境中，媒体人更应该保持理智与克制。

(3)忌"标题党"。

标题第一，标题最重要，为了提高标题的吸引力，可以采用一切方

---

① 王洁，王贵宏. 新媒体采编实务[M]. 北京：中国传媒大学出版社，2012：43.

法——这就是所谓的"标题党"。融媒体报道标题相对于纸媒报道标题更重要，但也要避免"标题党"的做法。网络上充斥着大量不负责任的标题，当用户搜索新闻输入关键词后，发现搜到的新闻或信息并非想要的。

(二)内容提要(导语)：突出关键词

融媒体平台用户点开网站主页的相关标题，进入正文，会在正文标题下面看到一小段话，一般 100 字左右或更短，这就是内容提要(或称导语)。内容提要的作用是在标题之后对新闻作进一步的提示，以引起用户关注的兴趣。但也有一些网站的内容提要直接放在主页新闻标题下面。

融媒体报道的内容提要要解释或补充标题的内容，报告新闻事件最新的动态，让用户第一时间了解最新的信息，文字要简练，要能吸引用户，尤其要注意突出关键词。

关键词是一个文本中具有关键意义的词语，关键词可以揭示稿件最核心的内容，达到吸引用户的目的，还可以提高文本的检索率和利用率。

那么内容提要中如何设置和突出关键词呢？

首先要弄清楚报道的主题是什么，也就是这个文本究竟要告诉大家什么，关键词就包含在其中。然后就是提炼关键词，关键词不仅可以从标题里找，还可以从文章中找，当关键词在报道主题中不太明确时，要进一步提炼。

一般而言，关键词包含在新闻五要素中，即人物、时间、地点、原因、结果。在内容提要中使用关键词的时候，一定要将其突出，关键词的数量一般不易过多，3~5 个即可。

(三)正文：简洁、平实

1. 简洁

以文字为主的融媒体报道一般一屏幕长最好，不要超过两个电脑屏幕长，每句话要简洁，一般不超过 20 个字，段落应短一点。手机屏幕小，屏幕数可以稍多。

2. 平实

融媒体报道正文用最简单准确的文字告知信息即可，一般不需要过多的修饰和雕琢，也不需要大段的抒情议论，要避免花哨难懂的词汇，采用通俗平实的文字。用户浏览是为了获知信息，而不是获得文学性的美感或满足情感需求，用户也没有时间去琢磨词语的意思。

3. 一段表达一个意思

用户阅读融媒体报道大多是跳跃式阅读，所以最好一个段落表达一个完整的意思，便于用户搜寻式和跳跃式阅读。

4. 多用小标题

稍长的融媒体报道要善于用小标题将文本分成几个板块，这也是为了便于用户搜寻和选择信息阅读。融媒体时代，逐字逐句读新闻的人很少。

5. 重要信息优先原则

将最重要的新闻要素置于最前面，无论是整个文本写作还是文本中的某一个段落的写作，都要遵循"重要信息优先"的原则。融媒体用户绝对不喜欢在文字堆里艰难跋涉，他们希望在一开头就能找到想要的信息，这与传统新闻写作中"倒金字塔结构"完全一致。①

(四)注意新闻背景的使用

新闻背景就是新闻背后的新闻，或者说用来解释新事实的旧事实。新闻背景是在新闻事实之外，对新闻事实整体或某一部分进行解释、补充、烘托的材料。

新闻背景主要有以下三种类型：(1)衬托对比性背景；(2)说明性新闻背景，包括相关的政策背景、地理背景、历史背景、思想状况或物质条件等；(3)注释性新闻背景，包括对概念、术语、著名历史事件和人物、有关科学知识进行解释的文字。

新闻背景也就是"解释+旧事实"。背景使用对融媒体报道非常重要，有时候用户对背景信息的关注度高于新闻事件本身。美国知名记者麦尔文·曼彻尔曾说过，不使用背景材料，几乎没有什么报道是全面的，忽视这个忠告的记者，他们绝不能给读者和听众提供充分的情况。融媒体报道尤其要注重新闻背景的使用，融媒体平台海量的容量也为新闻背景的运用提供了条件，文本中适当地运用新闻背景可以让用户对新闻的了解更全面、更深入，也有利于用户围绕新闻事件获取拓展性信息。

首先是新闻背景的选择，并非所有新闻背景都要写进文本，要选择能说明问题、紧扣报道主题、用户有兴趣了解的事件背景，注意背景的广泛性和多样性。

其次是新闻背景在文本中的使用。主要有这样几种方式：(1)在文本中直接写出来，穿插在导语、主体和结尾中，这个与传统媒体没有太大区别。(2)设置相关词语的超链接，例如文本中出现了电影《星际迷航》，那么可以

① 张松. 从受众多元需求角度探索网络新闻写作[J]. 西南民族大学学报，2004(11)：374.

对"星际迷航"几个字设置超链接,如果用户感兴趣,就可以点开,看到关于《星际迷航》的具体介绍了。(3)通过文本后的"相关新闻"的超链接来实现。

这里说明一点,不是每一个报道都需要背景,有些新闻是没有背景的。新闻背景的使用也不是越多越好,新闻背景必须围绕新闻主题展开,新闻背景的使用量要依据背景的价值来确定。

(五)设置相关延展性链接

延展性链接,是发布与报道内容有一定联系、但又独立的新闻报道。设置延展性链接要注意一个问题,就是延展的新闻要与文本本身的内容相关,不要为了延展而延展,要有一定目的性。延展性链接并非越多越好,有关联最重要,同时并非每个报道都要有延展性链接。有些报道可能找不到合适的延展性链接内容,就可以不设置。

(六)后续报道追踪

关于后续报道追踪,新华出版社 1996 年出版的《中国新闻实用大辞典》作了如下定义:"对事件性新闻所作的进一步报道,它近似连续报道但又不仅仅限于反映事件最新发展的连续报道,常常还须回答新闻五要素中的'为什么',一件受人关注的新闻播发后,受众还想进一步了解新闻事实背后的东西,如发生的原因、背景、影响、结局等,这就需要做后续报道。后续报道常见于突发性事件的解释性报道和评议性报道。采写后续报道应注意挖掘新的线索,不断给受众以新的信息。"

根据以上定义可知,后续报道基本上可分为三类:第一类是背景说明式的,对发生过的事进行解释说明,让受众更好地了解事件的前因后果;第二类是结局式的,对事件处理的结果或是发生的新情况、新动态进行报道;第三类是评价式的,南方报业网上的深评浅议即属于此类。①

后续报道追踪,实际上就是新闻后的新闻,它以已经报道或正在报道的新闻为线索,对新闻人物、新闻事件作延续性的、进一步的报道,内容包括新闻事件的新发展、新状态,新闻人物的过去和现在、人生历程及其情感世界,既有"新传",也有内幕揭秘、背景追踪、社会评说等篇章。它不同于体裁分类上的连续报道,前后间隔的时间有的几天,有的几年甚至十几年,不一定要相对集中,非要"连"成若干篇,是对原有报道的延续、补充和深化,是新闻采制、选择上的一种新视角、新思路。

---

① 卜丽媛. 论新闻报道中的后续报道[J]. 新闻世界,2009(6):118.

融媒体环境下，用户接收信息快速、多样化、碎片化，导致融媒体平台对新闻报道主要追求快和新的内容，新闻网页更新率非常高，新闻报道操作者报道完一个新闻，马上投入另一个，昨天报道的新闻今天可能就忘记了。在这样的环境下，融媒体报道的操作者要注意重大新闻后续报道追踪。虽然用户每天信息更新率非常高，但不意味着他们对于重大新闻的后续不关心、不关注，用户往往需要知道重大新闻事件的最终结果。

当然不是所有的新闻都需要写后续的追踪报道，只有重大新闻、重大突发事件或关系公众利益的重大事件等才需要做后续报道追踪。后续报道追踪应该注意：(1)作为融媒体平台，一定要及时发布报道追踪，事件有了新进展，要在第一时间告知用户。(2)后续报道追踪信息一定要准确，对于重大事件，往往会有很多传言，传言不一定是假的，但绝对不能等同于事实进行报道。(3)后续报道追踪的重点是事件新的进展，例如原因调查结果、事件认定结果、新的细节、事件处理等。

二、特殊性写作

(一)滚动报道

滚动报道是能够全天候地对重大新闻事件实施追踪报道，即随着事件的进展同步发出报道。滚动报道文本主要有两种形式：一种是以快讯为主，逐步跟进详细报道与述评；另一种是文字直播，采取实时写作。

滚动报道是一种能充分发挥融媒体平台及时性特点的独特文本，它可以让新闻及时传播甚至实时传播。滚动报道一般短小精悍，以时间顺序排列，方便用户快速了解整个事件的经过和脉络。但滚动报道带来的都是小块信息，分割过细，又比较分散，报道之间的逻辑性不强，而且这些碎片化的信息缺乏整合，没有一个深刻的主题。这就是所谓鱼和熊掌不可兼得，滚动报道后续应该有相关新闻专题相配合。

1. 以快讯为主，逐步跟进详细报道与述评

重大事件或突发事件发生后，融媒体平台紧随事件发展，不断发布快讯跟踪报道，进而发展成详细报道，直至写作述评，深化主题。例如2015年1月7日，法国巴黎《查理周刊》杂志社发生枪击案，凤凰新闻网站先后以快讯的方式发布了事件发生造成的死伤、发生时的状况、警察围捕、民众哀悼、同行谴责等信息。

以快讯的形式跟进报道要注意时效性，采编几乎同步，要注意随着事态发展进行信息的更新。凤凰新闻对2015年法国《查理周刊》枪击案的报道，

最初快讯为法国杂志社发生枪击案 1 死 6 重伤，紧接着是 10 死，再后来信息为 11 死，最后是死亡 12 人。要紧随事件发展，不要漏掉重要的即时信息。快讯跟进报道可以适当设置超链接，让用户了解更多的背景。在后期要进行整合报道，防止快讯给用户带来碎片化和肤浅的信息阅读体验，通过整合报道加深用户对新闻的理解。凤凰新闻关于《查理周刊》枪击案的报道在后期推出了分析报道，讲解了《查理周刊》是一家什么类型的周刊，解释了事件的原因和影响等。

2. 文字直播：实时写作

当重大事件或突发事件发生时，融媒体平台可以进行文字直播，文字直播比快讯跟进报道节奏更紧，更新的间隔以分钟或秒计算，以文字的方式展现整个事件发生的全过程。文字直播就是一种实时写作，一段段文字以分钟的间隔排列，每段文字之间可能没有很强的逻辑关联，但都是事件发生后，有关该事件的最新信息。文字直播让用户可以没有时间间隔地跟进事态进展。

文字直播的写作要注意以下几点：

（1）一条报道只包含一个信息点，如果同时收到两条或者更多的信息，就应该拆分报道。

（2）每条报道字数不要太多，控制在一到两句话。

（3）采用传统媒体的"倒金字塔"结构，将最重要的信息放在段首，方便用户阅读，也方便编辑改稿。

（4）在直播中可以设置相关超链接，方便用户进行延展阅读。

（5）在必要的时候可建立直播模块，增加时效性，例如奥林匹克运动会，结果出来后，直接在直播模块中置入人物、时间、名次等信息即可。

（6）可以设置互动言论，可以把有价值的互动言论包含在文字直播中。

（7）要全程关注传统媒体的报道，例如新华社等通讯社，及时编发权威媒体的信息和言论。

（二）互动式写作

前面在谈到融媒体报道写作特性的时候，讲到融媒体报道写作有交互性特点，例如用户可以通过留言板对新闻作出及时的反馈等。这种交互性让媒体更加重视用户，在融媒体报道中采用互动式写作。

1. 互动话题讨论及网络问卷：了解用户

互动话题设置一定要有高关注度，一般紧扣新闻事件、社会热点、网民关注的政治经济时局，让用户参与讨论。例如，您如何看待黄金周？您如何看待"公务员热"？您如何看待房价？还要注意话题的可议性，也就是说对待某一话题不同的人存在不同的看法，如果大家的看法大致相同，就不值得互动讨论了。

融媒体报道可以通过发放网络问卷了解用户。"网络调查，又称为在线调查，是通过互联网及其调查系统把传统的调查、分析方法在线化、智能化，借助互联网数亿网民群体的力量，发挥网络快速、方便、费用低、不受时间和地理区域限制的优势，实现网络媒体对网民意见的收集与回馈。"①

网络问卷的设计很重要，设计不好，则影响问卷的效果。网络问卷设计一般遵循以下原则：

（1）简洁。传统问卷一般由前言、主体和结语组成，前言写问卷的背景，主体是问卷的内容，结语主要是对参与问卷的人的感谢。而网络问卷的设计一般比传统问卷简单，一般包含1~5个问题，没有其他。用户参与问卷是属于"义务劳动"，而且用户时间宝贵，如果问卷太长，网民可能不愿意填写。

（2）问题的表述要清晰准确。问题要准确地表达问卷的诉求，不要让用户看了却不知道问的究竟是什么。

（3）以封闭式问题为主，配以少量开放式问题。开放式的问题适宜于文化水平高、能说会道的人，但用户人数众多，不是每个人都能说会道，而且回答开放式问题比回答封闭式问题花的时间要长，一般用户没有耐心回答。

问卷设计好了后就挂到网上，可以直接放在相关报道后面或者单独的调查页面，例如在HTML5作品里面就可以设置简单的调查问题。经过一段时间，结束调查后，再进行问卷数据统计分析。网络有一套单独的调查分析软件，方便快捷，利用软件处理问卷并自动生成结果，最后将数据直接用到相关新闻报道中。网络问卷结果的文本发布形式有三种：可视直观图发布；转化成文字发布；可视图与文字结合发布。②

2. 依用户"定制"提供相关内容：满足用户

在传统媒体时代，也会做受众调查，但这种对受众需求的了解是粗略的，只能把握大致方向，受众每天想看的新闻具体是哪些，这就不得而知了。

与传统媒体相比，融媒体平台信息服务在信息传递的时空性及信息容量

① 詹新惠. 新媒体编辑［M］. 北京：中国人民大学出版社，2013：178.
② 詹新惠. 新媒体编辑［M］. 北京：中国人民大学出版社，2013：181.

等方面具有多种优势。然而，随着融媒体平台数量不断暴涨，融媒体平台空间里是海量的信息，而且鱼龙混杂，同时用户的信息需求日益个性化，这使得传统的信息服务模式和用户的个性化信息需求之间构成了一个不可回避的矛盾。融媒体平台要想更好地发展下去，就必须满足用户的个性化内容需求。融媒体平台可以依用户"定制"提供相关内容。

融媒体平台可以通过服务提供端区分不同客户甚至同一客户在不同时期的信息需求，从而提供不同的内容服务，实现客户端个性化定制消费。这种定制服务，是非常精准地满足用户需求，不是满足一群人或一部分人，而是一个个用户。例如某个用户对炒股很感兴趣，可以专门定制股市方面的信息，对体育资讯感兴趣，则可以定制体育新闻。

3. 考察用户媒介接触活动全过程：用户反馈

融媒体平台考查用户媒介接触活动全过程，主要是通过新闻留言板、新闻跟帖来实现的。在新闻之后设置"我有话说"等互动板块，用户可以通过发帖来表达对新闻的看法，这让融媒体平台更靠近用户。

融媒体平台是否需要设置留言板，要根据新闻话题的热度、敏感度和社会影响力来确定。留言板不要离新闻报道本身太远，新闻报道与留言板之间不要插入太多广告，这不利于用户发言，也不利于其他用户查看留言。对用户留言还要进行审核，毕竟用户的素质参差不齐，要过滤掉不良信息。适当的时候，融媒体平台还可以对用户留言进行回复，尤其是要回复那种咨询类、质疑类的留言。对于一些高质量的留言或是留言中带普遍性的问题，可以将其整合到新闻报道中。

融媒体平台有时还可以通过设置特别的留言板考察用户媒介接触活动，例如人民网设置的地方领导留言板，这个留言板不仅能让媒体了解用户的诉求，而且为政府和民众之间搭起了一座沟通的桥梁。

第七章

融媒体报道的制作与呈现

传统媒体时代，新闻报道的呈现样式基本就是图文、音频和视频，报刊刊登图文，广播台播放音频，电视台播放视频，三足鼎立，报刊、广播、电视在各自的疆域里驰骋。新媒体的诞生，媒介的融合，使媒体格局发生了很大的变化，报刊、广播、电视逐步融合，借助新闻 App、微信公众号、微博等平台实现图文、音频、视频的融合传播。不仅如此，一个融媒体报道里面可以同时包含图文、音频、视频以及交互环节等，一切可以用来传递信息的方式都可以被新闻报道借鉴，例如海报、MV、闯关游戏、动画片等。融媒体报道突破了传统的新闻报道图文、音频、视频的单一样式。

第一节　融媒体报道呈现的形式

融媒体时代，新闻报道的载体、信息传输和接收方式、传播渠道都发生了改变，新闻报道不再仅仅借助图文、传统的音视频，手绘、动画、游戏、交互、虚拟、长图、海报、Vlog 等在融媒体报道中大行其道，融媒体报道呈现的样式越来越丰富。

一、微信推文

微信推文是通过微信公众号或订阅号等发表的以推广为目的的文章，其中可以含有文字、图片和视频等。推文有推广的性质，许多商家使用微信推文来推广自家的产品。微信推文不仅可以推广商品，还可以用来传播新闻信息。

（一）实例分析

1. 微信推文《江城武汉，在水一方》

2022 年 11 月 5 日，《湿地公约》第十四届缔约方大会在武汉开幕，这是我国首次承办这一国际湿地盛会。澎湃新闻微信公众号推出报道《江城武汉，在水一方》。该微信推文主要讲述了武汉与水的渊源，采用的呈现方式是纯粹的图文，文字中间穿插图片，文本写作及排版与传统媒体相似。但该微信推文文字优美，描绘了武汉水之美的源远流长，图片都是精选的武汉与水有关的风景和城市地标，图文相互辉映。该微信推文浏览量超过 10 万，并在朋友圈形成了转发式传播。

2. 微信推文《这个"95 后"女孩火出圈了！更绝的是⋯⋯》

2022 年 11 月 7 日，新华网微信公众号推出报道《这个"95 后"女孩火出圈了！更绝的是⋯⋯》。这篇推文讲述了湖南"95 后"花鼓戏青年演员陈雨晴因为一段打杯子的表演，冲上热搜榜，赞扬了她坚守传统艺术，苦练 7 年练出了传统绝活，而且借助新媒体平台，让传统文化走进大众视野。这则报道有新闻价值，是典型的人物报道。该微信推文的呈现样式就不同于传统媒体的图文报道，其主体文案采取的是诗歌体排版，文字居中一行行排列，依据需要，部分文字标红色或蓝色，起到提示和加强的作用，便于用户搜索。在诗歌体的文字中间插入了截图、视频、动图等，实现了融合报道。这样的呈现方式是微信推文的常规样式，便于用户在快速滑屏的过程中获取一些关键性信息。

(二)融媒体报道微信推文的实施

当融媒体报道用微信推文来呈现时，可以是纯粹的、类似传统媒体的图文报道，一些调查类、人物故事报道经常采用这种形式。但微信推文作品更多的是融合类作品，包含图文、视频、动图、长图、交互、超链接等，有些微信推文的排版会使用一些版式模板，让作品呈现更加清新自然，便于阅读。大部分的微信推文还是以文字为主，但其文字崇尚简洁，文字排版很多时候非传统媒体的段落式，而是诗歌体的多行式排列，减少标点符号的使用，便于用户滑屏阅读。

微信推文报道的语言风格也分很多种。一些比较正式的报道，不能使用过多的口头语，应该更有逻辑性或者客观性。而一些趣闻趣事的报道，语言可以比较轻松、幽默、诙谐，甚至可以使用一些表情包，来吸引用户的兴趣。要注意微信推文不能一味地模仿或者套模板，需要有创新的地方。微信推文的创新可以体现在很多方面，可以在内容方面创新，也可以在排版方面创新。

二、创意 H5 作品

H5 是 HTML5 的简称，就是指第 5 代 HTML，是构建 Web 内容的一种语言描述方式。H5 作品不是简单图文视频的网页，而是融合了 3D 动画、动态信息图、深度交互等形式的融媒体产品。H5 作品虽然本质上仍是网页作品，但其信息呈现方式非常多样，720 度全景、一镜到底、画中画模式、走马灯模式、翻书模式……通过代码编写，H5 作品可以实现更多创意呈现方式，给用户新鲜的阅读体验。

（一）实例分析

1. H5 作品《致敬 | 好人耀仔：一位宁德村支书的 45 岁人生》

2016 年 9 月 15 日，福建宁德市古田县卓洋乡庄里村村支书周炳耀因在台风中保护村民生命财产而牺牲，年仅 45 岁。澎湃新闻制作 H5 作品《致敬 | 好人耀仔：一位宁德村支书的 45 岁人生》。该作品采用的主体模板是普通翻页模式，但整个作品以手绘插画形式复刻周炳耀生前最后的抢险故事，同时在作品中实现了图片和音视频的完美融合，点击相应村民的素描肖像，就会听到该村民对周炳耀的评价，在结尾处设置了献花的互动。该 H5 作品有效地将动漫、音频、视频、文字各元素融为一体，并辅以"下雨"等动画效果，给予用户沉浸式的体验，再加上移动端的传播载体，漫画式的讲故事手法引人入胜，非教条式的叙事方式很好地吸引了习惯使用移动端的年轻网友，是典型人物宣传的典型式创新。这一作品在 2016 年 10 月 17 日上线，48 小时点击量 280 万，总点击量 2000 万，网民献花量 55 万。除高点击量产生的社会影响之外，这一 H5 作品还获得了 2017 年世界新闻视觉设计协会优秀设计奖。

H5 作品《致敬 | 好人耀仔：一位宁德村支书的 45 岁人生》截图

2. H5 作品《美术馆里看政府工作报告》

2019 年全国两会期间，国务院中国政府网推出了插画手绘风格的游戏类 H5 作品《美术馆里看政府工作报告》。用户点击进入这部作品后，犹如置身美术馆中，墙上挂着各种绘画作品，每一幅画里隐藏四个政府工作报告中的标识，用户找到这些隐藏标识，就可以揭秘不同元素对应的报告内容。该 H5 作品设计极富创意，首先使用了手绘，同时设置了美术馆 3D 场景，提供沉浸式体验，找寻隐藏标识又有电脑游戏的元素。这些创意的设置，让作品的体验感很新奇，新闻信息的接收过程犹如置身美术馆观赏美术作品，寻找特定元素的过程富有挑战性，能激起用户参与的兴趣。

3. H5 作品《我把政府工作报告唱给你听》

2019 年全国两会期间，中国网联合歌手李炅佑推出 H5 作品《我把政府工作报告唱给你听》，该作品首先让用户回答报告中的相关问题，答对题目解锁相应的歌曲，最后 AI 将所有解锁的歌曲自动生成一段歌曲串烧。该 H5 作品融合了问答、游戏、音乐等形式，富有挑战和趣味性，能吸引年轻用户的关注。

（二）融媒体报道 H5 作品的实施

融媒体报道中的先进典型报道，可以突破传统的通讯图文报道，打破传统的刻板和说教的印象，利用 H5 形式，结合文字、手绘、音频、视频，同时设置互动环节，让报道变得更生动，更具有张力。H5 作品也可用于会议报道中的时政类新闻报道，可以采用问答、游戏、歌曲、投票等方式，增加信息接收的趣味性，吸引年轻用户的关注。H5 作品的包容性较强，可以较好地融合多种元素，在融媒体报道 H5 作品的制作中，需要大胆创新，并依靠相关新媒体技术手段实现这些创意，输出爆款产品，广泛传播相关新闻信息。

三、图解新闻

图解新闻主要使用图片配以少量文字的方式报道新闻，有图集新闻、长图新闻、海报体新闻等形式。图集新闻是指由多张新闻图片组成的报道，每张图片配简要文字说明，集合成一个影集。长图新闻将新闻信息集合在一张长的图片上，经常采用数据图表、手绘等形式。海报一般用于电影、产品或活动的宣传，海报体新闻将相关图片与文字设计成海报，海报与新闻报道结合，形式新颖，内容直接明快，还很有美感，阅读体验良好。

（一）实例分析

长图作品《与你有关 | 2020 年，
中国要实现这些目标》

海报体作品《20 张海报，带你看懂
政府工作报告》

以上两个图解新闻作品均为 2020 年全国两会期间报道。人民日报的长
图作品《与你有关 | 2020 年，中国要实现这些目标》，用一幅图解读了政府
工作报告中的 2020 年奋斗目标，长图提取了经济、就业、脱贫、养老、医
疗等人民群众普遍关注的点，用关键数据进行解读，阅读起来简单直接，清
晰明了。中国新闻网"画说两会"的海报体作品《20 张海报，带你看懂政府
工作报告》，共制作了 20 张海报，每张海报展示一个政府工作报告里的关
键数据，数据醒目，图文结合紧密，作品浏览起来轻松快捷，符合手机用户
的阅读心理和习惯。

（二）融媒体报道图解新闻的实施

图解新闻顺应读图时代的到来，用图片来解读信息，内容一般简洁清晰，阅读起来轻松快捷。图解新闻使用比较多的是长图新闻和海报体新闻，长图表现形式还可以更丰富，例如漫画等。

图解新闻经常用于解读和展示一些数据，用图来解读数据，能使数据更加清晰明了，而容易被记住。图解数据不会像纯文字那样形成数字堆砌，让人觉得枯燥而放弃阅读。融媒体报道中有很多与发展有关的数据报道，可以采用长图或海报的形式展现。

图解新闻的应用比较广泛。长图还特别适合展现一些程序性的信息，关于政府工作的一些程序性报道可以制作类似流程图的长图作品，较之纯文字更具体、直接、清晰。长图也可以用来讲述人物故事、解读政策等。海报还可以用来展现工作成绩，人民网曾推出一组反映武汉城市治理发展的海报作品，直接用武汉城市治理的图片反映成果，感染力强。因此，融媒体平台在报道相关题材时，都可以考虑长图或海报的形式。需要特别注意的一点是，长图和海报都属于视觉类作品，在制作时不仅要考虑内容，还要兼顾形式，注重设计感和美感。

四、融合短视频

融合短视频并非简单指时长缩短的视频，与传统新闻报道的视频相比，它充分包裹快闪、虚拟与真实交错、Rap、MV、手绘、动画、Vlog（动画和Vlog短视频比较典型，会在后面单独论述）等各种元素和形式，着力于切入角度的构思和创意，画风轻松愉悦。

（一）实例分析

1. 融合短视频《新中国密码：15665，611612！》

2019 年 9 月 27 日，新华社策划推出专题类短视频《新中国密码：15665，611612！》，为新中国成立 70 周年献礼。"15665，611612"是歌曲《没有共产党就没有新中国》曲谱手稿上第一句旋律的简谱。视频以歌曲《没有共产党就没有新中国》为主线，以歌曲作者曹火星女儿的讲述、曲谱特效为意象贯穿全片。整个视频并非简单历史影像的剪辑，而是将《没有共产党就没有新中国》乐谱放大，使之立体化，并动起来，新中国奋斗的故事就穿行在乐谱里面，运用富有创意和冲击力的表现形式，生动展现了中国共产党带领中国人民不懈奋斗，迎来从站起来、富起来到强起来伟大飞跃的壮伟历程，在新中国成立 70 周年之际，引导观众读懂中国共产党的初心和使命，上线后在亿万网民中产生强烈共鸣。该视频时长为 13 分 14 秒，寓意一生一世，其时长超出了一般短视频的时长，但视频回顾了新中国发展壮大的历史，就内容体量而言，其实算比较短的。该作品获得了第 30 届中国新闻奖融合创新类的特等奖。

2. 融合短视频《闪亮的名字》

2019 年清明节，央视新闻推出短视频作品《闪亮的名字》，视频时长为 2 分 26 秒。该融合短视频主要缅怀为了新中国的成立和发展而英勇牺牲的英烈。视频主体采用了手绘图片，同时也包含实景画面，配音使用了习近平总书记的讲话，视频虽然短小，但信息量比较大，表现方式也非常具有感染力。

3. 融合短视频《〈音小见大〉手绘 RAP | 绘一幅未来的画 开出幸福的花》

2021 年全国两会期间，华龙网推出融合短视频《〈音小见大〉手绘 RAP | 绘一幅未来的画 开出幸福的花》。该视频采用手绘水墨卷轴进行 360 度呈现，将虚拟与实景画面巧妙结合，以说唱类的 MV 形式作为解说，生动展示了脱贫攻坚、城市发展等工作目标，为网友描绘了一幅"十四五"开局和 2035 年远景目标的壮美画卷。整个作品鲜活生动，容纳了手绘、虚拟与现实交错、说唱歌曲等形式，吸引了年轻用户关注，赢得广泛点赞。

4. 融合短视频《未来中国什么样？AI 为你画出来》

2022 年 10 月 16 日，中国共产党第二十次全国代表大会隆重开幕。10 月 20 日，人民日报客户端推出融合短视频《未来中国什么样？AI 为你画出来》，该短视频创意运用 AI 绘图技术，根据党的二十大报告中部分词语描绘出一幅幅美好场景，包括生态环境、乡村发展、交通发展、对外开放、人工智能、航天科技等，全面呈现了未来中国发展愿景。该短视频融合了 AI 绘图、MG 动画、快闪剪辑等手法，短、快、简洁明了，画面优美，有视觉冲击力。

(二)融媒体报道融合短视频作品的实施

融合短视频形式多样，应用也比较广泛，融媒体报道可以在众多领域尝试融合短视频，有几个关键点需要注意：首先，内容上需要提炼信息点，因为融合短视频一般时长比较短，控制在 1~3 分钟，但包含的内容跨度比较大，只有在内容上精益求精，才能更好地呈现相关信息。其次，融合短视频制作需要创意，要有别出心裁的想法，它不同于传统视频，不是对实景画面的剪辑，在制作上一定要体现新意。最后，这些有创意的想法需要专业技术人员辅助实现，耗费的时间和精力会比较多，但一款有创意的融合短视频会取得惊人的传播效果。

五、动画作品

动画作品主要包括手绘动画和 MG 动画。手绘动画是绘制相关素材制作简单的动画片来报道新闻内容。MG 动画就是动态图形或者图形动画，融合了平面设计、动画设计和电影语言，它的表现形式丰富多样，具有极强的包容性。动态图形的主要应用领域为节目频道包装、电影电视片头、商业广告、MV、现场舞台屏幕、互动装置等，也常用于新闻报道。

（一）实例分析

1. MG 动画《"数说 70 年"：中国消费的"速度与激情"》

《"数说 70 年"：中国消费的"速度与激情"》是经济日报在 2019 年 9 月 23 日推出的"数说 70 年"系列 MG 动画作品之一。该作品用一些典型数据展示了人们消费内容、消费观念的变化，结合动态图形充分展现人民生活在 70 年历程中不断改善并持续提升的发展过程。MG 动画作品的数据由单调转向丰富，视觉设计美观，数据与图像紧密结合并互为补充，不仅有助于提升信息传达的精准度，更消弭了数字在视觉上的单调乏味。动画作品中数据由静态转向动态，在展现出分项数据的同时，更直观地凸显出数据对比情况及数据发展趋势，让用户在短时间内接收到大量信息，对发展全局一目了然。

2. 手绘动画《平民"苏大强"的一天》

2021 年全国两会期间，中国江苏网推出手绘动画《平民"苏大强"的一天》，该作品以手绘动画短片的形式将"十三五"规划期间的江苏成就化为普通百姓的日常点滴，从就业、教育、医疗、社保、住房、养老、交通、生态环境等角度展现江苏可感可及的美好生活。手绘动画将动画与新闻信息巧妙结合，让用户在观看动画片的过程中轻松接收了新闻信息。

（二）融媒体报道动画作品实施

MG 动画（Motion Graphics）就是动态图形或者图形动画，比较适合展示数据或讲述发展、相较于长图和海报等静态作品，MG 动画展示的数据和成就是动态的，数字可以动起来，属于视频类作品。MG 动画使用领域比较广泛，其作品需要有一个故事脚本，以故事来传输新闻信息。MG 动画作品制作工作量比较大，需要制作人员按照脚本进行简单动画片的绘图和制作。MG 动画一般使用不太多，但在合适的地方使用，可以达到可观

动画作品《平民"苏大强"的一天》片头图片

的效果。

六、Vlog+新闻

Vlog 全称 Video Blog，即视频博客，创作者通过拍摄视频记录日常生活。近年来，Vlog 表达方式进入融媒体报道尤其是融媒体会议报道领域，记者或与会代表拍摄自己参与报道或参会过程的短视频向用户传递新闻信息。

（一）实例分析

1.《小新的两会 Vlog》

2021 年全国两会期间，中国新闻网推出《小新的两会 Vlog》系列融媒体产品。该系列 Vlog 的拍摄者有中新网记者，也有人大代表和政协委员。记者 Vlog 突出实地体验，强化记者与新闻现场的关系，强化记者个人化表述，真实记录了记者在会议现场的采访感受。人大代表和政协委员 Vlog 以第一视角记录参会感悟，能让用户更深入地了解他们的履职历程。与播报类的短视频相比，Vlog 的形式更加"接地气""有人缘"。

2.《"友文有闻"Vlog》

2021 年全国两会期间，解放军新闻传播中心网络部的"友文有闻"栏目上线，其间共推出三期"友文有闻"Vlog 视频。记者何友文通过自拍的 Vlog

视频展示了记者工作的台前幕后，带给用户不一样的两会体验。三期视频采用轻、快、灵的摄制方式，使用便携设备 Pocket 进行伴随式拍摄，与采访对象以生活化语言进行交流，呈现"接地气"的新闻报道。

（二）Vlog+新闻的实施

Vlog 叙事视角个人化，注重文本表达的个性化，赋予报道以情感和交流感，有较强的社交属性，对于年轻用户群体具有较强的吸引力，是媒体在媒介融合方面做出的新尝试。

在融媒体环境下，融媒体报道可以广泛采用 Vlog 的呈现方式。Vlog 打破了固有的"仪式传播"，"我"的第一人称的表达使新闻具有故事化表达倾向。Vlog 带给用户类似"沉浸式"的体验，同时增加了媒体人、新闻人物工作场景等内容，打破了台前与幕后的界限，使报道具有生活化和社交化的特征，减少了传统新闻报道的压迫感。Vlog 使用户获得对新闻报道的价值与情感的双重认同，这在一定程度上会激活年轻用户群体，让融媒体报道获得年轻群体的青睐。

第二节　融媒体报道的视觉设计

新闻报道的视觉设计是基于新闻主体，在符合新闻规律的前提下，对新闻的文字、数据、图片等元素的搭配及布局进行设计。通过对新闻的版面、字体、布局、色彩等各种元素进行设计，为读者提供准确、美观、时效性强的新闻报道，以视觉传达的方式促进新闻传播的效果。① 融媒体时代，新闻报道视觉设计的内涵发生了巨大改变。传统媒体时代，视觉设计工作多通过美术编辑这个角色来实施和完成，工作内容以版面设计、图片摆放、文字排列等为主，对新闻内容起包装作用。随着信息技术的进步和用户需求的改变，美术编辑的角色和职能定位发生了前所未有的变化。在新媒体技术的支持下，传统美术编辑逐渐向视觉设计领域转型，更直接地参与新闻内容生产、传播等环节。因此，设计人员在进行视觉设计时，应明确新闻内涵，深挖新闻要素，从新闻报道的内容与内涵出发，通过视觉设计实现对内容的再生产、再加工，并以最具视觉冲击力的形式凸显新闻价值，从而最大限度地实现"内容为王，设计添翼"。

---

① 李幸霞. 新闻设计在重大新闻报道中的作用[J]. 新闻研究导刊，2016(4).

一、融媒体报道视觉设计的作用

相比传统媒体新闻报道的视觉设计，融媒体报道的视觉设计更加重要。微信推文、HTML5 作品、长图、海报、融合短视频、动画作品等，都存在文字排版是否清晰、颜色搭配是否合理，还有一些图片、符号的运用是否得当等问题。一个融媒体报道文字排版清晰美观，颜色搭配协调舒适，界面元素结合浑然一体，令人赏心悦目，用户就更愿意去浏览。相反，如果文字排版拥挤、让人找不到重点，颜色杂乱，元素之间没有关联，整个页面比较丑陋，内容再好，用户也有可能放弃阅读。

随着融媒体时代的到来，新闻报道模式发生巨大改变，有效促进了新闻传播效率的提升。同时，视觉设计的引入进一步实现了信息传递与审美表达的有机结合，给用户提供了很好的视觉体验。只有发挥出视觉设计在融媒体报道中的作用，科学运用视觉元素，才能促进融媒体时代新闻报道的传播力和影响力不断提升。

(一)视觉设计增强融媒体报道的冲击力

在融媒体时代，网络平台存在着各式各样的报道作品，用户开始厌倦相对单调的文字新闻，同时随着生活节奏的加快，用户也更加不愿意花费大量的时间去一一筛选和阅读新闻。利用视觉设计手段进行包装的融媒体报道，比文字新闻更具有视觉冲击力，更能在第一时间抓住用户的注意力。一个美观抢眼的视觉设计能够聚集用户的注意力，使其产生良好的共鸣。融媒体报道通过增加图片、视频、动图等视觉元素，与文字内容相配合，吸引用户眼球。

(二)视觉设计使融媒体报道更直观

融媒体报道的视觉设计惯用图片、图表来表述信息，用信息图表代替部分文字表述。信息图表具备直观、高效等优点，可以将烦冗的文字、复杂的数据等加以整合，满足用户对新闻信息直观易懂的需求。同时图表具有定量的精确化特点，符合新闻对复杂报道的精准性要求。设计师在获得新闻的文字信息后，经过设计提取出来的图表或可视化新闻长图，通常直观明了。可视化的新闻图片在传达信息的时候，较之文字有着直观的优点。经过设计师视觉编辑后的融媒体报道，特别是可视化新闻报道，比用纯文字传递的新闻报道更加容易被用户获取，更具有直观性和说服力。

(三)视觉设计实现新闻信息重新整合

视觉设计的涉及面较广，包括文字、插图以及标志、虚拟影像等要素，对各要素进行优化设计，能实现新闻信息的重新整合，从而实现新闻报道的有效传播。融媒体报道中，经常使用一种经设计者再创作而成的图像信息，如新闻漫画、手绘图片等，它除了具有一般图片的优点之外，还有着自身的特点。新闻漫画有再创作的过程，根据作者的不同而带有各式各样的风格特征，抓住现实中事物的某一或某几个特点进行夸张，特征更加鲜明，诙谐幽默，让人印象深刻。手绘图片也具有个性化特点，手绘的过程就是新闻信息的再加工过程，是信息再提炼的过程。视觉设计的过程，就通过各种手段重塑对信息的表达。

（四）视觉设计营造愉悦的接收体验

对视觉设计进行优化创新，能从视觉体验上带给用户精神上的愉悦感。融媒体时代的新闻报道中，基于视觉设计的新闻报道，立足视觉美学，谋求艺术魅力的彰显，可以提高新闻报道的质量。融媒体时代就是读图时代，黑压压的文字不适合融媒体报道。在用户刷手机的过程中，清晰少量的文字加图片更能让人接受。用户对视觉感知的需求，实际上是一种视觉感官的审美享受。用户在接收一条信息时，首先感受到的是"好看"，才愿意继续看下去。合理的图文结合布局，不但能起到视觉平衡的作用，还能通过图片和留白给读者以享受和呼吸的空间。而更高层次的视觉设计能够使融媒体报道在简单的表面之下蕴藏着值得回味的情感，用看似浅显的形式来表达深刻的道理，有深入浅出的意味。视觉设计还包括交互的设计，力求在新闻报道中实现传受双方的良性互动。融媒体时代对新闻报道提出了新的要求，融媒体报道要发挥视觉设计的积极作用，利用多种媒体形式实现虚拟形象的交互传达，丰富和提升报道的接收体验。

（五）视觉设计使融媒体报道的表现形式更丰富

信息技术飞速发展，网络和新媒体给予了大众获得新闻的多种渠道，这就要求融媒体报道不但要追求时效性和深度，也要注重报道的视觉表现形式。传统意义上为传统媒体所独有的"独家新闻"已经少之又少，而视觉设计能够让报道在表现形式上更丰富，从而更显独到。精心设计的长图、HTML5作品、漫画、海报等丰富了融媒体报道的形式，同样的信息，经过不同的视觉设计，能让用户有完全不同的获得感。

二、融媒体报道视觉设计的特点

（一）创意性

融媒体报道视觉设计非常讲究创意性，虽然它也会去套用一些固定的模板，但需要根据自身的报道内容进行一些修改。那些让人眼前一亮、构思设计新颖的作品，才能更好地吸引用户，并得到转发和传播。排版样式、配色、情景设计等，都可以创新。所以，融媒体报道视觉设计需要抛开模板，摒弃惯性思维，发挥创造性思维，这样才能出精品。

（二）交互性

随着互联网技术的不断发展，视觉设计通过各种方式与大众进行视觉交互。尤其在数字媒体背景下，各种数字媒体相互融合，给视觉设计的传达提供了强有力的平台支撑。视觉设计的传达活动在各种数字媒体上展开，设计成果通过各种数字媒体对外传播，体现出明显的交互性特征。融媒体报道的视觉设计一定要注意对交互的设计，因为在融媒体时代，用户不再只是被动接收信息，而是需要通过各种互动环节参与报道，用户的主动性更强，这种参与的过程也能激发用户的阅读兴趣。在 VR 技术的支持下，文字、图片、音频、视频等多种形式全面结合，用户在接收新闻内容时，由"旁观者"变为"参与者"，基于第一视角感受新闻，从而获得别样的体验。以央视新闻推出的 VR 报道《百里漓江，百里画廊——跟着习近平总书记走进漓江》为例，报道运用 VR 技术，让用户仿佛置身于漓江之上，深入感受桂林山水风光。在此过程中，用户可根据自己的喜好自由选择场景，转动手机即可实现游览景观的变换。同时，还可根据每个场景中的短视频和文字介绍，了解更多信息与细节，在参与交互体验的过程中了解更多与漓江相关的历史背景与地域文化知识，拓宽自己的知识面。

（三）个性化

融媒体时代，面对海量媒体信息，唯有突出个性、彰显个性，才能脱颖而出。视觉设计的成果是设计人员脑力劳动的结果，虽然设计理念有共通性，但针对具体的设计问题，每一个人的感受和想法又是个人化的，打上了自身的经历、知识、阅历、体验的烙印。所以同一个融媒体报道，不同的人的设计效果肯定是不同的，里面包含了个人的设计理念和审美风格。融媒体报道视觉设计以个性化表达为中心，匠心独运地结合新闻报道的内容进行深度融合设计，形成特定媒体风格，同时将新闻恰当精确地推送给用户。融媒体时代，新闻报道视觉设计的个性化表达是重点，也是难点，应在视觉传达的美观性和艺术感方面精益求精，在"新拟态环境"下凭借视觉化呈现与个性化互动，凸显新闻报道的价值观，实现独有的视觉效果和文化内涵的深度融合。作为设计人员，需要不断提高自身的审美能力和设计能力，这样完成的视觉设计既具有鲜明的个性特征，又能被广大用户认可和接受。

（四）多元化

在新媒体时代，单一的视觉设计已不能满足用户的需求，呼吁多种不同视觉元素的组合创新。融媒体报道视觉设计包含诸多元素，文字、图片、图标、色彩、图表、动图等，为发挥各元素的优势，让设计更具美感和吸引力，更好地传递信息，应将其结合使用。如"图片+文字+图表"，图片能让抽象的文字更直观，同时免去用户阅读长篇文字的烦琐过程，文字则能解读图片的意境和美感，让用户对图片产生更强烈的代入感，图表则可以清晰地呈现数据。视觉设计同时对各元素进行合理的分配，能让整个作品浑然天成，具有美感。由此可见，视觉设计的传达具有多元化特征，不同元素的变化可以呈现多种多样的视觉效果，进而实现新闻视觉传达效果的最优化。要确保视觉设计的传达效果，设计人员应着力思考各设计元素的结合方式。

（五）动态化

融媒体时代，新闻传播内容由静态展示转变为动态呈现，例如图片，可以通过点击或滑动去呈现，也可以变成动图，数据也可以通过点击显示等。视觉上的动态化让作品变得灵动，同时也增加了交互性。动态展示具有更强的感染力，对新闻内容进行动态化处理，能给用户带来全新的阅读体验，从而有效增强新闻的传播效果。要优化融媒体报道的传播效果，应加强视觉设计的动态化转变，对图像、色彩、文字等进行动态化处理，将听觉艺术融入视觉空间，还可以利用虚拟现实技术还原新闻事件的现场，以视觉、听觉传达和触觉感受的体验设计，重现新闻故事场景，带来"临场感"，让用户身临其境地感受新闻情境。此外，可对多种报道形式进行优化，使之立体化、动态化、视听交融地呈现，文本、图片、音视频等融为一体，呈现出内容丰富、形态多元的新闻信息，激活用户对新闻信息的兴趣，增强融媒体报道的传播效果。

三、融媒体报道视觉设计的运用

（一）文字排版要清晰直观，突出汉字和数字的表现力

在信息化社会，用户需要在有限的时间内最大化地获取新闻信息。因此，融媒体报道在文字排版上要清晰直观，适应"快速阅读"的要求，让用户在刷屏的过程中，快速锁定自己需要的信息，抓取其中有价值的信息。版式的简洁清晰化设计，是为了保障核心新闻信息数据被有效提取，可以为重点稿件精心设计内容提要，提取关键词，突出重点内容，这样可以缩短阅读时长，提高传播效率。2022 年 12 月 10 日，人民日报微信公众号刊发报道

《很重要！特殊时期，居家用药安全提示》，报道主体为 10 张图片，图片上全部是文字，但在排版时，文字大小、颜色都有区别，用户如果是快速浏览，可以选择只看较大的字，也就是最主要的信息，如果想获取更详细的信息，可以阅读大字下面的小字。

《很重要！特殊时期，居家用药安全提示》图片

汉字是象形文字，具有形式美和意境美。融媒体报道视觉设计中，可以通过设计汉字形状，传达美感和韵味。人民日报微博《百字词语话百年》中，在中国共产党成立 100 周年这个富有历史意义的时间节点，从"百"字出发，话百年历史。做旧而显斑驳的"百"字被单独放大，配以中国红，让"百"字的多重意义展现得淋漓尽致。

在融媒体报道中，除文字外，数据也是新闻内容的重要组成部分，把关键数据用简洁明了的设计凸显出来是视觉设计的重要工作。把准确的数据信息与图片内容结合起来，不仅能让新闻内容准确精练、一目了然，还能增强新闻报道的权威性。设计后的数据不再是冰冷的数字，通过与文字、图片的融合，具备了新闻事件的热度，能与用户建立起情感联系。在人民日报微博《说到做到！12 组数据看中国减贫奇迹》中，在图片信息的基础上加上了令人信服的数据，让改革开放以来中国的减贫成就跃然图上，信息传达准确清晰，一目了然。

"为天地立心，为生民立命。" 2020年底，中国现行标准下9899万农村贫困人口全部脱贫，832个贫困县全部摘帽，12.8万个贫困村全部出列。

《百字词语话百年》图片

《说到做到！12组数据看中国减贫奇迹》图片

（二）色彩搭配和谐，突出色彩的表现力

融媒体报道中存在各种图片或界面，图片或界面上的颜色往往有好几种，颜色种类不宜太多，色彩过于缤纷，会影响文字信息的接收，同时颜色的搭配要符合一定的美学原理，两个不协调的颜色放在一起，看起来别扭。要做好色彩搭配，一是与创作人员的审美有关，二是需要专业的视觉设计的学习。如新浪新闻在2015年全国两会推出的长图报道《谁动了纳税人小明的钱包？》，颜色搭配就很舒服。长图以浅灰色为底色，主色为深蓝和深红，三种颜色比较柔和，在作品中协调一致，相得益彰，让人看了感觉很舒服，不会喧宾夺主，文字信息的呈现也是一目了然。在融媒体报道的色彩设计中，除了色彩搭配要合理，还要突出色彩的表现力，用色彩去渲染气氛或情感。色彩的感染力相当强，一个成功的色彩设计可以让融媒体报道拥有生命力，感染观众情绪。例如，央视新闻微博围绕"建党100周年"主题发布图片，运用黑白色和彩色，将今昔场景进行对比，从而让用户深刻地感受到一百年来我国的发展变化。在人民日报微博《奥运健儿的赛后采访有多"凡尔赛"》中，运用抠图的方式把运动员形象置于画面底部，上面是放大的红色文字，用白色对话框衬于红底之上。红色本身富有激情，配以运动员的动作、表情，瞬间充满张力。

《谁动了纳税人小明的钱包?》截图

《奥运健儿的赛后采访有多"凡尔赛"》截图

(三)学会用图像说话

图像分为再现现实的摄影图片和插画类图片。在融媒体报道中,摄影图片的影响力毋庸置疑,一张抓人的摄影图片可以瞬间吸引人的注意力。摄影图片呈现的是时间长河里的一瞬间,一瞬间的定格有时比流动的影像更让人有记忆点。除了摄影图片,融媒体作品里越来越多地使用插画类图片,在插画类图片中又经常使用手绘图片。微信推文、长图、HTML5 作品、融合视频中都能看到手绘风格的图片,手绘图片比实景图片更有艺术感染力,除了可以展现实景无法展现的内容,还可以让融媒体报道有新意,带来愉悦的浏览体验。2020 年全国两会期间,人民日报微信公众号推出插画类的微信推文《民法典和"小明"的故事》,该作品包含 14 幅手绘图片,每一幅图片描述虚拟人物"小明"在一生的某一时刻与民法典有关的事项。

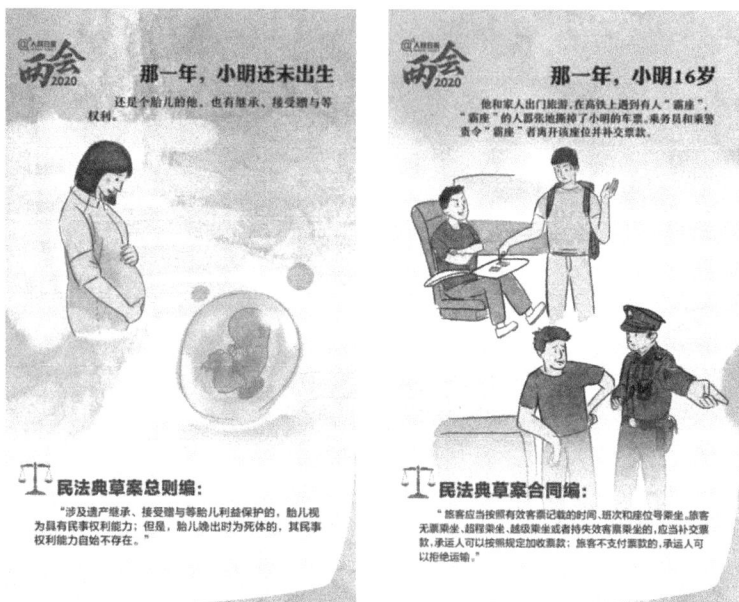

《民法典与"小明"的故事》截图

（四）应注重图形的表现力

图形是视觉设计的重要符号，承担着联系用户与传达信息的功能。图形的优势是简洁、直观，不仅可以提升新闻内容传播的便捷性，还可以对图像信息起到有效补充的作用。在视觉设计中，设计人员应充分发挥图形的优势，突出图形的表现力。图形简洁的外形可以在繁杂的信息中被更快识别出来，表达准确的图形可以让用户迅速获知要传达的信息。在图片信息传达不便利、不准确时，图形是很好的信息媒介。在人民日报微博《〈中华人民共和国民法典〉案例》中，借助图形的方式，把繁复晦涩的法律条文简洁地表达出来，方便大众更好地理解并记住法律条文。在 MG 动画作品中，图形使用比较多，一些动态图形可以生动形象地传递数据或其他信息。2021 年全国两会，新华社推出融媒体报道 MG 动画《漫谈两会：热词里看"十四五"开局之年的两会》，里面用了一些简洁的图形，配合解说词，直观传递"十四五"的远景目标。2022 年全国两会期间，光明网推出光明两会特别策划 MG 动画作品《这组词云，带你一览 2022 年最高检工作报告》，创意性地用词云图形解读了最高人民检察院工作报告，内容清晰明了，形式新颖。

MG 动画《这组词云，带你一览 2022 年最高检工作报告》截图

　　融媒体时代，新闻媒体想在海量信息资源中赢得竞争优势，就应重视报道视觉设计中文字、色彩、图像和图形的表现力。同时深入把握视觉设计的未来发展趋势，注重在视觉设计中组合多种不同视觉元素，由静态展示向动态化转变，注重新闻视觉的个性化表达，从颜色、图形、质感、版式等视觉维度进行研究。充分利用新媒体技术的优势，对新闻的视觉设计方式进行大胆创新，用多维度、动态化、个性化的视觉设计升级新闻的视觉表达，注重界面整体设计，对文字内容、图片、图表通盘考虑，避免"两张皮"，在版面上力争形成视觉中心，吸引用户阅读兴趣。明确视觉设计在新闻传播领域的意义与价值，将丰富的艺术内涵融入新闻内容，进而生产出更多满足新媒体时代发展要求的新闻产品，为用户带来更好的新闻阅读体验和视觉享受。

　　"视觉为先"是新闻报道的发展趋势，这就要求对传统的新闻产出模式进行改造，对其组织模式进行创新，优化新闻报道和视觉设计的流程，打破传统的部门独立工作模式，将采访、编辑、视觉设计、图片编辑、网站设计、多媒体制作等多工种和部门进行融合，对新闻内容的生产、加工和完善进行集中处理。文字记者和编辑提出设计理念与需求，并将数据和背景资料等信息提供给设计人员，设计人员可以依据这些需求和信息来设计出新闻图片、新闻图表等，双方轻松顺畅地沟通，提高效率。

第三节　加强交互　注重体验

互联网的发展已经从 Web2.0 时代走向了 Web3.0 时代，不同时代下的网络传播具有不同的特点。最直接的体现就是对于人们阅读方式的影响，人们的阅读方式与阅读习惯已经渐渐从传统式转变成互动体验式。人们在阅读的时候已经不满足于纯文本阅读的方式，纯文本的阅读往往令用户觉得枯燥乏味。用户在阅读新闻时，既希望看到客观的文字记录，又希望看到视频化的情景再现。而如今随着新媒体的高速发展，互动体验式阅读已然呈井喷式增长的态势，为用户多种多样的需求提供了实现的可能。在融媒体时代，报道可以借助技术，实现双屏互动、照片识别、语音识别、个性化定制等。例如用户可以通过自主选择按钮，接收不同的信息；可以在报道里献花、献唱、玩游戏；可以通过报道的一些装置，进行自我检测；可以通过特定方式直接参与事件，与报道里面的人物对话等。融媒体平台相较于传统媒体，最突出的特征是改变了信息的单向传播模式，创造了信息传播者和接收者之间随时随地的双向互动传播模式。融媒体时代，用户接收信息的体验感得到了提升，不是被动接收报道内容，而是可以按照自己的喜好选择信息接收顺序，或者挑选自己感兴趣的部分进行阅读，并且接收信息的过程不是单纯地阅读，还有各种互动环节。在传统媒体时代也存在互动，受众可以通过写信或拨打热线电话的方式进行反馈，但这种互动程度不深，互动量较少，也不是及时的，受众对于报道的参与度不够，对于信息接收方式的选择权不大。融媒体时代，信息传播中的互动量大，互动及时，互动方式多样，这些都是传统媒体时代无法比拟的。

一、融媒体报道交互性的内涵

网络时代带来的传播者和受传者权利的改变，促使了网络传播的交互行为。传播者和受传者在信息交流过程中不断进行直接互动和身份互换。所谓直接互动，就是传受双方不需要借助复杂介质的辅助直接进行交流，并能做出即时的反应；所谓身份互换，是指传播过程中，传播者和受传者的身份并不是固定的，而是根据相应情况作出改变，传播者可以是受传者，受传者也可以是传播者。值得一提的是，在交互传播的过程中，双方的权利和地位是对等的，这就保证了信息在媒介和大众间的平等互换。

在信息传播领域，交互性是指计算机网络借助接收和发送信息的功能来实现双向传播的功能。交互性被视作传播者和受传者之间的信息互动，媒体通过大数据和云计算定制个性化内容进行信息推送，用户提供浏览痕迹表达个人喜好，同时通过留言反馈个人意见，媒体通过作品接收样式以及一些交互环节的设置，让用户可以更好地参与报道，参与报道内容的制作、传递等。

融媒体报道的交互性是基于对话理念的新闻生产者利用技术吸引用户参与，用户体验接收路径的过程。用户能够获取及时的新闻信息，特别是感觉与世界互联的超文本信息，并可持续获取使用，有评论分享的设置。新闻生产者为用户提供各种形式的内容来体验新闻，从简单的文本到图形、动画、音视频、内容中嵌入的超链接和按钮，多媒体新闻中用户被视觉、声音、运动、触摸和界面的新颖感所吸引，通过观看、点击、滑动、悬停等与界面功能进行物理交互，激活感觉，这种物理互动可以扩展用户的认知体验。同时，用户在物理参与中借助导航设置、开放资源、多模态分层信息等，选择他们想要看到的东西，参与社交网络，并控制他们想接收的信息的速度和格式。评论作为新闻参与的突出体现，在多数人为网络"潜水者"的背景下显得格外重要。用户可以参与文末评论、问卷调查或新闻话题等，对新闻进行评论，与他人分享信息、交流情感，也可以浏览他人的评论，从评论中获取观点、乐趣和认同，交互是提供新体验和创造乐趣与价值的途径。在数字多媒体新闻故事里，感觉身在现场也是快乐的一种体现，看新闻如同到了新闻故事发生的地点，更不用说用户通过新闻阅读认识世界和环境，通过有人情味的故事唤起对美好世界的热爱或对社会问题的愤怒等情感。

基于交互性的融媒体报道中，交互设置是指设计用户和报道互动的一种机制，以用户体验为基础进行人机交互设计。融媒体报道的交互设置要考虑用户的背景、使用经验以及在操作过程中的感受，从而使报道符合用户的思维逻辑，最终使用户在浏览融媒体报道时心情愉悦。

二、融媒体报道加强互动的作用

(一)给用户带来愉悦体验

交互式的融媒体报道注重用户的兴趣，对视频、音频、文字、图片进行有机整合，从而开创了互动体验式阅读，让新闻浏览变得更有趣，更多样。多手势切换的互动方式参与其中，通过点击、长按、上下翻页、左右滑动这样基本的手势操作实现了触摸优化。随着手机技术的高速发展，手机客户端能够产生的触发方式也越来越多，这是最吸引用户进行阅读的兴趣点。融媒体报道交互设置首先应该从用户情境出发去设计，让用户在进行操作的时候感到便捷，而且达到愉悦和舒适的体验感。如今，交互设置的策略从传统的注重功能性体验，转向以用户的情感为设计的出发点，深度挖掘所设计的报道产品中的情感元素，这成为当今融媒体报道交互设置的发展趋势。设计者将能唤起情感的设计融入报道，从而实现情景与情感的完美融合，给用户带来超出期待的情感体验。

（二）让融媒体报道具有创意

融媒体时代，新闻报道内容的唯一性是很难做到的，但融媒体报道交互设计在新媒体技术的加持下，具有很多的创意空间。交互的方式、形式、环节都可以百变出新。即使报道的内容是相同的，由于报道中的交互方式是新颖别致的，也可以让报道独树一帜，获得更多的关注。

（三）有利于融媒体报道的社交传播

融媒体时代的信息接收注重分享与传播，大部分用户会查看朋友圈，当用户看到别人都在转发某个报道时，自己也会加入转发的行列。一个报道转发频率高，一般是因为报道内容有价值，能吸引大家的关注，但也有很多时候是因为报道本身的交互设置有意思，用户参与了，获得了不一样的体验，希望与大家分享这种体验，进而促进了该报道的社交传播。互动体验式阅读，就是用户在阅读过后产生了订阅、评论、转发的使用行为。例如在庆祝中国人民解放军建军90周年的火热气氛中，人民日报客户端与腾讯天天P图合作推出的H5作品《快看呐！这是我的军装照》，由于操作简单，互动性强，许多用户将自己生成的军装照分享到朋友圈、微博等社交网络平台，形成了刷屏态势。最终该作品史无前例地达到了8亿浏览量，也获得2018年中国新闻奖融媒互动一等奖。

（四）有利于更好地了解用户

媒体推送包含各种样式的交互报道，通过大数据后台，可了解不同用户群体对于不同交互方式的态度和反应，进而了解不同年龄、身份的用户的信息接收心理。在了解用户对于互动内容和形式的喜好后，媒体可以根据不同的推送对象，设置不同的交互环节，或者去改善作品的交互设置，进而提升报道的质量以及投放效果。

三、融媒体报道加强交互的具体方法

（一）图片的交互设置

融媒体报道中的图片一般包括照片、名片、漫画、图标等形式。图片的

交互设置有点击链接显示图片，左右滑动显示更多图片，点击图片跳转到其他界面等。2020 年全国两会期间，新华社客户端的融媒体报道《指尖上的报告》，其主界面将图片设置成大拇指的形状，用手指滑动图片显示其他图片和相应信息。

（二）音视频中的交互设置

音频和视频是融媒体报道中经常使用的元素。在融媒体报道中，音视频的交互设置给用户很大的自主选择权，用户可以根据自己的爱好和意愿选择是否播放音视频，以及播放的顺序等。

（三）地图的交互设置

数据地图在融媒体报道中应用较多，主要用于地理要素的展示和呈现。采用形象化的手段把数据信息在地图上标示出来，可以把地理位置和地理要素等信息直观地呈现给用户。地图不仅可以是静态的，还可以变得数字化，具有交互性。交互性地图是在静态地图上附加交互功能，通过点击展示详细信息的方式与用户进行交互。查看可视化地图中绘制和包含的位置数据，既能增强用户对于信息的理解，又能提供有价值的新闻背景信息。2016 年全美网络新闻奖获奖作品——《卫报》的《克恩县调查》主要关注警察滥用武力问题，该报道就使用了交互地图。报道将数据库中每一个案例的发生地点在地图上标注出来，每个黄色色块代表一个案例，通过色块的密集程度，用户能清晰地感受到警察执法致死事件的地域分布。此外，每一个色块都和相关的人物案例关联，单击色块，用户能看到对每个案例的简单介绍。

（四）词云的交互设置

词云，也叫词频图，就是将文本信息中出现频率高的重点词组予以视觉突出，按照出现频率的高低设计字体大小，形成"云状"堆积，使用户从复杂信息中迅速领会关键词。词云的交互设置以颜色深浅和字号大小来展现不同词组的出现频率，同时箭头移动到词组上时还会出现实时的词频统计，有利于读者即时了解相关信息。除了点击显示词频统计，词云还有另一种交互方式——选择分类。在融媒体报道中，可以按照词风或者年代将词语分类，便于用户更清楚地掌握不同类别信息中出现的高频词语。

（五）时间轴的交互设置

时间轴是按时间顺序记述事件的一种方式，通常用于时间跨度大的主题。新华网数据新闻《好在有你》用时间轴标记了从 1951 年到 2007 年各项政策和重大事件的发生，用滑动浏览的形式即可回顾中国特殊教育的发展历程。除此之外，还可以利用时间轴展现事件随时间的变化趋势。如新华网数据新闻《出国留学值不值》盘点了 2000—2014 年归国留学生人数，并用折线图标注了归国留学生人数增长率和各国失业率变化情况。图表中不同颜色的圆点代表了不同的国家，移动鼠标至不同的圆点处，就会浮现该国留学情况等具体数据信息。

（六）H5 新闻产品的交互设置

H5 新闻产品是依托 HTML5 界面，整合多种视觉元素，建立关联性进行新闻叙事的一种报道手段。交互方向的 H5 作品，重点放在和用户的交互体验方面，交流互动用得好，可以让用户产生充分的代入感和参与感，这就需要用户在互动过程中能被调动探索的欲望，能够一步一步按照设计师的思路看完作品。2019 年全国两会，H5 作品《点击！你将随机和一位陌生人视频通话》中，用户点击拨打模拟电话，便会随机跳出不同职业群体的页面开始通话，并呈现一定的场景画面。结束后，用户可自主决定是否继续下一个通话，它模拟了微信视频电话，构建了用户熟悉的社交场景，增强互动的同时也注重用户体验，取得了不错的传播效果。H5 新闻产品中诸如互动小游戏、交互型动画页面、可视化新闻等，为融媒体报道提供了大量不同形式的载体。过去传统媒体所生产的内容，是让用户被动接收，而 H5 新闻产品则为用户提供了各种各样的互动参与方式。

可通过 H5 界面的触摸优化进行交互设置。点击选择、长按拍照、滑动切换等是 H5 新闻作品常用的交互方式。H5 交互式界面的触摸优化将会让用户感觉到科技的发展触手可及，用户在进行体验时的需求是可触感，不再是单纯的翻页等，而是用多手势切换的互动方式参与其中，通过点击、长按、上下翻页、左右滑动、摇一摇这样基本的手势操作实现触摸优化。

H5 新闻作品可以借鉴游戏化元素设置互动。游戏化在新闻内容生产中的应用，能够将文本、图像和视频等新闻叙事形态与互动技术相结合，通过技术手段再组织新闻故事情节，新闻叙事不再拘泥于单一的文本化表达，传受双方的互动叙事能够让用户参与和体验新闻，增强用户对新闻的感知力度和深度，缩短用户与新闻的距离。这种互动性、沉浸式、情景化的游戏化叙事方式，能够让用户在新闻场景中进行内容的主动选择和信息的自由获取，并以亲身参与和体验的方式，从视觉、听觉、触觉等各感官层次，获得对新闻的认知。2016 年全国两会，新浪网创意推出 H5 互动融媒体产品《人民大会堂全景巡游》，该产品提供了六种身份选择，用户选定身份后即可进入该身份的独特视角，通过滑动、点击等交互方式，以第一人称视角 360 度趣味探寻人民大会堂。2022 年全国两会期间，津云客户端推出游戏化的 H5 作品

《一手好牌》，用户随意抽取一张牌，之后显示我国相应的科技成就，这里模仿了打牌游戏中的抽牌环节，作为信息的导入按钮。人民日报在 G20 杭州峰会期间，借助手机游戏"精灵宝可梦 GO"的游戏形式，融合杭州独具特色的人文和地理场景，设计制作出了交互性 H5 产品《G20 小精灵 GO》，让用户在寻找"小精灵"的过程中感受不同国家的特色和风采。2019 年中国新闻奖三等奖获奖作品《点击"浙"字跳起来，看浙江 40 年不凡之路》，模仿了小游戏"跳一跳"的游戏模式和设计，让用户通过指尖的点击触发在几分钟内"读"完浙江 40 年改革发展史，将大量的信息借助游戏的方式简洁而有效地传递给用户。对于一款游戏化的 H5 新闻作品而言，场景的设计、搭建以及交互方式，对用户的游戏体验感和沉浸感的营造尤为重要。用户本身无法身临现场，而通过对新闻场景的再现和模拟将用户带入互动场景，借助游戏化的交互设计，使新闻内容与人机互动巧妙地结合，能为用户带来一种更具交互感和沉浸感的新闻阅读体验。

H5 新闻作品中 UGC（User Generated Content，用户生成内容）是一种比较深度的交互，用户不仅接收新闻，同时也主动地参与新闻生产，制造内容。用户通过输入文字、图片、绘制的图形或者录音等，使之变成媒体内容的一部分呈现。与此同时，用户参与感的满足、表达话语权的实现，也使得他们更愿意在社交媒体中分享。2022 年全国两会期间，长城新媒体推出的交互式 H5 作品《奋斗吧，中国》，采用剪纸海报展现了 2021 年中国取得的重大成就，同时用户可以上传自己的照片，生成属于自己的"奋斗吧，中国"海报，交互体验感非常强。

AI 智能创作也是 H5 新闻作品中交互的一种重要表现方式。不同于传统媒体的单向传播——媒体生产什么、用户就看什么，H5 报道中的 AI 智能化给新闻报道提供了一种新的可能。2018 年全国两会，中国之声推出 H5 作品《王小艺跑两会 一切听你的》，正如作品名称所说的"一切听你的"，在场景沉浸的基础上加入许多交互式体验。AI 识别用户不同的拍摄手势后，可分别对应不同的报道场景。报道的未知性和丰富性带给用户别致的惊喜体验。该报道利用 AI 智能化实现了用户体验的升级，同时增强了交互性。

VR 这一新兴技术在新闻实践中的应用，改变了传统新闻报道以"传者"为中心的新闻生产逻辑，为实现新闻报道方式的创新提供了一种新的发展思路，有助于传媒行业探索更具丰富性、创新性的新闻呈现方式。H5 新闻作品借助 VR 沉浸、交互两大核心优势，全方位调动人体感官，让用户观看新闻时产生身临其境之感。此外，VR 融合了文字、图片、视频等多种视觉表现元素，将用户置于根据新闻现场建构的多维度、立体化的虚拟场景中，摆脱了传统新闻报道单一平面化的信息呈现，形成了一种参与性与互动性更强的多维立体化的信息环境。

除了以上介绍的交互设置方式，H5 新闻作品中的弹幕、作品后面的评论留言等都是比较常见的，还可以设置投票、问答、调查等互动环节。

（七）新闻游戏的交互设置

"游戏化"和"新闻游戏"是两种不同的交互叙事方式。"游戏化"是指改变传统新闻文本的呈现形式，使其具有游戏的交互功能，但文本本身并不是以游戏的形态呈现的。新闻游戏则是以社会热点、时事新闻为题材制作的小游戏，是技术开发人员利用游戏建模软件开发出的与用户进行互动的方式。新闻游戏让交互叙事更进一步，它通过对新闻文本的解构和重组，让用户在规则的制定框架下自主进行探索，在新闻事件的体验和行为选择中完成新闻的交互，从一个新闻"局外人"转变成新闻事件的"亲历者"和"参与者"。2017 年凤凰网推出有关全国两会的新闻游戏《我来调配中国军费》，在新闻游戏中用户可以根据政府工作报告中有关军费的数据，按照自己的构想进行不同调配，形成不同的军队战斗力。该新闻游戏让用户在玩游戏的过程中了解我国军费支出以及战斗水平等，游戏全过程都是交互性的，带给用户新奇的体验。

融媒体传播时代的新闻报道越来越重视互动性，越来越重视与用户良好关系的建立。融媒体报道想要在信息爆炸的时代快速吸引用户的注意力，其交互方式的设置至关重要。增强用户与新闻之间的交互性是当下新闻传播的必然趋势，媒体应该依托技术的力量充分挖掘新闻互动交流的潜力，在交互方式上尝试创新和突破。

第八章
融媒体报道的传播

一个融媒体报道作品经过了前期的选题、策划到中期的信息采集，再到后期的文本写作、制作与呈现环节后，最后一步就是分发给用户。不管一个融媒体报道作品如何精彩，只有成功投递，并得到用户的关注、分享，对用户产生有效的影响，才算完成了它的"使命"，因此融媒体报道的传播至关重要。在融媒体时代，新闻报道不能只注重报道本身的质量，还要考虑用户接收的方式和体验，通过各种技术手段调动用户积极性，促使用户更加深入地参与报道，有效实现传播目的。信息传输不再仅是点对多的传播，更多是点对点的社交传播，用户接收信息的主动性增强，可以选择接收信息的内容和方式；传播渠道更加多元化，包括传统媒体、网站、App、微信公众号等。

第一节　融媒体报道传播的特点

融媒体报道的传播呈现出与传统媒体报道不一样的特点，包括交互化、可视化、社交化、移动化、智能化和场景化等。

一、交互化

在传统媒体时代，由于传播技术的资源垄断，机构媒体在传播过程中占据了绝对优势地位。受众处于被动接收状态，只能等待新闻报道传递到自己眼前并按照媒体规定的方式接收信息。信息传播技术的飞速发展，对原本固定的单线传播路线进行了修改。信息传受双方的身份界限也被打破，用户可以通过各种方式决定信息接收的方式、顺序，同时参与报道，成为报道的内容提供者，也可以通过网络平台和社交媒体随时随地与机构媒体进行信息交流和意义共建。

二、可视化

融媒体报道传播更注重可视化的图形、图表、图画、短时视频的传播，强调报道的视觉传达。可视化的信息符号更容易吸引网络时代的用户。传媒技术的不断推进和飞速发展，使新闻信息的编码符号已经从单纯的文字拓展到了图片、音频、视频、漫画、表格等多种符号的交互表达。多模态已经成为如今新闻传播中各种话语建构的一个重要特征。①

三、社交化

融媒体报道要想获得比较多的关注，必须能够启发用户的分享和传播欲望。融媒体报道必须具备优质内容，并且制作精良，在此基础上才能吸引用户观看。用户的广泛关注、大量转发、实时留言、社交互动是融媒体报道传播的重要特点。未来只有以用户为中心，注重互动，满足用户的情感需求，主流媒体才能打造爆款新闻产品，实现融媒体报道的社交化传播，正向引导舆论，发挥更大的社会影响力。

四、移动化

在移动互联时代，智能手机终端应用成为民众获取新闻信息的重要途径。融媒体报道的传播基本基于移动端实现，具有移动化的特点。融媒体时代，用户可以随时随地接收信息，意味着融媒体报道可以随时进行分发。但为了取得更好的传播效果，融媒体报道进行分发时需要注意用户的接收状态，最好在大多数用户极有可能关注或浏览的时候进行分发，传播效果才会好。

五、智能化

随着人工智能、虚拟现实、大数据等新技术越来越多地被应用到新闻报道中，智能化、沉浸化的融媒体报道频频出现。每年的全国两会报道，各大主流媒体都致力于新技术和融合报道的结合。媒体利用新技术对融合报道进行创新，把各种"黑科技"搬上屏幕，新技术加持下的智慧报道大放异彩，吸引了无数用户观看。

六、场景化

"场景化"伴随移动媒体与社交传播的兴盛而逐渐为人们所熟悉。移动

---

① 惠东坡. 多模态、对话性、智能化：新闻写作话语建构的新走向[J]. 新闻与写作，2018(8).

传播的本质是基于场景的服务，即对场景(情境)的感知及信息(服务)的适配。再造现场、互联互动，多渠道进行内容的分发和传播，是融媒体报道的一大亮点。央视新闻客户端与腾讯微视联合推出的融媒体作品《武汉加油！中国加油！》中，用户可以握拳触发加油特效，营造加油鼓劲的线上场景氛围，增强用户的沉浸体验，传递出"上下同心，共同战疫"的信心和决心。

第二节　融媒体报道传播的渠道

在融媒体时代，报道传播的渠道不像传统媒体时代那样简单，仅仅依赖报纸、广播和电视单一渠道进行传播，融媒体报道的传播要进行多渠道整合传播，根据不同的传播渠道，制定不同的传播策略。

一、传统媒体

融媒体报道首先可以在报纸、广播、电视等传统媒体进行传播。在报纸上可以刊登简单图文报道加上作品二维码，进行报道的延伸传播。在广播和电视上可以进行传统的音视频报道，在电视上可以附上二维码，加强互动。

二、门户网站

传统媒体的官网是融媒体报道传播的另一个渠道，例如中国青年报的中青在线、中央广播电视总台的央视网等。网站容量大，可以实现图文、视频一体化报道，实现融媒体报道的滚动发布，也适合开展重大专题的报道。

三、"两微一端"

融媒体报道可以同时利用媒体的官方微博、官方微信公众号、新闻客户端进行传播，简称"两微一端"。该渠道是融媒体报道的主要传播渠道，现在大部分媒体有自己的官方微博、官方微信公众号以及新闻客户端。"两微一端"平台让融媒体报道的呈现更加多样化，实现融媒体报道的整合传播。

四、短视频平台

短视频受到越来越多手机用户的青睐，在此背景之下，一些短视频平台也得到了蓬勃发展，例如抖音、快手、小红书、B站等。新闻媒体也意识到了短视频平台对于信息传播的推动作用，纷纷在短视频平台建立官方视频号，并将一些新闻报道制作成短视频，在官方视频号上传播，收获不小的浏览量。短视频成为融媒体报道的一种重要作品形式，新闻媒体一定要重视短视频平台这一新兴的传播渠道。

第三节　实现融媒体报道的有效传播

新闻媒体需要实施积极的传播策略，实现融媒体报道的有效传播。策略包括：提升传播内容的质量，积极满足用户需求；适应用户使用习惯，实现信息的移动化传播；实施新闻生产平台化一体化策略，提升融合报道传播实力；突破"内循环"生产模式，促进融媒体报道的跨界传播；重视融媒体矩阵建设，构建立体化传播格局；实现融媒体报道的社交化传播；注重用户信息反馈，实现融媒体报道传播的良性循环。

一、提升传播内容的质量，积极满足用户需求

网民群体数量特别是移动终端用户数量的不断扩张，意味着用户需求的多样化。媒体需要根据不同平台的传播特性，制作发布相应的融合报道产品，满足用户全方位的信息需求。2020 年全国两会报道中，中国青年报官网中青在线在手机端采用图片识别、AR 技术解读两会报告；在 PC 端利用专题汇集图文、短视频、HTML5 等各种形态的内容。中国青年报通过这些创新，既丰富了内容表现方式，又适应了不同终端的内容表现特点，实现了两会报道内容的立体化呈现。2020 年，"央视利用大数据项目、中央厨房和云生产平台，对新冠病毒疫情期间的传播热词'疫情''部署''重要讲话''指挥'进行分析后，对同一新闻事件安排不同批次的采制与产品生产，微博、客户端注重速度，微信求深度，短视频求生动，电视求全面，一次采集多次生产或是多次采集多次生产。借助'直播+视频平台+客户端'形成矩阵化'传播共同体'，借力大 V、网红、短视频引流以及视频热门榜、热搜话题等进行'1+N'的裂变式传播，达到了良好的传播效果"①。新华社也非常注重不同传播平台报道的差异化传播，在微博平台，新华社发布的融媒体报道内容以简洁轻快的图文报道加短视频为主；在微信公众号平台，新华社融媒体报道精选新闻信息进行定时的图文加音视频的快讯组合推送；在客户端平台，新华社主要通过新媒体技术为用户营造直击现场的新闻体验氛围，充

---

① 陈庆. 浅析主流媒体疫情报道中的媒体融合新特征[J]. 新闻世界，2020(6).

分发挥直播和视频组合的立体化、沉浸式传播优势；在新华网平台，新华社特别注重通过数据可视化的呈现，为用户提供通俗易懂的专业信息解读。

同时，用户对于外界的了解，除了需获知及时迅速的变动之外，也需要得到深入细致的分析解读。融合报道通过多媒体元素的灵活运用和有效配合，结合平台特点制作发布相应的产品内容，用大众喜闻乐见的对话交流方式进行有效传播，既满足了人们的信息需求，又彰显了融媒体产品的优势。融媒体数据类、视频类、艺术类等形式的产品精彩纷呈，通过简明扼要、生动形象的方式给用户提供信息，需要做到细分用户需求，考虑用户感受，增强传播影响力。

二、适应用户使用习惯，实现信息的移动化传播

信息接收和使用的移动化、视频化，已经成为人们生活中的常态。融合技术的不断发展使信息生产的内容和渠道整合成为现实，多媒体元素有机融合、相互配合，根据平台特点和用户习惯进行有效传播是当前媒体融合大背景下的融合报道呈现原则。移动传播平台让融合报道找到了提升传播质量的切入点。移动化的传播让用户可以随时随地接收信息，在一些碎片化的时间也可以接收信息。融媒体报道除了制作一些深度报道外，也要注意制作一些轻、快、短的报道，填充移动传播下的这些碎片化的时间。

三、实施新闻生产平台化、一体化策略，提升融媒体报道传播实力

在媒体融合时代，信息传播途径更丰富，用户需求更加多元化，传播内容不断优化，需要建立一体化的融媒体报道生产平台，实现报道资源的统一管理、统一调度、统一生产以及融媒体报道的协同发布，进一步强化融合报道的整体影响力。在平台化的融合策略方面，《人民日报》"中央厨房"的实践具有重要意义。"中央厨房"式的媒体资源整合实践，以满足用户需求为目标，提高了媒体的新闻生产效率，增强了融媒体报道的传播实力和影响力。广东广播电视台在 2022 年全国两会报道中，首次启用"云上融媒制作和分发平台"，充分满足省台及全省 21 个地方台对全国两会内容生产和发布的需求，提高了融媒体生产和传播的效率。

四、突破"内循环"生产模式，促进融媒体报道的跨界传播

"融合传播的内容产制不应局限于单一的'内循环'模式，还应采用灵活

的生产机制以适应'平台社会'的传播生态。"①新型主流媒体可以与科技公司、自媒体内容生产者、商业化信息平台实施全方位的合作。例如主流媒体通过与商业化短视频平台合作，运用其数据研判、智能剪辑、自动拆条等智能技术，与商业平台携手生产一系列有影响的短视频。2022年全国两会期间，"湖北新闻"抖音账号发布全国政协委员洪洋建议取消商品房公摊面积的提案，获得网友关注。新京报联合快手平台，推出"向下一个五年冲鸭"系列线上活动，采用利于传播的短视频形式，邀请各行业有影响力的人士或"草根"达人，宣传推广北京"十四五"发展规划内容。快手2亿的用户活跃度，有效助力新京报两会短视频的传播。主流媒体在抖音、快手等平台的官方短视频账号，不断地适应移动传播场景，充分利用智能剪辑、自动拆条等技术，生产和分发了更具柔性、趣味性的高质量短视频，并通过弹幕与跟帖，促进用户之间、用户与作品之间的交互式信息传播。

五、构建社交分享话题，实现融媒体报道的社交化传播

当下，微信朋友圈、微博成为人们获知外界最新变动的重要渠道，人们的关系网络成为信息的传播渠道，"无社交不新闻"成为共识。在当下以微信、微博等为主的社交媒体大发展的环境下，用户的新闻资讯互动、分享需求更加强烈。社交化作为媒体未来发展的重要趋势，已经深刻影响到用户对于信息的接收方式。在新闻阅读中，用户不仅获取信息，还实现社会交往，同时在分享中进行强弱关系互动。在移动化传播下，具有碎片化、沉浸性、趣味性特点的融媒体报道产品易于刺激用户的分享欲望，例如网易云音乐的年度音乐盘点类、测试类的互动H5作品引发了现象级的传播和转发分享，获得用户一致好评。

融媒体时代，重大新闻报道要达到良好的传播效果，必须让网友接受、认可、点赞并自发在朋友圈分享。新闻报道在对内容精益求精的基础上，利用技术手段，增强报道的互动性、娱乐性和自主性，就能抓住用户的"兴奋点"，让报道在庞大的用户群体中实现几何倍数的多次传播。

在融媒体报道产品生产中，除了在具体的互联网传播理念影响下进行内容生产外，还应有意识地考虑融媒体报道产品的社交化传播。融媒体报道可以主动尝试构建社交分享话题。在融媒体报道众多的作品形式中，H5作品

---

① 郭小平，彭媛. 从技术可供到技术赋能：新型主流媒体两会报道的融合创新[J]. 电视研究，2022(4).

的社交属性比较强。H5 作品的开发，可以从后台获取用户的需求信息，让内容生产者更加详细地掌握需求信息，从而更好地生产出用户想看、爱看的内容。以网易新闻为例，微信目前有 10 亿的用户量，60% 的微信用户是年轻人(15~29 岁)，每个年轻人平均有 128 个好友。网易新闻就对准这部分用户的需求，激发其情感，促使其产生主动传播的欲望。基于对核心用户的精确定位和对社交传播渠道的正确利用，网易的许多 H5 新闻产品在社交媒体上产生蝴蝶效应，成为爆款。2019 年 9 月，人民日报新闻客户端与美图秀秀 App 联合发布的 H5 产品《时代青年秀》，采用了人脸融合技术，用户点击"上传正脸照"按钮，上传几张自己的照片后，就会自动生成由此技术生成的照片，然后将这些照片合成一段小视频。在页面最下端提供不同的照片模板，用户可以根据自己的喜好进行选择，制作完成后选择保存，可以分享给微信好友或分享到微信朋友圈。这则案例典型地运用了 H5 产品的分享性与社交性，为 PGC(专业生产内容)、UGC(用户生成内容)提供了很好的思路。在 2019 年全国两会期间，人民日报在其《政府工作报告账单》的 H5 作品中，设计用户点击关键词生成海报，主动刺激用户分享。一些严肃题材报道，应增加与用户的互动，赢得用户的关注和认可，刺激用户自发分享，从而扩大其影响力。媒体在未来的报道中可以继续深挖新闻报道的社交属性，尝试更多形式的社交话题构建。

融媒体报道构建社交分享话题的难点在于，其主流价值引导如何获得社交动力，从而形成人们可以转发分享的话题性产品，如何从高、大、上的严肃话题转变为用户可感可知的日常关注点，如何从严肃的新闻语态转变为鲜活接地气的民生话语，如何从国家、民族的使命召唤转变为用户的共情感受，这些需要在理念、方法与技巧上去积极探索。

六、重视融媒体矩阵建设，构建立体化传播格局

目前，多屏全网数字媒体时代已经全部展开，用户需求也通过多屏幕、多网络、多终端得以满足。用户可以通过门户网站、微博、微信、手机客户端等多渠道接收或传播信息。打造融媒体矩阵、构建立体化传播格局，是媒体融合的重要目标。融媒体矩阵是指一家媒体旗下有若干新兴媒体平台，在报道时同时发力，优势互补，形成传播合力的一种传播形态。融媒体矩阵之所以如此重要，主要是因为它可以为媒体建立立体化的传播渠道，使得报道能够覆盖各种渠道的用户群体，进而扩大新闻报道的传播范围，提升新闻报道的影响力。融媒体报道在坚守传统媒体阵地的基础上，要积极开拓门户网

站、官方微博、官方微信、手机客户端、抖音、快手、B 站等多媒体平台，构建融媒体矩阵，实现报道的多样式和多渠道传播。中国青年报于 2019 年 9 月与中视实业集团合作成立"融媒联合实验室"，通过 5G/4K、AI 等新兴技术打造融媒体产品，同时致力于拓展传播渠道。在 2020 年全国两会报道中，中国青年报整合了旗下报、网、微、端等传播渠道，并联合合作媒体拓宽传播渠道，构建了立体化的两会报道格局。新华社拥有新华网、新华社微博账号、新华社微信公众号、新华社客户端、新华社官方抖音号等一体化发布平台。此外，新华社还有中国新华新闻电视网英语电视台（CNC）、新华睿思、新华丝路、新华社海外社交平台（New China）等媒介平台，共同形成发布矩阵，增强了传播效果。

融媒体矩阵充分发挥多种媒体的特点、优势，实施有效融合、互补，在传统媒体播报新闻的基础上，与微信、微博、短视频平台及移动智能终端各类 App 进行合作，构建起全方位、多元化的立体报道平台，进而达成传统媒体与新媒体、融媒体之间的深度融合，共享新闻线索及素材。在各具特色的媒体平台发布新闻，可以对素材进行更为深入的剖析，并方便广大用户依据自身喜好选取不同的接收方式，去浏览不同样式的新闻。

七、注重用户信息反馈，实现融媒体报道传播的良性循环

传统媒体时代信息传播的效果侧重于传递的结果、直接影响的层次。在融媒体时代，传播效果检验的标准是报道能够带给用户多少有用信息，在多大程度上能引起用户的关注和再次传播。

融媒体报道产品特别注重实现参与与交互，注重用户的信息反馈并及时做出相应调整。融媒体报道的呈现并不是传统意义上的"我说你听""我提供你接受"，而是"我要知道你想知道什么""你想通过什么方式了解报道内容"。提供信息服务、加强沟通反馈便是融媒体报道的终极目标和有效保障。传统媒体时代，"沉默的螺旋"影响了大多数的受众，只有极少数人会通过信件或电话的方式反馈；融媒体时代，媒介技术的赋权使得用户可以通过各种方式随时把自己的需求表达出来。因此，面对用户需求的多元化和传播地位的改变，媒体需积极改变自身角色，适应媒介环境的变化，在信源多元、渠道丰富、技术融合、需求增多的现实情境中不断应对挑战，注重用户反馈，换位思考，这样制作出的融媒体报道才能取得良好的传播效果，实现信息传播的良性循环。

参 考 文 献

一、著作类

1. 何坦野. 新媒体写作论[M]. 杭州：浙江大学出版社，2008.

2. 廖卫民，赵民. 互联网媒体与网络新闻业务[M]. 上海：复旦大学出版社，2001.

3. 赵凯. 解码新媒体[M]. 上海：文汇出版社，2007.

4. 许颖. 新闻采访与写作[M]. 北京：中国传媒大学出版社，2011.

5. [美]理查德·克雷格. 网络新闻学：新媒体的报道、写作与编辑[M]. 刘勇，主译. 北京：中国时代经济出版社，2010.

6. 王洁，王贵宏. 新媒体采编实务[M]. 北京：中国传媒大学出版社，2012.

7. 林刚. 新媒体概论[M]. 北京：中国传媒大学出版社，2014.

8. 詹新惠. 新媒体编辑[M]. 北京：中国人民大学出版社，2013.

9. 岳山，杨明. 全媒体采编与应用[M]. 安徽：合肥工业大学出版社，2012.

10. 郑素侠. 网络与新媒体实务[M]. 郑州：郑州大学出版社，2013.

11. [美]杰弗瑞·S. 威尔克森，[美]奥古斯特·E. 格兰特，[美]道格拉斯·J. 费舍尔. 融合新闻学原理[M]. 郭媛媛，贺心颖，主译. 北京：中国时代经济出版社，2011.

12. 丁柏铨. 新闻采访与写作[M]. 北京：高等教育出版社，2004.

13. 黄楚新. 媒介融合背景下的传媒创新[M]. 杭州：浙江大学出版社，2011.

14. 黄楚新. 媒介融合背景下的新闻报道[M]. 杭州：浙江大学出版社，2010.

15. 匡文波. 手机媒体概论(第二版)[M]. 北京：中国人民大学出版

社，2012.

16.王凯山.全媒体报道实践[M].北京：中国国际广播出版社，2022.

17.马二伟.全媒体新闻报道[M].重庆：西南师范大学出版社，2018.

18.白贵，彭焕萍.当代新闻写作[M].2版.北京：中国人民大学出版社，2018.

19.《新闻采访与写作》编写组.新闻采访与写作[M].北京：高等教育出版社，2019.

20.武彬.新闻写作案例教程[M].广州：南方日报出版社，2017.

21.刘海贵.中国新闻采访写作教程[M].上海：复旦大学出版社，2009.

22.张从明.全媒体新闻采写教程[M].北京：北京大学出版社，2010.

23.廖卫民，赵民.互联网媒体与网络新闻业务[M].上海：复旦大学出版社，2001.

24.王洁，王贵宏.新媒体采编实务[M].北京：中国传媒大学出版社，2012.

25.叶小鱼，勾俊伟.新媒体文案创作与传播[M].北京：人民邮电出版社，2022.

26.高钢，潘曙雅.新闻采访与写作[M].北京：中国人民大学出版社，2018.

27.欧阳霞.新闻发现与表达[M].北京：北京大学出版社，2009.

28.赵振宇.新闻报道策划（第二版）[M].武汉：武汉大学出版社，2015.

29.杨秀国.新闻报道策划[M].北京：人民日报出版社，2012.

30.蔡雯.新闻报道策划与新闻资源开发[M].北京：中国人民大学出版社，2004.

31.李哲夫.媒体策划与影响力[M].广州：广州出版社，2008.

32.庞亮.新闻报道策划[M].北京：中国广播电视出版社，2009.

33.陈寅.非常新闻：策划大道[M].深圳：海天出版社，2004.

34.袁丰雪，仇玲，周海宁，张成良.融媒体时代新闻采访与写作[M].北京：新华出版社，2020.

35.王倩.融媒体新闻报道[M].济南：山东大学出版社，2022.

36.曾祥敏.融媒体新闻这样做[M].北京：人民日报出版社，2022.

37.《马克思主义新闻观十二讲》编写组.马克思主义新闻观十二讲

［M］. 北京：高等教育出版社，2019.

38. 王菲. 媒介大融合［M］. 广州：南方日报出版社，2007.

39. ［澳］Stephen Quinn，［美］Vincent F. Filak. 媒介融合——跨媒体的写作与制作［M］. 任锦鸾，译. 北京：人民邮电出版社，2009.

40. 徐宝璜. 新闻学［M］. 北京：中国传媒大学出版社，2016.

41. 范长江. 通讯与论文［M］. 北京：新华出版社，1981.

42. 王晨. 新闻写作漫谈［M］. 太原：山西人民出版社，1982.

43. 吴晨光. 超越门户：搜狐新媒体操作手册［M］. 北京：中国人民大学出版社，2015.

44. ［美］卡尔罗·里奇. 新闻写作与报道训练教程［M］. 钟新，主译. 北京：中国人民大学出版社，2004.

45. ［美］凯利·莱特尔，［美］朱利安·哈里斯，［美］斯坦利·约翰逊. 全能记者必备［M］. 宋铁军，译. 北京：中国人民大学出版社，2010.

二、期刊类

1. 曹晚红，武梦瑶. 重构生产模式：融媒时代时政报道创新路径探析——以 2019 年两会报道为例［J］. 中国新闻传播研究，2019(9).

2. 曾祥敏，翁旭东，黄莉莉. 时政新闻报道融合创新——基于 2017 年全国"两会"可视化产品的分析研究［J］. 编辑之友，2017(7).

3. 曾祥敏，刘思琦，唐雯. 2019 年全国两会媒体融合产品创新研究［J］. 新闻与写作，2019(5).

4. 栾轶玫. "固态传播"的模式创新与突破路径——以 2017 年两会融合报道为例［J］. 新闻与写作，2017(4).

5. 孙振虎，刘明君. 融媒体环境下时政报道创新路径探析——以 2017 年两会报道为例［J］. 现代传播，2017(8).

6. 李燕. 从大屏到多屏：央视时政报道的融媒体探索［J］. 中国广播电视学刊，2018(9).

7. 熊莺. 融媒体时代重大时政报道的创新路径［J］. 传播力研究，2018(5).

8. 熊铮铮. 融媒体时代时政新闻的视觉化趋向研究［J］. 现代传播，2019(7).

9. 郎劲松. 数据新闻：大数据时代新闻可视化传播的创新路径［J］. 现代传播，2014(3).

10. 杨俭君. 融媒体时代下时政类新闻的改革与突破[J]. 新闻研究周刊, 2017(8).

11. 王晨达, 王潇. 融媒体语境下"两会"报道的形式创新探析[J]. 传媒评论, 2019(5).

12. 张洪忠, 刘旭阳. 融媒体打造：2019 两会报道中的新传播技术应用[J]. 中国记者, 2019(4).

13. 庄圆. 可视化制作提升重大时政报道的"内容魅力"[J]. 新闻记者, 2019(2).

14. 刘宁宁, 李心怡. H5 新闻作品拓宽时政报道创新之路——以人民日报两会 H5 报道为例[J]. 新闻战线, 2019(4).

15. 朱琪. 从 2018 年两会报道看融媒体时代时政新闻的创新发展——以人民日报融媒体报道为例[J]. 电视指南, 2018(4).

16. 成嘉廷. 融媒体时代时政新闻如何创新——以上观新闻《上海一周》为例[J]. 传媒, 2020(8).

17. 钟世萍. 融媒体时代时政新闻改革路径探析[J]. 新闻研究导刊, 2020(12).

18. 张苗. 新闻可视化对时政报道的影响[J]. 新闻研究导刊, 2021(1).

19. 周璇. 新媒体在时政报道中的实践探析[J]. 传媒论坛, 2020(12).

20. 许阳波, 孙红丽. 时政新闻制作"民生性"融媒体产品的思考[J]. 新闻前哨, 2020(6).

21. 洪基. 融媒体时代时政微视频的现状与发展[J]. 西部广播电视, 2019(3).

22. 毛庆. 如何在融媒体时代打造全新时政报道模式[J]. 新闻传播, 2019(7).

23. 张涛. 基于融媒体思维打造全新时政报道模式[J]. 新媒体研究, 2017(10).

24. 方鹏. 探讨融媒体时代下时政类新闻报道的改革及突破[J]. 新闻传播, 2020(4).

25. 李晓鹏. 融媒体时代的新闻发展趋势与记者素养探微[J]. 西部广播电视, 2021(3).

26. 刘文阁. 融媒体时代新闻媒体的传播方式与发展途径[J]. 新闻研究导刊, 2020(8).

27. 孟建, 赵元珂. 媒介融合：粘聚并造就新型的媒介化社会[J]. 新闻大学，2006(7).

28. 王君超. 融合新闻的定义、实践与改进途径[J]. 中国报业，2014(5).

29. 方洁. 美国融合新闻的内容与形态特征研究[J]. 国际新闻界，2011(5).

30. 陈敏婷，金冠军. 融合新闻趋势下的新闻报道[J]. 今传媒，2011(12).

31. 雷跃捷，司丽. "反转新闻"视角下新闻真实性再探[J]. 青年记者，2019(15).

32. 何炜，张旸. "中央厨房"烹制新闻美味——人民日报全媒体平台创新融合发展途径的实践[J]. 中国报业，2016(7).

33. 郭超人. 培养新闻人才要跟上时代的需要[J]. 新闻学会通讯，1983(16).

34. 国际媒体专家谈"媒体融合"——"2009 媒体融合战略战术高级研讨班"观点概述[J]. 中国记者，2009(9).

35. 张厚东. 新闻报道策划的理念与模式[J]. 新闻战线，2008(9).

36. 江地. 年年节日相似　新闻贵在出新——关于国庆节新闻报道策划问题[J]. 新闻研究导刊，2014(11).

37. 赵振宇. 静心策划，让特定日报道更精彩[J]. 新闻与写作，2010(10).

38. 蔡雯. 重视深度新闻报道的策划——新媒体时代大众传媒的新闻创新[J]. 新闻爱好者，2011(9).

39. 高钢. 怎样为网络媒体写新闻——网络新闻写作特殊规律的探讨[J]. 新闻战线，2004(4).

40. 吴晓明. 数字化新闻的写作形态论[J]. 中文自学指导，2005(9).

41. 张松. 从受众多元需求角度探索网络新闻写作[J]. 西南民族大学学报，2004(11).

42. 卜丽媛. 论新闻报道中的后续报道[J]. 新闻世界，2009(6).

43. 张屹. 电脑作者：新媒体时代的写作变革[J]. 齐齐哈尔大学学报，2014(1).

44. 王燕子. 论超媒体文本的互文性[J]. 阴山学刊，2014(2).

45. 陈维维，冯莉. 浅析新媒体的传播特性[J]. 南京晓庄学院学报，2009(3).

46. 吴澄，吴晓明. 新媒体新闻的演变与社会舆情表达[J]. 徐州师范大学学报，2011(9).

47. 薛国林，马双丽. 新媒体的叙事特征[J]. 新闻与写作，2010(12).

48. 喻季欣，薛国林. 新媒体催生"新新闻文体"[J]. 新闻与写作，2010(4).

49. 孔朝蓬. 媒介融合时代突发事件报道传播立体化转向[J]. 华夏文化论坛，2013(12).

50. 蔡雯."融合新闻"：应用新闻学研究的新视野[J]. 淮海工学院学报(社会科学版)，2007(9).

51. 蔡雯. 媒介融合前景下的新闻传播变革[J]. 国际新闻界，2006(5).

52. 陈慧. 浅析媒介融合背景下"融合新闻"的发展[J]. 新闻爱好者，2013(8).

53. 韩士皓，彭兰. 融合新闻里程碑之作——普利策新闻奖作品《雪崩》解析[J]. 新闻界，2014(3).

54. 卜宇. 准确把握 有效传播[J]. 中国广播电视学刊，2017(11).

55. 方洁. 如何报道融合新闻——从四个美国报道案例谈起[J]. 新闻与写作，2009(8).

56. 林磊. 聚合社群与推动交流——论博客网站赫芬顿邮报之特色[J]. 今传媒，2010(9).

57. 李幸霞. 新闻设计在重大新闻报道中的作用[J]. 新闻研究导刊，2016(2).

58. 惠东坡. 多模态、对话性、智能化：新闻写作话语建构的新走向[J]. 新闻与写作，2018(8).

59. 陈庆. 浅析主流媒体疫情报道中的媒体融合新特征[J]. 新闻世界，2020(6).

60. 郭小平，彭媛. 从技术可供到技术赋能：新型主流媒体两会报道的融合创新[J]. 电视研究，2022(4).

61. 秦玥. 浅谈新闻报道中视觉设计的作用[J]. 传播力研究，2019(1).

62. 黄婷. 视觉传达设计在新媒体时代新闻报道中的运用研究[J]. 新闻研究导刊，2022(1).

63. 张川. 新媒体时代视觉传达设计在新闻报道中的运用研究[J]. 新闻研究导刊，2022(8).

64. 阿依那扎尔，帕哈尔丁. 新媒体时代新闻视觉传达的发展趋势研究——以央视新闻客户端 VR 板块为例[J]. 新闻研究导刊，2021(10).

65. 孙修文. 新媒体艺术视角下当代视觉传达设计的发展趋势研究[J]. 文化产业，2022(5).

66. 李慧雪. 新闻传播中视觉传达与设计[J]. 采写编，2021(11).

67. 张昇. 新闻传播中视觉设计的传达与应用研究[J]. 新闻研究导刊，2022(4).

68. 闫伟奇. 探索有效调节新闻报道传播效果的闭环[J]. 青年记者，2022(7).

69. 田驰. 新闻设计在重大新闻报道中的作用[J]. 新闻与写作，2013(2).

70. 鄢霞. H5 页面设计的新媒体创新发展应用[J]. 青年记者，2017(7).

71. 孙修文. 交互界面设计中的情感化因素研究[J]. 新美域，2022(7).

72. 杜付贵. 交互性融合新闻叙事参与效果的比较研究[J]. 河南工业大学学报(社会科学版)，2022(6).

73. 赵世聪. 浅议 H5 技术在融合新闻中的应用[J]. 现代视听，2020(12).

74. 付铎. 融媒体时代 H5 新闻报道的应用研究[J]. 采写编，2019(4).

75. 杜付贵. 数字新闻交互性的概念阐释[J]. 青年记者，2022(8).

76. 张雯，张弘弢. 移动端 H5 传播形式的交互设计研究[J]. 湖北美术学院学报，2018(4).

77. 罗依坤. 从"战疫"报道浅析电视新媒体融合传播特征[J]. 新闻传播，2020(8).

78. 冯莉，丁柏铨. 融合报道：传播特点、呈现策略及叙事特征[J]. 新闻爱好者，2021(11).

79. 郭广智. 重大主题报道的全媒体传播策略——以中国青年报社两会报道为例[J]. 出版广角，2020(15).

80. 漆谦，王美. 主流媒体重大事件报道融合传播效能提升研究[J]. 新闻战线，2022(4).

81. 陈梦寐，李佳盈. 党媒"双微"传播策略的对比研究——基于湖北日报微信、微博的对比研究[J]. 新闻研究导刊，2018(3).

82. 吴俊. 基于主题性报道的电视新闻传播效果提升策略[J]. 科技传播，2019(5).

83. 马灵慧. 抗疫报道中融媒体作品的传播特点和效果探析[J]. 新闻研究导刊, 2022(4).

84. 胡媛, 刘申. 浅析短视频新闻人格化传播的利与弊——以湖北日报短视频报道为例[J]. 新闻前哨, 2021(12).

85. 胡汉昌, 韩炜林, 张小燕, 陈博雷. 融媒时代重大主题报道的媒介传播策略——以外交部湖北全球推介活动报道为例[J]. 新闻前哨, 2018(9).

86. 叶济舟, 燕婕. 融媒体报道中"三微一端"的模式构建[J]. 青年记者, 2019(4).

87. 郭沁杨. 融媒体时代重大主题报道的传播策略探讨——以外交部全球推介山西融媒体报道为例[J]. 科技传播, 2019(8).

88. 徐敬宏, 张如坤, 朱奕. 新冠肺炎疫情报道中建设性新闻的传播效果[J]. 当代传播, 2022(4).

89. 李晓燕, 陈卓. 新媒介视阈下增强现实新闻报道传播效果探析——以2017年两会AR新闻报道为例[J]. 出版广角, 2018(1).

90. 余音瑶. 新媒体环境下如何提升政务新闻报道的传播效果[J]. 新闻传播, 2017(2).

三、其他

1. 陶然. 融媒体时代人民网时政新闻报道方式研究[D]. 重庆: 西南政法大学, 2018.

2. 徐沁. 泛媒体时代的生存法则——论媒介融合[D]. 杭州: 浙江大学, 2008年.

3. 王晓彤. 互动体验式阅读的优化策略研究[D]. 沈阳: 辽宁大学, 2016.

4. 程恰. 数据新闻的交互性传播研究——以新华网数据新闻为例[D]. 郑州: 郑州大学, 2020.

5. 数据新闻的内容可视化与叙事策略研究——以新华网数据新闻栏目为例[D]. 郑州: 河南财经政法大学, 2022.

6. 周景. 游戏化在新闻报道中的应用与反思[D]. 合肥: 安徽大学, 2020.

7. 贾宇. 重大主题数据新闻报道可视化研究——以新华网"两会"数据新闻为例[D]. 呼和浩特: 内蒙古大学, 2021.

8. 李明芯.《封面新闻》突发事件融媒体报道模式研究［D］. 乌鲁木齐：新疆财经大学，2019.

9. 邵新茹. HTML5 动态新闻的传播效果研究［D］. 大连：大连理工大学，2019.

10. 郭苏元. 基于心理过程的沉浸式新闻传播效果研究［D］. 呼和浩特：内蒙古大学，2019.

11. 郭沛然. 时政新闻报道的可视化实践现状与传播效果研究［D］. 昆明：云南财经大学，2018.

12. 王好萱. 新冠肺炎疫情报道中主流媒体数据新闻传播力研究［D］. 成都：西南财经大学，2021.

13. 李文月. 新闻类融媒体产品生产研究［D］. 长沙：湖南大学，2019.

14. 刘奇葆. 推进媒体深度融合 打造新型主流媒体［N］. 人民日报，2017-1-11.

15. 宋建武. 未来媒体将是平台型媒体［N］. 光明日报，2016-11-5.

16. 我国媒体融合步入深水区 各媒体"中央厨房"建设一览［EB/OL］. 人民网，2017-8-11.

17. 人民日报. 人民微评：欠涉事司机一个道歉［EB/OL］. 人民日报官方微博，2018-10-29.

18. 魏晓. "喊你加入群聊" H5 点击超 600 万，人民日报为何总是两会爆款产品专业户［EB/OL］. 蓝媒汇，2017-3-7.

19. 韩莹. 媒介社会化：短视频从登场到"称王"的十年变迁［EB/OL］. 光明网，2022-10-18.

20. 奕轶玫. 论网络新闻编辑规律——兼析网络新闻受众的多元需求［EB/OL］. 资本论文网，2004-11-23.

后　　记

本人曾在传统媒体工作了一段时间，后进入高校从事教学工作，主要承担新闻实务类课程的教学。在十余年教学工作中，见证了传统媒体的巨变，尤其是新闻实务领域的一些变化，融媒体时代新闻报道的采访、写作、制作及传播都与传统媒体时代不同。在这个过程中，作为一名高校教师，本人一直在观察和思考，并对这些现象展开了一些研究。该书正是对这些思考的一个总结，主要探讨了融媒体报道整个生产和传播过程的相关实务问题，包括选题确立、报道策划、信息采集、文案写作、报道制作与呈现以及有效传播等。本书强调融媒体报道和传统报道一样需要遵循一些既定的规范和原则，同时重点探讨融媒体报道在实务操作方面的特殊性。

本书在撰写过程中，参阅和借鉴了大量的案例以及相关著作、论文中已有的研究成果，已尽可能在参考文献中列出，如有遗漏，敬请原谅。对于相关文献的作者或研究机构，在此表示诚挚的谢意！

由于时间仓促和水平有限，书中难免存在一些问题和缺陷，希望读者谅解，并恳请批评指正。

杨慧霞

2023 年 1 月 16 日于武汉